中国人民大学中国管理学系列教材

总主编　易靖韬

中国企业人力资源管理

主　编——冯云霞
副主编——赵欣艳　邢艳平　武守强　冯志玉

中国人民大学出版社
· 北京 ·

总　序

为深入贯彻习近平总书记2016年5月17日在哲学社会科学工作座谈会和2022年4月25日在中国人民大学考察时的重要讲话精神，着力建构中国自主的知识体系，中国人民大学商学院在多年教学和科研成果积累的基础上，启动了中国人民大学中国管理学系列教材建设工程。

一、建设中国管理学系列教材的必要性

随着社会经济的快速发展，我国现行高等学校工商管理教材的局限性逐渐显露，不能适应新时代新形势的要求。一是工商管理教材中的基本理念不够完善。不少教材参照英美流行教材，更多关注股东利益，将“股东财富最大化”“公司价值最大化”等财务目标直接作为企业的目标，缺少社会主义核心价值观的融入，其局限性逐步凸显。二是党和国家大政方针、我国法律体系的内容不够突出。现有不少教材注重引进美国、日本等管理理论，较少提及我国制度背景和相关法律法规，结果可能削弱学生对我国制度背景、相关法律和经济实践的理解和认识，进而影响其专业胜任能力，不利于增强“四个自信”。三是与我国企业实践和传统文化的结合不够紧密。在吸收借鉴西方管理理论和实践的同时，本土教材对中国企业管理实践和经验的总结提炼不够，对我国社会主义经济建设所取得的伟大成就体现不足，也未能深入挖掘中国优秀传统文化中的管理思想。四是缺乏基于学科史的辩证分析。许多教材缺乏学科理论、学科史的梳理与总结，不利于学

生理清学科发展脉络，培养创新思维。

面对新时代新发展理念和中国企业管理实践提出的新要求，有必要对我国工商管理教育的现状进行反思，着力建设面向未来的工商管理系列教材。

二、中国管理学系列教材的主要特点

中国人民大学中国管理学系列教材以习近平新时代中国特色社会主义思想为指导，面向鲜活的工商管理实践的挑战，基于中国的发展理念、法律制度、文化传统和原创学术成果与管理实践，融汇东西方管理思想、方法和案例，打造面向未来的管理学科体系和教材体系，力求使教材品质符合“建构中国自主的知识体系”的要求。

1．用习近平新时代中国特色社会主义思想铸魂育人

系列教材全面贯彻习近平新时代中国特色社会主义思想，结合工商管理学科独特优势和资源，突出原著原文，注重引导学生在学习学科专业知识过程中加深对习近平新时代中国特色社会主义思想的理解和认识，力求实现有机融合。

2．贯彻理论逻辑、历史逻辑和实践逻辑三个逻辑相统一的马克思主义方法论

习近平总书记指出，“只有坚持不忘本来、吸收外来、面向未来，坚定文化自信，才能提出体现中国立场、中国智慧、中国价值的理念、主张、方案”。系列教材不仅系统阐述学科基础理论，而且注重从中国传统文化和学科发展史中汲取养料，帮助学生弄清楚知识点的来龙去脉，建立交叉贯通的知识结构网络。同时，基于中国优秀企业的管理实践，系列教材力求提炼总结具有中国特色的管理规律，向世界贡献中国的管理智慧和管理理论。

3．体现党和国家的大政方针及宪法法治教育

系列教材注重把宪法法治意识的培养放在突出位置，尽可能明确学科知识点与法律法规的对应关系，帮助学生建立学法、用法的学习惯性。系列教材秉持“法律是道德的底线”的理念，在涉及法律知识的管理学课程中，注重结合相关法律法规开展理论分析和案例研讨，培养学生的底线意识、合规意识。

4．注重多种教学方法的创新和运用

系列教材倡导交叉学科教学，将经济学、管理学、政治学、法学等学科的知识和方法贯通起来，同时强调案例教学和思辨教学，设计了大量鲜活的企业管理案例和研究问题，引导学生进行批判性思考，提升学生的专业学习效果和实际管理能力。

三、着力建构中国自主的知识体系

立德树人是教育的根本任务。教材应该是科研成果的重要载体。中国人民大学商学院以“成为最懂中国管理的世界一流商学院”为愿景，一贯主张管理研究要面向中国共产党治国理政需要、面向中国真实管理问题，研究成果要力争服务国家重大战略、服务立德树人根本任务、服务中国式现代化伟大实践，教学成果多次荣获高等教育国家级教学成果奖。习近平总书记“把论文写在祖国的大地上”的重要讲话精神，更是激励着我们加倍努力投身于建构中国自主的知识体系。

中国人民大学中国管理学系列教材建设是中国人民大学商学院贯彻落实新时代党中央、国务院一系列教育教学改革指导精神，在教材建设领域推动的又一重大创新举措。真诚地欢迎理论界和实务界同人继续与我们一道集思广益，共同投身于建构中国自主的知识体系的伟大事业。

中国人民大学中国管理学系列教材

总主编　易靖韬

于中国人民大学明德楼

前　言

改革开放以来，我国经济体制经历了从计划经济到社会主义市场经济的发展历程。经过几代中国人矢志不渝的努力，目前我国经济总量位居世界第二，企业组织在这一发展历程中功不可没。

在这一历史进程中，我国涌现出大批优秀企业。这些优秀企业既借鉴外来开放转型，又立足本来扎根求道，还拥抱未来锐意创新，逐步探索出具有中国特色的企业发展之路。优秀的企业管理实践为中国式管理和中国企业人力资源管理研究提供了宝贵的经验和丰富的素材。

在新发展阶段，企业必将迈上高质量发展新征程。在迎接挑战、赢得竞争和履行社会责任的过程中，企业必须持续创新才能立于不败之地。创新是企业高质量发展的根本，人才和人力资源管理是其中的关键。

20世纪80年代以来，企业大多将注意力集中在规模扩大和加速发展等目标上。我国企业人力资源管理经历了由模仿到创新、由碎片到系统、由外来到本来的发展历程；经历了从计划经济时期的行政人事管理，到社会主义市场经济时期的职能人力资源管理和战略人力资源管理，再到高质量发展阶段的具有中国特色的人力资源管理的演变。人力资源管理的主体对象是人。人不仅仅是经济人，更是有文化有思想的社会人。

本书认为中国企业人力资源管理需要重视以下四点：第一，必须扎根本土文化和社会实践，从中华优秀传统文化和马克思主义理论中汲取精华，坚持以人为本的理念。第二，将人力资源管理目标聚焦于企业战略。第三，掌握多种人力资源管理技术和方法，有针对性地解决具体问题。第四，积极拥抱数字化、人工智能等技术，持续优化人力资源管理目标、体系和方法。企业的人力资源管理若能做到以上几点，就能够成为企业变革的推进器、战略落地的生力军和员工赋能的好伙伴，促进企业实现高质量发展，为中国式现代化作出应有的贡献。

本书的主要特点如下：

一、扎根实践，提出 C-S-R 模型

近年来，随着中国企业在世界经济舞台上表现优异，能够更好地满足消费者需求，企业管理需要建立起道路自信、理论自信、制度自信和文化自信，用中国特色的价值理念和话语体系阐述企业和管理。本书紧扣优秀的企业管理实践和案例，积极探索中国特色的人力资源管理，提出了中国企业人力资源管理的 C-S-R 模型。C 代表中国场景（Chinese contexts），表明人力资源管理要结合企业植根的社会文化土壤来设计制度和活动。C 是中国企业人力资源管理的根基，它从根本上回答了“什么是中国企业人力资源管理”这一命题。S 代表战略驱动（strategy driven），意味着人力资源管理体系需要和企业战略相契合并为战略落地服务。只有将人力资源管理聚焦于企业战略，才能找到设计人力资源管理制度和统筹人力资源管理活动的依据。S 是中国企业人力资源管理的原则，它回答了“中国企业人力资源管理为什么以及如何定位”这一命题。R 代表常规的人力资源管理职能（regular functions），指的是人力资源管理的模块和活动。R 是中国企业人力资源管理的方法，回答了“中国企业人力资源管理怎么做”这一命题。总之，C-S-R 模型回答了中国企业人力资源管理是什么、为什么和怎么做三大命题。

二、以人为本，重视员工发展

企业需要坚持以人为本，通过协调人和事来发挥人的潜能和统一员工行动，做到力出一孔。目前我国新生代员工步入职场，他们和企业的关系更为灵活、需求表达更为自主、眼界更为开阔。人力资源管理制度设计需要和员工发展紧密结合，注重员工体验认同，才能推动企业和谐发展。

三、紧扣现实，聚焦企业战略

本书从企业战略的原点出发，思考人力资源管理议题和人力资源管理体系。只有依据战略和不同层次的目标，人力资源管理才能实现价值，即践行企业战略、协助业务部门和提升员工体验，达到创造价值和取得成果的目的。

四、博采众长，洋为中用

本书提出的 C-S-R 模型，既立足于中国场景，又汲取其他国家人力资源管理的优秀

实践和成果。C 是源头，它体现中国文化、中国哲学和马克思主义等对中国企业人力资源管理的滋养。S 是锚定点，它是现代企业管理的精髓。企业问题与战略联结以后，管理者能够做到有的放矢。R 为方法措施，人力资源管理体系的维护和运营离不开措施、方法和运营。

五、与时俱进，拥抱变化

没有最好的企业，只有时代的企业。企业应该始终坚持开放和创新才能有活力。新技术、新生代员工、全球化等外部因素都在重构企业的生态和未来。在当下的智能化时代，需要将人的力量和技术力量进行结合，运用多元化的工具方法，提升执行力和管理效率，才能达成成果和创造价值。

本书是集体共创的结果。赵欣艳、邢艳平、武守强和冯志玉参与了本书的撰写和讨论。李翠翠、高琳、徐微、崔琦和张霞参与了本书案例的撰写和梳理。冯云霞负责全书的统筹和统稿。本书写作过程中，还得到了同行和专家的帮助支持。刘松博、苏中兴、葛建华、马晓飞、章凯、祝金龙和徐旭日等提出了宝贵的修改意见。冯艺负责绘制和优化全书图表。陈玲负责校对。在此对他们表示深深的感谢。

本书力争做到博采众长和新颖全面，特别注重案例的实用性。本书适合我国大中型企业的管理者、高校工商管理等专业的学生阅读和学习。

目　录

第1章

企业人力资源管理导论

为政以德，譬如北辰，居其所而众星共之。

——《论语·为政》

引导案例

华为公司人力资源管理的演进

华为公司从1987年创立发展至今已逾30年。作为世界级领先企业，人力资源管理对其价值创造和成果达成贡献很大。纵观华为组织发展，人力资源管理坚持聚焦和配套原则，始终为战略落地服务，其发展经历了从内部视角到外部视角、从行政功能到战略功能再到创新功能的演变。

1. 人事管理阶段（1987—1995年）

1987年，华为公司成立。创业初期，华为主要通过做代理交换机业务进入信息与通信技术（ICT）行业。成立之初，华为只有几位员工，公司的首要目标和任务就是“活下去”。在这一阶段，公司并没有明晰的愿景和使命，更谈不上制度体系和管理机制。人力资源管理就是以人事管理为主。在经历被交换机供应商“断货”后，任正非认识到代理模式不可持续。从那时起，他坚定了要构建和发展公司的核心竞争力就必须自主研发产品的决心，公司角色也从代理商转向制造商。基于这样的战略定位转型，华为人力资源管理也有了聚焦点：招募管理和激励成为关键。在招募管理过程中，公司首先优化人才配置的结构，变为“倒三角”的形式。这意味着从事研究开发、市场与技术服务、生产的人员数量依次递减。通过这样的招募管理模式，公司吸引了不少高级人才加入。在激励方面，公司坚持根据实际能力和绩效发放报酬。早在1990年，华为就推行内部融资和员工持股计划。1993年左右，公司推出薪酬领先计划，用高薪吸引顶尖人才。万事开头难，但华为公司独特的人力资源管理措施，在吸引有理想、有干劲和有能力的人才过程中发挥了重要作用。

2. 人力资源管理阶段（1996—2004 年）

在这一阶段，华为赶上了国内 ICT 行业大发展的历史机遇。同时得益于公司成功的市场战略，公司业绩大幅度提升并在市场上获得一席之地，员工人数也随着销售收入的提高迅速增加到几千人。与此同时，华为将目光投向国际市场，开始实施国际化战略，并坚持持续创新的企业文化。1996 年，华为与长江实业旗下的和记电讯合作，成功打入中国香港市场，这是华为大型交换机为进军国际市场作出的关键准备。想要在国际市场获得持续成功，第一阶段的管理模式尤其是人力资源管理需要转型升级。任正非坚信系统性管理是企业可持续发展的关键。1998 年，在中国人民大学教授团队的帮助下，历时两年并经过多次修改的《华为基本法》问世。这一文件明确了公司经营管理的底层逻辑，对公司宗旨、经营原则、组织和人力资源管理的制度设计、员工行为规范都有详细的设计与规定。比如在人力资源管理政策设计部分，华为对人力资源管理的目标、准则、体制等进行了阐述，并明确提出“人力资源管理不只是人力资源管理部门的工作，而且是全体管理者的职责”。

在这一发展阶段，华为主动“走出去”学习国外成功企业的经验和方法。1997 年，任正非在访问国外四家优质企业后，选择 IBM 作为公司通向世界级企业道路上的战略合作伙伴。随后，身价不菲的 IBM 管理咨询顾问进驻华为，帮助其改造内部管理与业务流程。借助外部力量，华为完善了员工任职资格管理体系、员工轮岗制度、绩效考核和薪酬管理制度等。华为在这一阶段的战略和与外部合作的契机，帮助人力资源管理迈向体系化和规范化。

3. 战略人力资源管理阶段（2005—2016 年）

在这一阶段，公司业务持续高速增长。2005 年，华为在国际市场的销售额占到总销售额的 58%，实现了全年海外合同销售额首次超过国内合同销售额的突破。同年，华为的移动终端业务也取得了突破性的进展，成为首批通过核准并获得手机牌照的企业。面对日趋激烈的国际竞争环境，虽已取得不斐的成绩，华为仍然保持着高度危机感。2008 年，公司正式提出了“以客户为中心、以奋斗者为本、长期坚持艰苦奋斗”的核心价值观。同年，任正非在公司高管年会上指出，战略问题是高层指挥基层，战术、战役问题是前方指挥后方，后方要尽力支持前方。华为组织管理方面又有了转型和突破。管理从“大一统”走向“差异化”，并优化现行的不再适应新业务和新战略要求的管理体制机制。

与此同时，公司人力资源管理系统升级，变得更具有战略性、引领性和创新性。人力资源管理的原则、机制和方法都变得更为聚焦，模块之间也被整合并加强彼此间的匹配。比如，干部选拔管理有了统一的胜任力素质模型作为标准，企业文化原则上需要具有一致性，对员工干部更强调责任结果导向。在培训培养管理方面，通过训战结合的设计和运营，注重员工培训的场景性、适应性和学以致用性。除此以外，2013 年左右华为推出了名为“时间单位计划”（time unit plan，TUP）的员工持股计划，激励对象是初级奋斗者和新进奋斗者。TUP 作为一项中短期激励方案，设定 5 年后自动失效。这一计划既可以弥补虚拟受限股一经购买就“一劳永逸”的不足，又无须员工出资购买。

这对年轻员工激励性很强：新员工在无资金负担的情况下，能够直观感受到现金流入带来的强激励。华为以此激发员工持续奋斗。

在这一阶段，公司人力资源管理的整体架构也进行了变革。公司前期就开始运营的人力资源管理三支柱模式日趋成熟，对公司战略和业务起到了很大的支撑作用。经过持续迭代，公司人力资源管理体系日渐战略化、组合化和服务化，能够助力业务发展。

4. 创新性人力资源管理（2017 年至今）

2017 年，在持续增长了 30 个年头后，华为年销售收入高达 6 000 亿元人民币。随着数字化浪潮的到来，公司的产业环境更为复杂和多变。在这一阶段，公司又面临新的管理挑战：一方面成熟业务需要持续优化，另一方面成长和创新业务也需要加强。任正非在 2017 年公司战略务虚会上发表了题为“方向要大致正确，组织要充满活力”的讲话，指出公司的未来一定要注意提供服务价值，并要做到数字化和智能化。

基于新形势和新组织要求，华为人力资源管理体系又进行了升级和转型。在这一阶段，任正非作出明确的指示：核心资源和人力需要向“作战”靠拢，所有形式主义的不增值管理都应该消亡。在这一指示下，人力资源管理的重心转向绩效管理、组织活力、优秀评选等方面。人力资源管理中的事务性工作如签证等标准化的工作被外包。

2018 年，华为《人力资源管理纲要 2.0：总纲》问世，明确提出“人力资源管理是商业成功和持续发展的关键驱动因素”。总纲系统阐述了华为人力资源管理的理念与实践体系，倡导物质激励和精神文明的双轮驱动，用荣誉感激发责任感，将公司愿景使命与员工工作动机相结合，激发员工持续奋斗的内在动力。在总纲的引领下，华为对人力资源管理进行专业化和高效化、全球化和本地化、数字化和智能化的全面管理升级，不断优化面向未来的人力资源管理体制机制，为公司实现技术突破以及在日趋激烈的竞争和复杂多变的国际政治经济形势中披荆斩棘、高质量发展提供了坚强的组织与人才保障。

2023 年 9 月，孟晚舟提出了华为的“全面智能化”（all intelligence）战略，这个战略将是华为未来 10 年发展的重点方向，也预示着华为将成为产业互联网的领头羊。新形势、新战略、新格局下，华为人力资源管理又会走出什么创新之路呢？

资料来源：高琳为本书撰写。参考“华为心声社区”公开发布的文件、讲话稿；华为公司官网；黄卫伟，等．以奋斗者为本：华为公司人力资源管理纲要．北京：中信出版社，2014；马海刚，彭剑锋，西楠．HR＋三支柱：人力资源管理转型升级与实践创新．北京：中国人民大学出版社，2017.

1.1 组织和管理

1.1.1 组织三要素原理

1. 组织的内涵

组织是在时间上具有延续性的集体行为及其互相作用的集合，也是由管理主体有意识加以协调的成员活动或力量的系统。组织的目的在于维持自身的可持续发展。要做到可持续发展，组织必须同时满足两个条件：一个是组织和环境之间的动态平衡，即“外部平衡”。外部平衡需要坚持有效性（effectiveness）原则。另一个是组织内部成员需求的满足，即组织诱因和员工贡献的动态平衡，此为“内部平衡”。内部平衡需要坚持效率（efficiency）原则。组织有不同类型：营利性组织如企业或公司；非营利组织如政府、大学、家庭等。本书集中研究企业组织。

在企业组织中，外部平衡表现为企业有方向有战略，并能做到创造价值和履行社会责任。内部平衡表现为运营有效率，管理主体能够通过多元化和彼此配套的措施来整合资源，带领团队统一行动并提升效率。企业人力资源管理在维护组织内外部动态平衡的过程中有独特的作用。其主要职能是参与共创企业战略和组织变革，服务业务，通过制度设计和领导力协同成员努力，帮助企业创造价值和达成目标。

2. 组织三要素

切斯特·巴纳德（Chester Barnard）提出的组织三要素理论，至今依然具有借鉴价值。组织三要素指的是共同目标、成员合作意愿和协作沟通（如图 1－1 所示）。这一理论对于学习企业人力资源管理至关重要。

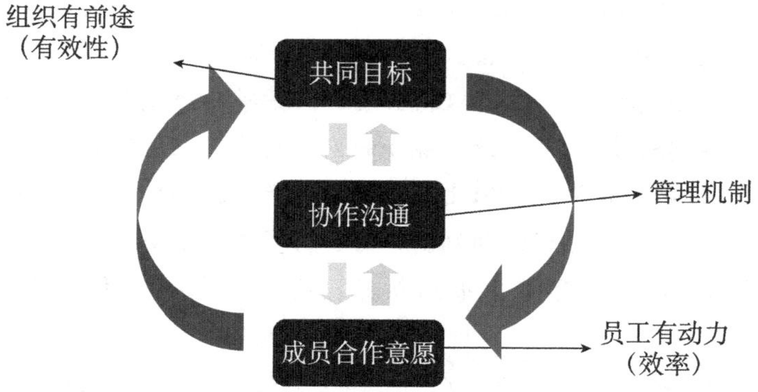

图 1－1　组织三要素

第一个要素是共同目标。共同目标旨在处理好组织和环境的关系。在企业组织中，共同目标表现为战略，具有长期性、总体性和理性的特点。战略表现为外部利益相关方对企业的期待。技术创新、政府政策、客户需求、竞争对手威胁等对企业战略都有影响。企业高层的职责在于妥善处理企业和环境的关系，使得企业目标和结构都有正当性（legitimacy）。共同目标是指导成员行为和统一行动的指南，也是组织得以延续的重要基础。

第二个要素是成员合作意愿。管理主体在共同目标相对明确的前提下，需要通过管理机制尤其是人力资源管理制度，来指挥、说服、协同、赋能成员，使其提升合作意愿，为组织目标的实现而形成统一行动。和组织共同目标相比，成员个体目标具有个体性、具体性和感性等特点。企业人力资源管理就是通过社会化过程如选拔、培训等，提高成员能力，从而有助于完成任务；通过绩效考评和薪酬激励，激发员工动力并形成统一行动。企业管理者可以采用的管理工具有目标管理、沟通管理、文化引导等。管理者通过全面考量员工的特点和组织发展阶段，选择合适的管理工具和管理过程，以带好队伍和获得绩效。

第三个要素是协作沟通。企业战略确定以后，要靠协作机制来进行战略的部署和落地。在企业中一般有四类协作机制：组织结构设计、任务流程、管理制度以及企业文化。四类协作机制的配套也很重要。比如通过将任务流程和管理制度配套，预算管理流程、新产品开发流程就能够调节和控制企业各部门的行动方向与节奏。再比如通过明确企业核心价值观和行为规范，人力资源管理在设计干部选拔、任用、离任制度的时候就有了标准。

组织三要素既要区分又要统筹和整合。在企业中，高层管理者更关注组织和环境的关系，其职责在于让企业有前途。相比而言，基层员工更关注职责和任务的完成，并希望在企业中得到成长和发展。中层作为联结高层和基层的力量，起承上启下的作用，其职责既需要关注、理解和解释战略，又需要根据企业实际情况带领团队落实战略，做到虚实结合并获得良好绩效。只有三者围绕共同目标有序协作，才能推动企业进步。

在中国企业管理过程中，三要素也发挥类似的作用：在明确战略或目标以后，干部或管理者需要带领全体员工，运用协作沟通管理机制，激发成员合作意愿，采取统一行动并实现组织共同目标。

3. 不同时代企业组织的特点

在工业化时代，成功的企业组织具体表现为：组织结构具有正式化、专业化和层级化特征；企业组织中的任务标准化、专业化和流程化；在权力类型上，以高层为核心进行层级制指挥；组织运行必须做到精准、可靠和可复制。在这种发展模式下，人力资源管理通过模块化管理来提升企业运行效率，管理重点放在企业内部。

近年来，随着人工智能、大数据和移动互联网等技术的普及，客户价值和消费主权时代的来临，企业经营环境发生了很大变化。和工业化时代相比，数字化时代的企业追求创新、质量和客户黏性。具体表现为：组织结构更为扁平化和敏捷化；企业中的职位被角色替代，成员的胜任力素质模型变得日益重要；在权力类型上，一线的知识工作者被赋能进行决策和调拨资源；中高层的管理更多地体现为服务、赋能和管控。在这种发展模式下，企业人力资源管理更需要具有外部视角，做到和战略同步并发挥三要素的力量，和业务同频共振。

总之，工业化时代的企业更为“刚性”和层级化；数字化时代的企业更为“柔性”和扁平化。这些变化也深刻影响着企业人力资源管理的原则和方法。表 1－1 总结了两类企业组织的特点。

表 1－1　刚性企业组织和柔性企业组织

刚性企业组织	柔性企业组织
• 金字塔结构 • 高层决策，集中规划资源并逐级分解 • 信息自下而上收集、自上而下反馈 • 职位定义职责；协作要回溯汇报线；分工割裂，信息流低速 • 风险最小化，规避犯错；信息和数据被控制	• 平台化或扁平化结构 • 资源按弹性分配；和一线实时同步，在指标控制下自行调节 • 信息联通透明、实时同步 • 基于协同创新平台自组织；信息透明共享；数字化驱动协同竞争，持续改善迭代

1.1.2 管理和中国式管理

1. 管理的内涵和价值

赫伯特·西蒙（Herbert Simon）认为管理就是决策。管理事关三方面：目标方向、策略手段和实现过程。管理活动就是管理者基于场景定义问题、分析问题和解决问题。在过程中，管理者需要明确目标方向、考量策略措施以及实现目标的路径。管理活动的差别，在于这三方面确定性程度的差异。其中目标方向是原则性、统领性和驱动性的。

被彼得·德鲁克（Peter Drucker）尊为“管理学先知中的先知”的玛丽·福列特（Mary Follett）从功能的角度提供了管理的价值。她指出，将企业和管理置于整个社会框架之下后，会发现它们对构建更公正的社会极其重要。在经济社会中，企业成为社会的主体单元，其社会责任有着更为突出的意义。这正契合了目前我国中国式现代化以及高质量发展的主题。

福列特进一步指出，“产业的基本要素是管理，既非银行家也非股东。良好的管理才能吸引贷款、员工和顾客。此外，不论出现什么变化，不管产业是由个体资本家、政府还是员工持有，它们都需要得到管理。管理是企业中一项持久的职能”。企业要想得到持续的发展，就需要进行全面的科学管理。

全面的科学管理需要管理者成为专业或者职业人士，依据专业知识和职业标准来做事情。福列特说：“科学标准必须应用于企业管理的整个过程之中。就其技术性的一面而言，企业管理包括生产和分销的知识；就其人事方面而言，企业管理包括如何公正而有效地与同事相处的知识。”管理者需要两个方面的专业知识，一是对事，一是对人。只有掌握了这两个方面专业知识的职业人士，才能够成为合格的管理者或者领导者。

2. 中华传统文化和管理的知行合一

德鲁克倡导的“管理就是实践”在我国产业和学术界广泛传播。实际上，德鲁克更强调管理是博雅技艺。因为管理是组织型社会的重要功能，德鲁克特别强调管理的关键是处理好管理者和权力的关系、企业价值观、组织结构、制度设计以及管理者自我管理等。这和我国古代先贤倡导的“知行合一”观念是相融相通的。

在我国传统文化中，先贤尤其强调管理者的知行合一和管理者自身境界的提升，即自我修炼。500多年前，王阳明就提出“心即理”、“知行合一”和“致良知”的哲学主张。在对明代大儒朱熹理学的扬弃过程中，王阳明倡导“心学”，并教导弟子们（大多为政府官员）要基于自身的秉性和天然的性情，用“格物”的方式将自身和外部世界进行联结。通过“事上练”来重构自己，并训练出符合社会规范要求的反应模式，持续提升自己人生的境界。“事上练”就是实践过程，在这个过程中，“知”和“行”应该是一体两面的，即“行是知的真切笃实，知是行的明觉精察”。知行合一的源泉是管理主体的自觉、不被遮蔽的良知以及学习持续致良知的远大抱负，即修身（discipline）。

3. 中国式现代化对企业管理的影响

党的十九届六中全会通过的《中共中央关于党的百年奋斗重大成就和历史经验的决议》指出，“明确坚持和发展中国特色社会主义，总任务是实现社会主义现代化和中华民族伟大复兴”。中国共产党的中心任务就是团结带领全国各族人民全面建成社会主义现代化强国、实现第二个百年奋斗目标，以中国式现代化全面推进中华民族伟大复兴。中国式现代化具有五大特征：人口规模巨大的现代化、全体人民共同富裕的现代化、物质文明和精神文明相协调的现代化、人与自然和谐共生的现代化和走和平发展道路的现代化。上述特征对中国企业管理和人力资源管理有重要的指引价值。

规模影响企业战略，也影响人力资源管理相关的制度设计。企业规模大，往往意味着市场大，也较容易构建品牌形象。但如果企业内部的协调沟通机制，如人力资源管理制度设计不合理、不公正或者不透明，规模大反而容易出现负资产。

共同富裕的价值导向对企业的分配制度或薪酬管理也有指导价值。这要求人力资源管理者主动寻求多样化的激励方案，既要做到激励差异，提高效率；又要做到程序公平，处理好员工和企业的关系，使企业成为和谐社会的有机体和助推器。

物质文明和精神文明相协调对企业意义重大。在过去 40 多年里，部分企业组织过于重视物质层面，对物质财富的极端追求对自然环境造成了破坏。另外，企业在设计薪酬制度的时候，如果过于偏重物质奖励，势必造成较大的收入差异，这将导致员工之间攀比，使得员工和企业之间只有金钱关系，而忽略了规范和价值方面的关系，进而造成社会风气恶化和过于利益导向。中国式现代化倡导的物质文明和精神文明相协调，在组织层面表现为工具理性和价值理性的结合，能够使人力资源管理不仅重视财富的创造，也强调文化、价值和规范对于企业和人的重要性。工具理性和价值理性实际是互为表里、相得益彰的。协调好两者的关系有助于提升员工对企业的认同感和忠诚度。

“人与自然和谐共生”和“走和平发展道路”，需要企业组织重视履行社会责任，遵纪守法，并做到可持续发展。绿色 GDP、低碳经济等宏观层面的要求，需要企业组织关注目标的多元性，既要追求效率，又要关注社会责任，还要实现员工发展。人力资源管理制度设计也要基于多元目标加以丰富和优化。更重要的是，人力资源管理要注意法律遵从、员工福利和权益保障，为我国和谐社会发展贡献力量。

4. 管理者境界和自我修炼

管理者如何才能做到知行合一？结合组织三要素原理，本书认为管理者首先要理解企业目标或企业战略。这对管理者的系统思考和认知升维能力有较高要求。这也属于管理中“知”的范畴。在“知”的习得、积累和感悟过程中，管理者要注意出乎其外，即从全面整体的视角分析问题。

在组织三要素中，协作沟通和管理者的“行”有关。这包括设计、执行、监督、控制等行动。比较而言，知相对“虚”和“无形”，行相对“实”和“有形”。当管理者能够做到虚实结合、有形无形并行的时候，其知行之间的距离就会缩小，管理水平也会提升。

除了组织三要素原理，管理者还需要做好自我管理，即管理主体必须具备适应性、创新性，对自己的身份立场有自觉。在经营管理和带领团队的过程中，管理者首先要“对自己有办法”，即管好自己的身、心、灵。这就需要管理者重视自我修炼和持续精进。

以企业中高层管理者为例，其自我修炼的重点是处理好自己和权力的关系，并做到让企业有前途。在企业穿越不同发展周期的时候，高层管理者要有清醒的判断和洞察，做好对未来的预测和对现实的定义是至关重要的。对于中层管理者来说，自我修炼的重点是如何在资源时间有限的情况下，做好定位，有所为有所不为。中层管理者还应该领会和解释企业目标，对目标进行部署，让员工有动力。总之，作为担负管理职责和对他人行为负责的人，管理者必须有正念和使命，才能有力量和智慧来应对环境的不确定性，解决各种矛盾并做到知行合一，成为有绩效的人。

我国传统文化提供了大量的智慧和方法，可帮助管理者加强自我修炼，提升领导水平。道家哲学倡导“为学日益，为道日损”。“道”就是规律、方向和本性自足的从容。管理者要选择“与道同行”；应当以“道”为圭臬，反求诸己。管理者能够经常反思复盘，并学习去我执、去偏见、明心性和服从现实客观性的时候，就是逐步学会了“损之又损，以至于无为”的领导艺术，并能够较好弥合知行之间的鸿沟。

实际上，玛丽·福列特也提出了类似道家哲学的管理者修炼之路。福列特认为管理者的责任就是在洞察不同利益相关方的矛盾以后，寻找不同相关方在更大范围的统一，尤其是利益的统一，从而能够建设性地解决矛盾和冲突。管理者需要坚持寻找情境中的客观性并尊重规律，让员工接受管理者的权威，从而获得影响力。

1.2 人力资源管理发展历程

1.2.1 西方企业人力资源管理发展历程

20 世纪 70 年代中后期，日本企业在全球制造业方面的竞争力对美国企业造成了巨大冲击。日本企业的优秀绩效引发了美国产业界和学术界的关注。他们考察和学习日本企业以后，发现扎根于日本社会文化土壤中的企业人力资源管理有着独特性，表现出长期雇佣、年功序列、重视在职培训、干部内部提拔等特点。美国企业到日本企业学习人力资源管理体系以后，开始对自己管理员工的模式进行反思，并结合美国社会文化特点加以改造和优化。同时，借助于美国发达的工商管理教育系统以及职业经理人制度，美国企业人力资源管理汲取日本企业管理中的文化管理，并借当时产业转型之机，推出一整套美国企业人力资源管理模式，即职能和专业人力资源管理模式。

当时美国企业人力资源管理以职务分析为基础，强调人力资源管理的科学性。主要特色有：职位管理、以员工绩效差异为基础的多样化报酬制度、强调员工能力训练、重视人才的市场化配置和合理的流动管理等。到 20 世纪 90 年代初，美国企业由于在技术和研发方面的持续投入，同时主动变革来顺应消费变化，竞争力大幅提高，重新回到世界经济的中心。美国高科技企业在竞争中拔得头筹，并开始有意识地强调组织中的知识管理；同时将赋能知识型员工、共创共担共享的激励制度设计等提上公司战略管理的议程。人力资源管理也在产业进步、组织变革和管理创新过程中迭代和演化。无论是在大规模的跨国公司还是在硅谷的科技创新型公司，人力资源管理逐步从职能地位被提升到战略地位。

发展至目前的数字经济时代，在技术进步、员工体验、共创共享等因素的影响下，美国企业战略转向生态模式和持续创新模式。这些都在助推企业人力资源管理向人力资本管理、生态模式管理演变。美国企业人力资源管理的典型实践有多元用工模式、全面薪酬管理、OKR 管理、文化管理和领导力驱动的组织变革等。

1. 人事管理

18 世纪英国工业革命的到来，促使家庭作坊式的生产方式转变为工厂式的作业方式。这就带来了工作性质和雇佣模式的变化。当时，工厂主需要训练工人适应工厂作业方式、培训员工的技能和态度，以及制定规章制度来规范工人行动。

在同时期的美国社会，企业较为重视员工福利，成立部门和设立职位来改善员工工作条件、处理工人投诉、安排工作调动和管理膳食等。这些都属于企业人事管理的萌芽阶段。

到了 19 世纪，“科学管理之父”泰勒（Taylor）提出了划时代的科学管理。泰勒最为重视工厂工作效率的提升。他通过对工作进行时间动作研究，找到日工作标准，依据工作标准来挑选合适的工人。他还发明了差异性的计件工资制，从动力角度提升工人的积极性和效率。这些都为后续的职位分析、人岗匹配、培训管理和职位体系管理等打下了基础。

人事管理的出发点是提升工作效率。这一管理模式重视“工作”即“事”的管理，并将人的管理统一于事或工作的管理逻辑。人事管理者的工作是在企业和操作工人之间“牵线搭桥”，并以指导蓝领工人为重点。在这一阶段，人事管理的职能在于维持行政规则、处理蓝领工人日常事务、建立基层操作人事之间的秩序等。人事部门的职能和企业战略联系不密切，对战略落地以及企业成功的支撑微弱。

2. 人力资源管理

进入 20 世纪以后，工业心理学对人事管理起到很大的推动作用，其中较为显著的方面就是职业指导。第一次世界大战时，招募士兵的需求更是推动了职业指导技术的改进。第一次世界大战以后，人际关系运动兴起。著名的霍桑实验发现，人际交往以及管理层对员工体验参与的重视，有助于员工积极性的提高。

20 世纪 60 年代，彼得·德鲁克在霍桑实验和人际关系等社会运动的基础上，发现过去的人事工作过于以事为导向，较为重视蓝领工人的管理，而忽略其对企业战略落地的影响，对企业成功的贡献也模糊不清。德鲁克提出“人力资源管理”必须要和战略挂钩，要和员工发展尤其是知识型员工的终身成长建立有机联结。与此同时，著名经济学家舒尔茨（Schultz）等人提出人力资本理论，指出受过教育的员工（人力资本拥有者）具有比物质资本更大更灵活的潜力和活力。库兹涅茨（Kuznets）等人计算出受过教育的劳动力对美国经济的贡献是超过其他资源的贡献的。20 世纪七八十年代，日本企业在世界经济舞台上有突出表现，其企业内部的管理制度和人力资源管理制度引起了美国商界、学界和政界的广泛关注。松本厚治等人的著作清晰阐述了日本企业人力资源管理模式的特点，以及其对企业成功尤其是可持续发展的正面影响。

至此，人力资源管理的发展到了一个分水岭。其内容覆盖人力资源战略与规划、职位分析、招募与甄选管理、培训与开发管理、绩效管理、薪酬与福利管理、职业发展以及员工关系管理等全链条。人力资源管理部门和人力资源管理人员成为企业战略落地的生力军，并将员工全职业生命周期的管理和企业经营管理相连接。

和人事管理相比，人力资源管理更重视人的价值，以及人与事的动态匹配。人力资源管理者的工作理念更为健全、工作方法更为系统和科学。人力资源管理职能强调对“人”这一资源的全流程管理，并将其和企业竞争优势有机联结起来。克雷曼（Kleiman）的研究表明，系统人力资源管理有助于提高员工对企业组织的忠诚度和投入度；企业形象也变得更为积极正面，并能够吸引优秀人才加入。这些无疑有助于企业形成竞争优势。

3. 战略人力资源管理

20 世纪 90 年代，战略人力资源管理的理念普及。战略人力资源管理的做法是将人力资源管理模式和组织能力建设直接联系起来，并视员工为企业重要资产。管理主体通过设计和运行一系列人力资源管理解决方案，做到方向明确、聚焦战略。同时，人力资源管理制度和方案之间具有一致性。从理论视角看，人力资源管理需要聚焦战略，就是纵向一体化；人力资源管理实践之间需要加以整合和配套，就是横向一体化。两个方向的一体化能够将人力资源管理的活动直接和企业组织价值创造、价值评估和价值分配的活动加以统筹。这样的制度设计和协调机制能够有效促进团队合作、提升管理效率和形成组织能力，敏捷适应外部市场的变化。

21 世纪以来，企业面临的环境更为不确定。这就意味着企业要进行持续创新和变革才能抓住机会和规避风险。人力资源管理的战略性和驱动性更强。竞争力强的公司将人才管理作为竞争优势的来源。人才管理先要识别企业的关键职位，并以此为依据进行人才盘点和人才储备，即员工能力储备；然后设计出高绩效、高收入的激励机制，激发员工的动力和意愿。同时确保人力资源管理架构本身的优化和人力资源管理运营的闭环管理。通过员工能力、员工动力和人力资源管理职能的持续优化，建立富有弹性的人力资源管理体系，以适应环境的变化和竞争的挑战。

与人事管理、人力资源管理相比，战略人力资源管理的导向、内容和方法均有所升级。其导向是聚焦战略和业务，主要内容包括横向一体化、高绩效工作实践和为企业内部需求方提供人力资源管理整体解决方案等。在战略人力资源管理模式下，人力资源管理的职能和方法也同步升级，它更多地承担业务伙伴和变革专家的责任。人力资源管理专业人员也成为多面手，贴近业务，深刻领悟战略并秉持组织立场，提供有效解决问题的管理工具和解决方案。

4. 创新人力资源管理

数字经济时代，随着技术进步、人和企业关系的重构、从业人员出现新的需求等，企业人力资源管理实践同步发生变化。未来人力资源管理模式更注重组织和内外部利益相关方的共创。平台组织崛起，零工经济规模扩大，企业和员工的关系模式变得多样化。在此基础上，共创共担共享的薪酬制度成为常态；文化建设和领导力重塑成为家常便饭；员工也会为自身人力资本持续投资并坚持终身学习。员工体验、个人和企业同步发展、法律法规的遵从、专业协同和认知协同同步进行等议题将成为未来人力资源管理的重中之重。未来人力资源管理的典型特征有：战略驱动、技术影响、人才为本、绩效为王和遵从法律法规等。

表1-2总结了西方企业人力资源管理发展阶段。

表1-2　西方企业人力资源管理发展阶段

人力资源管理阶段	典型特征
人事管理	重视“事”的管理、效率导向、行政性和事务性；战略导向不明确；人力资源管理者胜任力较简单
人力资源管理	重视职能建设、以模块管理为主、流程性；和业务战略结合不密切；人力资源管理者重视提升专业能力
战略人力资源管理	战略驱动、员工能力和动力建设重要；紧贴业务和现场；人力资源管理者能力综合并注重胜任力培养
创新人力资源管理	企业方向大致正确、组织充满活力；人力资源管理数字化智能化转型；组织成为平台和生态，为知识型员工赋能；企业中人人都是人力资源管理者

1.2.2　我国企业人力资源管理发展历程

1. 第一阶段：1949—1978年

在这一阶段，我国经济体制为计划经济。企业组织不具备自主经营权和管理权。企业目标主要是服务于国家提出的要求和命令。人力资源管理和身份管理密切相关。企业员工被划分为两类，即干部和工人。管理人员和专业技术人员被归为“干部”，他们被纳入国家人事管理体系。在这一阶段，人事管理指的就是国家干部的提拔任用、德能勤绩考核和奖惩等。对于员工的管理，大多以政治思想教育为主，并不重视经济性或利益性激励。这种人事管理的原则方法和当时国有企业的目标理念——重视合法性和社会责任感也是一致的。员工也以获得在国有企业的工作资格为荣，因为是“铁饭碗”和终身雇佣制。这种体制和机制给员工带来稳定感和安全感，但负面效应是效率不高、人浮于事。

2. 第二阶段：1978—1993年

在这一历史阶段，我国开始实行对内改革、对外开放的改革开放政策。我国苏南地区涌现出一批乡镇企业。1979年《中华人民共和国中外合资经营企业法》通过，外资企业开始进入中国。至此我国出现三种不同类型的企业：国有企业、乡镇企业和外资企业。1992年，国有企业掀起了“打破三铁”的改革热潮，即通过改革来打破“铁饭碗、铁交椅和铁工资”的局面。国务院颁布《全民所有制工业企业转换经营机制条例》，开始推动企业用人的自主权。

与此同时，乡镇企业的企业家开始摸着石头过河，在企业内部进行人事制度的改革。在苏南地区，乡镇企业开始尝试用奖金制度和重视销售骨干的政策，拉开员工之间的收入差距。

进入中国的外资企业，因为发展历史长、经营管理经验丰富、待遇好以及培训机会多，吸引了本土人才。这些跨国企业能得到可持续发展，与其良好的经营原则、管理理念以及员工激励、培养、开发的系统性是分不开的。在这一阶段，外资企业给我国企业带来了新颖的人力资源管理理念和方法。

3. 第三阶段：1993—2007 年

1992 年，党的十四大明确了建立社会主义市场经济体制的改革目标。1993 年，党的十四届三中全会制定了建立社会主义市场经济体制的总体规划。2001 年我国加入世界贸易组织（WTO）。外资企业在我国发展迅猛。2002 年，我国首次提出实施人才强国战略，强调人力资源和人才的重要性。2003 年，我国召开了新中国历史上第一次全国人才工作会议。

在这一历史阶段，外部宏观环境较为利好，企业积极拥抱变化，勇立潮头，迅猛发展，扩大规模。同时，不少高校也开始组建人力资源管理专业。这大大推动了人力资源管理在中国的发展。随之而来的是，一批公司如海尔、华为、美的、平安以及腾讯、百度和阿里巴巴等脱颖而出。这些公司主动寻求和探索国际通行的人力资源管理理念和技术，博采众长。人力资源三支柱模型、人才梯队建设、六盒模型、胜任力素质模型等在我国头部企业得到引进、吸收和应用。

依托整个社会的发展势能、飞速技术创新和庞大消费规模，这一时期我国企业人力资源管理实践得到长足的发展。很多企业开始注重组织管理和战略人力资源管理。企业激励人才的方式更加多元化。全面薪酬管理的理念和方法也为敏锐和竞争力强的企业所采纳。

4. 第四阶段：2007 年至今

2008 年美国发生次贷危机。2018 年，中美贸易冲突加剧。2020 年，新冠疫情暴发，世界局势动荡复杂。

2021 年 9 月，我国召开中央人才工作会议，强调要坚持党管人才，坚持面向世界科技前沿、面向经济主战场、面向国家重大需求、面向人民生命健康，深入实施新时代人才强国战略，全方位培养、引进、用好人才，加快建设世界重要人才中心和创新高地，为 2035 年基本实现社会主义现代化提供人才支撑，为 2050 年全面建成社会主义现代化强国打好人才基础。

基于历史背景和时代要求，我国企业人力资源管理逐步从“外来”走向“本来”，扎根中国土壤，提升管理者境界。同时，也需要面向“未来”，积极拥抱数字化技术、人工智能等，促进企业持续创新来满足客户需求。至此，外来、本来和未来得以整合，我国企业人力资源管理得到全面发展，企业实现了战略落地好、组织转型顺、员工发展有空间等。

1.2.3 我国企业人力资源管理特征

经过矢志不渝的努力，我国企业人力资源管理取得了较大进步，主要表现出以下特征：

（1）随着我国政治、经济、技术和文化社会的发展，各类企业都认识到人力资源管理的重要性，加大力度使用各种先进的人力资源管理方法和技术。

(2) 现代人力资源管理的理念、制度和方法在企业层面得到普及。中国人力资源管理年会已经连续举办 17 届，加深了对人才管理、文化建设、激励变革、专业主义、任职资格等和组织能力之间依存关系的理解。组织能力日渐成为企业获得竞争力的法宝。战略人力资源管理的理念和方法尤其受实践者的欢迎。国有企业、外资企业和私营企业都积极贡献研究成果，积极探索中国企业人力资源管理的理论、方法和案例。

(3) 引进、借鉴、运用和改良大量先进的人力资源工具和技术。如人力资源三支柱模型、高绩效工作系统、平衡计分卡、职位分析技术、职位评估技术、人才测评技术、胜任力素质模型、关键绩效指标（KPI）、目标与关键成果法（OKR）、心理契约等都在不同企业得到运用并取得好的效果。

(4) 人力资源管理中的高管教育（EE）受到更多重视。通过专业学习，这些专业工作者的经验得到重构、思维得到提升、水平能力得到提高。

在中国式现代化的征程中，如何结合国际化的新特点以及我国的政治、经济、文化和市场特色，来进一步探索和归纳我国人力资源管理体系需要学术界、企业界和政府共同努力。实际上，国际形势复杂多变、消费需求升级、数字化技术普及等现实，为中国企业人力资源管理的未来发展既提供了机遇，也带来了挑战。

1.3　人力资源管理体系

1.3.1　人力资源管理的定义和价值

1. 人力资源管理的定义

不同学者给出了不同的人力资源管理定义。雷蒙德·诺伊（Raymond Noe）认为：人力资源管理是对员工行为、态度、绩效产生影响的政策、制度和实践的总称。加里·德斯勒（Gary Dessler）从过程视角给出定义：人力资源管理是获取、培训、评价员工和向员工支付报酬的过程，同时关注劳资关系、健康安全和公平等问题的管理过程。迈克尔·比尔（Michael Beer）认为：人力资源管理是影响公司和员工之间关系的所有管理决策和行为。比尔特别强调只有当人力资源管理不仅仅被看作特定职能部门责任的时候，组织才能建立起内部统一的结构和目的，并实现人力资源管理的有效性。

基于前人的研究和我国企业人力资源管理实践，本书认为企业人力资源管理是以企业战略为聚焦点，借助于人力资源管理的原则、策略和方法，将员工目标和企业目标加以协调统一的动态管理过程。管理者基于目标，使用多样化的人力资源管理技术和方法来吸引、激励、开发和保留员工，从而实现管理效率。人力资源管理体系必须做到以下几点：第一，推动企业创造价值，如推动战略落地和企业转型。第二，赋能员工成长和发展，并整合员工目标和企业目标。第三，推动和支持企业承担社会责任和遵从法律法规。第四，积极拥抱新技术，利用技术来创新企业人力资源管理模式并和业务同频共振，推动企业持续创新，支持企业可持续发展。

2. 人力资源管理的价值

(1) 职能价值。现代企业人力资源管理的核心职能是吸引、考核、激励和开发员工。通过配套的管理机制引发员工协同性行动以执行战略并获得绩效。吸引员工指的是在企业内部和外部招募选拔企业空缺职位所需要的合适人才。通过人岗匹配技术、人才供应链等经营思维，建立健全员工队伍并使员工能力符合战略发展需要。员工履行职位职责，人力资源管理职能则通过绩效评估和管理制度，组织稳定有序的考核工作。员工绩效评价结果有助于企业对员工进行差异化的奖惩激励和引导培训。通过人力资源管理职能和活动，企业能够为不同序列的员工提供"位子、梯子、镜子和驾照"，由此使得人力资源管理成为企业可持续发展的源泉，为企业建立不同共同体提供制度、方法和体制保障。

(2) 对员工的价值。按照巴纳德（Barnard）的组织理论，组织成员是需要基于特定目标进行反复选择并愿意舍弃部分个人自由意志来为组织目标努力的人。员工加入企业以后，潜能能否被激发、动力是否充足，需要管理者和人力资源管理体系的引导、干预、整合和烘托。比如，员工能力和职位职责的动态匹配、员工努力和绩效的强因果连接、获得绩效以后组织的及时奖惩激励等，都要靠专业和系统的人力资源管理措施来实现。通过入职、上岗、考核、奖惩、流动等人力资源管理全流程，员工逐步成长为"组织人"，爱岗敬业。在我国社会主义核心价值观的指导下，组织目标和员工个人目标在根本上是统一的。这也从体制上保障了企业人力资源管理以人为本。我国企业人力资源管理如果能整合社会宏观层面的价值导向和企业中观层面的人力资源管理体系，就能够起到培养人、发展人的目的。

(3) 对企业的价值。人力资源管理能够有效帮助企业获得合格的高质量员工，建立有战斗力的员工队伍。通过绩效管理和评估，能引导员工明确工作目标和标准以提升效率。此外，借助培训管理、薪酬管理、员工关系管理等，企业能建立雇主品牌，维持遵纪守法的形象，吸引更高质量的人才加入。

(4) 对社会的价值。在数字经济形势下，企业之间的边界、企业和社会之间的边界变模糊，企业变革和转型因此成为常态。变革和转型意味着组织结构、利益格局、文化导向都需要调整，职位也会根据企业战略的要求而精简、合并、取消或增加。这些都会直接影响员工及其家庭的稳定，进而影响社会稳定。所以企业变革既是一个组织命题，也是一个社会命题。人力资源管理需要在做"命题作文"的时候，坚持正确的原则，巧用方法工具，并物色到称职的变革操盘手来稳步推动变革，减小变革风险，及时取得成效。人力资源管理能够在企业变革和转型的过程中充当"稳定器"，为企业可持续发展和维持社会和谐稳定作出贡献。

目前，我国新生代员工（指在 1995 年之后出生）全面进入职场。他们大多为知识型工作者，个性突出、创新能力强，对知情权、隐私权等都有自己的诉求。人力资源管理在赋能新生代员工的同时，也能起到调和、引导、共情、共创的作用。比如，企业通过提升员工体验感和参与感、丰富优化员工援助计划（employee assistance program，EAP）、设计富有伦理道德标准的人力资源管理实践等，营造风清气正的职场环境。

另外，随着零工经济的崛起以及远程办公的常态化，企业需要开发灵活敏捷的人力资源管理模式来适应外部环境变化。

在中国式现代化进程中，企业人力资源管理应充分发挥多方面的价值。作为企业战略导向的职能策略，人力资源管理既能够关注人的发展，又能促进企业战略落地，还能为稳定社会贡献积极力量。

1.3.2 传统人力资源管理体系

1. 常规人力资源管理

(1) 职位分析和胜任力管理。职位分析和胜任力管理是人力资源管理的基础工作。职位系统包含任务、技术、管理方式、政策导向等，是企业进行员工招募、甄选、培训、评价和薪酬管理的重要依据。胜任力系统包含员工的动力、能力和经验，既需要重视员工满足目前工作的职责要求，又需要注重员工的潜力以及应对组织变革和创新的能力。工作分析、工作设计、工作丰富化和胜任力素质模型等管理技术能够帮助管理者更好地指导员工朝着企业预期的方向提高自身能力。

在数字经济时代，数字化水平高的企业的职位分析和胜任力管理相辅相成。企业中的关键职位以及职位背后的流程能够保障企业这个"营盘"的稳定性和可复制性。员工胜任力素质、员工认知协同等又能提升企业的适应力。数字化企业中的精兵强将依托企业平台能充分发挥自身潜力和创造力，帮助企业进行机会捕捉、风险规避、产品创新和服务交付。

(2) 招募与甄选管理。招募管理指的是企业为了吸引足够数量且符合质量要求的申请人关注并可能加入本企业的决策活动。企业在有人才需求的时候，招募管理能够及时提供合适的渠道满足用人需求。甄选管理则是用合适的工具来区分和考察求职者，并挑选出最符合空缺职位要求及企业文化的候选人的过程。招募甄选的职能活动有利于企业在价值创造环节获得合格并且有一定厚度的人才，来进行战略落地并达成企业绩效。

(3) 培训与开发管理。企业在员工加入以后，需要按照组织要求、职位要求和文化要求，对不同类型的员工展开持续、系统和有节奏的培训，使全体企业成员的能力能够支撑战略落地、创新变革和提高人效。一般来说，企业培训包括新员工导入培训、技术培训、基层管理者转身培训、中层管理者领导力培训等。

员工开发管理又称职业生涯管理。这是企业为了自身的敏捷性和适应性，对员工采取的一种投资方式。企业为了稳定员工预期，需要采用连续性的、系统性的员工发展策略方法，关注员工成长和发展。员工职业发展过程涵盖一系列相互联系又有区分的经历变迁。企业组织在员工职业生涯管理过程中，可以通过多样化的员工发展工具，如教练、临时委任、评估中心、考核和轮岗等，引导员工掌握和提升核心能力、专业能力和领导能力。企业还会设计任职资格管理体系，通过不同职业发展通道，帮助员工找到"镜子"、获得"梯子"、拿到"驾照"，锻造专业化和职业化的员工队伍，并让员工感受到职业成就感和自豪感。

(4) 绩效管理。绩效管理是人力资源管理的中心任务。在组织层面，绩效管理和战略分解关系密切。在职位层面，绩效管理和职位职责密切相关。绩效管理过程和绩效运营系统对其效果有很大影响。绩效管理的目的是促进企业内部产生公正的氛围、合理的竞争以及促进效率的提升。对于员工而言，绩效管理和评价既与自己的收入有关，更和自身的职业发展有关。

（5）薪酬与福利管理。薪酬与福利管理是关键的人力资源管理职能，它能有效调节员工和企业组织持久的合作关系。在数字化条件下，薪酬形式更为多样化，既有外在的经济性薪酬，也有内在的心理性薪酬。薪酬管理的主要步骤包括：基于职位评估设立合理的薪酬体系，并做到内部公平；基于市场调研建立富有竞争性的薪酬制度，做到外部公平；还要将员工绩效差异和薪酬制度建立有机联系。企业薪酬管理还需要做到符合国家相关的法律法规。

（6）员工关系管理。员工关系指的是企业在经营管理活动中和员工之间建立的雇佣关系总称。在数字经济时代，员工关系的内涵更为丰富和复杂，既有经济关系、法律关系，还有心理关系。员工关系管理的目的在于维持员工和企业积极的合作关系，保持企业人才竞争优势，提升组织竞争力。与此同时，也需要充分考量员工意愿，营造公平公正的组织氛围，激发员工的认同和忠诚，提高工作效率。

企业通过人力资源管理职能，能够合理、稳定地统筹人和人、人和岗、人和目标的协同匹配。上述模块通过管理主体的计划、组织、领导和控制，既聚焦于企业目标或战略要求，又彼此配套协调，共同推动企业目标实现和员工发展。

2. 人力资源管理的层次性

基于组织理论和管理学原理，组织和管理具有目标性、层次性和统筹性等特点。在实际操作中，人力资源管理也需要从理念原则、制度机制、落地方法和常态运营四个层次有序展开，如图 1-2 所示。

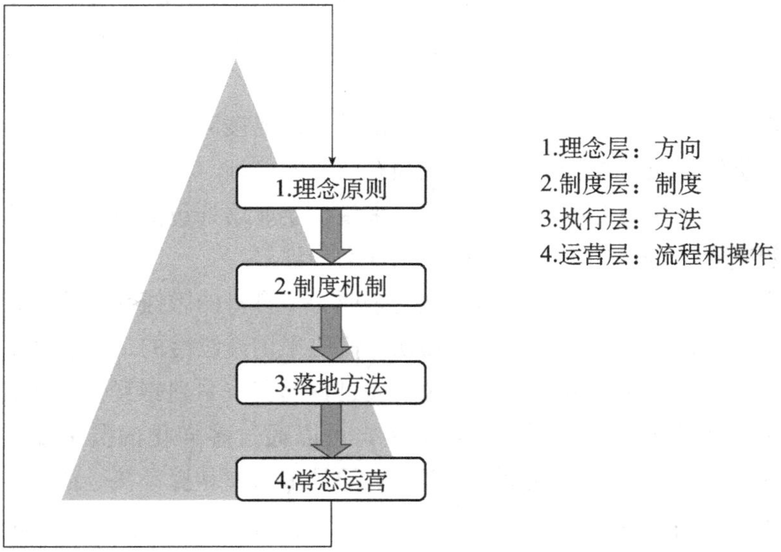

图 1-2　企业人力资源管理层次图

首先是人力资源管理的理念原则。这是组织关于如何处理和员工关系的价值导向，也是组织所做的理性思考。这一层次具有引领性和指导性特点。在华为，劳动雇佣资本的理念规定了其人力资源管理的方向，对各项人力资源的制度设计尤其是绩效考核和薪酬激励制度的设计有指导性作用。比如，借助绩效考核管理过程，明确员工绩效和结果。对绩效水平高的员工，要予以合适的激励和留任。同时，还需要有配套的企业文化来强化和呼应相应的制度，做好员工管理和激励的闭环。再如，我国国有企业的管理理念是以较为平等的态度来对待企业的干部和员工。基于共同富裕的管理原则，企业并不鼓励员工间收入差距过大。企业较为重视员工能力、员工福利和就业安全等方面的制度安排和运营管理。这些管理措施也体现了企业追求公平合理和向善的文化理念。

其次是人力资源管理制度机制。制度是理念的体现，具有相对的稳定性和刚性等特点。制度表现为程序、规则和规定，是可以操作的行动指南。比如在企业组织中，绩效管理制度是人力资源管理的关键环节，没有目标和考核激励，就没有管理。绩效管理制度能够帮助员工明确工作目标，并在规定的时间接受考核、反馈和辅导。

再次是运用不同人力资源管理落地方法来执行理念和制度。在这一层次，尤其需要关注执行主体、时机、资源约束、预期结果和风险控制等。

最后是将上述三个层次的理念原则、制度机制、落地方法纳入常态运营。

以上几个层次是一个由虚到实再到虚的动态循环过程。这是人力资源各个管理职能运行的基本逻辑。一般来说，人力资源管理职能部门需要对不同层次之间的活动加以统筹管理和运营，逐步形成相对稳定的人力资源管理体系。在企业由小到大、由弱到强的成长发展过程中，需要有意识地对不同发展阶段的管理理念原则、制度机制和执行效果或后果，进行记录、储存和优化。这些过程管理和留痕管理对构筑组织的基础是很重要的。在组织不同发展阶段加入的员工，会因此对组织理性和制度刚性形成稳定预期，并激发对组织的信任。

在中国企业人力资源管理中，也需要遵循这一逻辑。首先要明确企业宗旨和方向；其次要做好干部工作和制度建设；再次要通过绩效评估对员工分类管理，并统筹员工发展和企业发展；最后要关注运营效率。要特别注意所处的社会文化环境和发展阶段，履行社会责任，促进社会和谐发展。

1.3.3 C-S-R中国企业人力资源管理模型

综上所述，本书提出C-S-R中国企业人力资源管理模型（简称“C-S-R模型”），如图1-3所示。C（Chinese contexts）即中国场景，是企业人力资源管理的根基和源头，回答了“什么是中国企业人力资源管理”这一命题。S（strategy driven）即战略驱动，表明中国企业人力资源管理体系必须是战略驱动和为战略服务的，S回答了“中国企业人力资源管理为什么以及如何定位”。R（regular functions）即常规的人力资源管理职能，它回答了“中国企业人力资源管理怎么做”的问题。C-S-R模型回答了中国企业人力资源管理的三大问题——是什么、为什么和怎么做。这一模型全面考量了三个方面的契合。一是企业管理和人力资源管理需要与中国场景契合，尤其是和我国传统文化以及中国式现代化的要求相契合。二是企业人力资源管理和战略的契合。企业人力资源管理活动必须以战略为出发点才能抓住主要矛盾，并合理配置企业的有限资源，解决关键人力资源问题。三是企业人力资源管理职能和活动自身的契合。

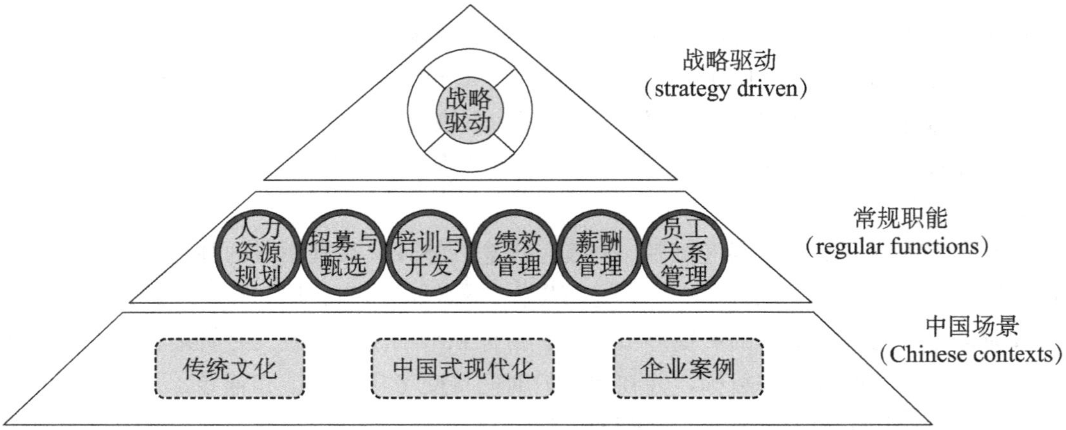

图 1-3　C-S-R 中国企业人力资源管理模型

C-S-R 模型对推动中国式现代化有价值。企业在发展过程中要关注中国式现代化的五大特征。追求卓越的企业是平衡发展的有机系统，既重视物质层面，又重视精神层面，引导员工对企业产生归属感和认同感。C-S-R 模型将中国企业人力资源管理体系建设置于中国式现代化背景下，从中汲取力量和明确方向。企业方向正确、内部秩序井然并充满正能量，员工自然会尽心尽意工作并孕育出主人翁精神。反过来，如果没有正确社会价值观的引导，企业充斥“铜臭味”，员工也会受到“污染”和影响。企业如果过于宣扬利己主义的价值观，推崇利益至上，只将员工作为工具人，则很难可持续发展，人力资源管理也就成了无本之木和无源之水。企业人力资源管理领会中国式现代化的要求，有助于企业形成以人为本，尤其是以人性善为本的底色，助力打造社会的真善美。

此外，企业采用 C-S-R 模型推进人力资源管理，能够做到战略导航和夯实组织能力，充分调动员工积极性以为企业创造价值。

总之，C-S-R 模型能够推动企业人力资源管理朝着健康绿色的方向发展。中国场景（C）是底色和源泉；战略驱动（S）是方向和牵引；采用综合性人力资源管理职能（R）有助于战略落地执行和取得成果。三者环环相扣，彼此支撑，形成互相契合的有机体，目的在于帮助企业创造价值、成就员工并促进我国社会绿色发展。

本书总体框架如下（见图 1-4）：第 1 章是企业人力资源管理导论，企业组织需要依据外部环境来进行定位和提出价值主张，明确自己的使命、愿景、价值观，还涉及文化场景，尤其是中国式现代化和高质量发展对企业经营以及人力资源管理的影响。第 2 章是人力资源战略与人力资源规划。第 3 章是职位分析与胜任力素质模型，这是企业人力资源管理的基础。第 4 章至第 8 章为人力资源管理的职能模块。第 9 章是人力资源管理转型与未来发展。各章还配有两个案例——一个引导案例和一个讨论案例。

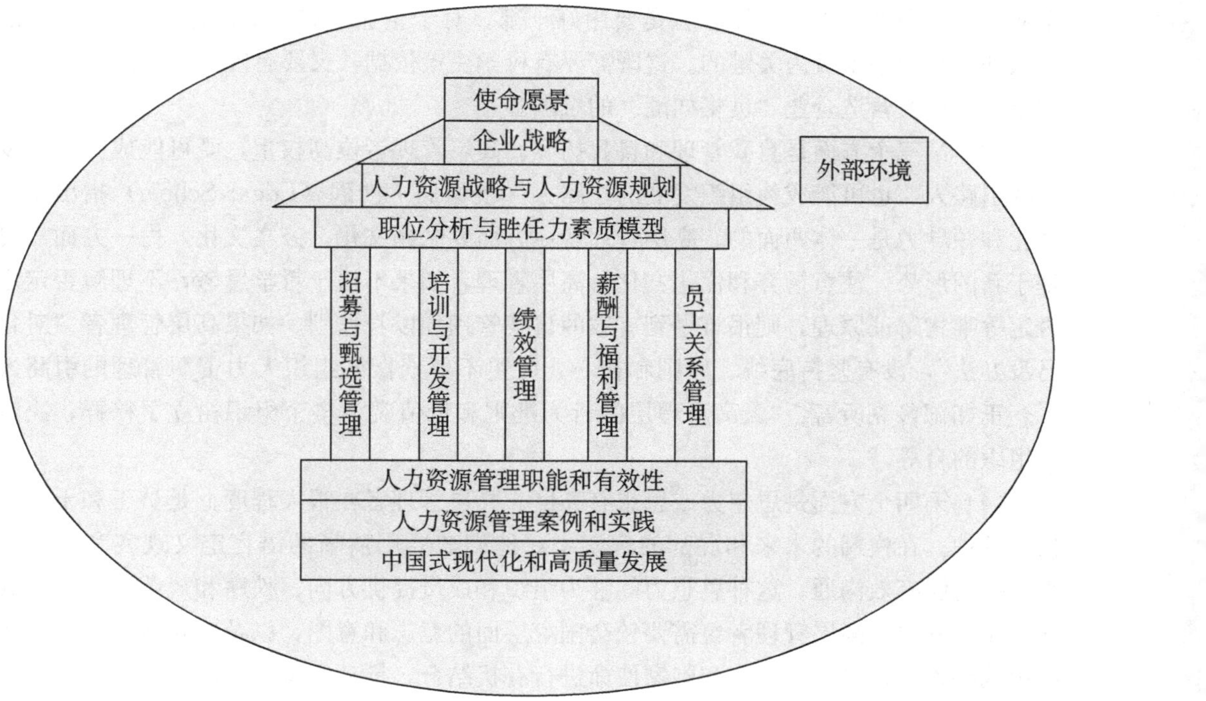

图 1－4　本书总体框架图

1.3.4　人力资源管理主体

企业中的高层管理者、中层（直线）管理者、人力资源专业管理者和员工都需要承担人力资源管理责任。

1. 高层管理者的人力资源管理责任

在企业中，高层管理者的主要职责是使“企业有前途和员工发展有空间”。华为创始人任正非在华为经营管理过程中，始终提倡以文化塑造人、以制度约束人和以思想吸引人。在上述指导方针的引领下，华为职能部门联合智库和咨询公司，基于华为战略定位和业务特点来设计人力资源管理制度，并提供人力资源解决方案。

总的来说，高层管理者的人力资源管理责任是战略性、引领性和关键性的。在复杂多变的环境中，高层管理者最关键的职责在于预测未来和灵活处理矛盾。同时，他们还需要反复向下属传播和沟通公司战略意图和决策，使其认同接纳。在此基础上，他们要合理配置资源和协调组织统一行动，为组织创造绩效和承担社会责任。有以下几个方面值得重视：

（1）高层管理者进行人力资源管理的时候，首要职责是进行战略预判，即洞察外部环境、评估可能性和制定战略预案，使得企业组织有方向和有前途。这里战略预判是核心，因为预则立不预则废。高层管理者尤其需要具有承担风险和承受压力的素质。这一职责具体体现为负责制定企业的人力资源战略和人力资源规划。

（2）高层管理者人力资源管理职责的第二个方面是培养选拔干部，夯实干部队伍。

企业组织方向确立以后，接着就是要用好干部。对于企业来说，干部选拔标准、流程、方法和效果评估是极为关键的。这既需要有科学决策依据，又要有魄力胆量来任用合适的干部，还要营造企业“良将如潮”的氛围。

（3）第三个方面是自我管理和自我扬弃。高层管理者位高权重，既可能成为企业发展的引路人，也可能成为组织发展的挡路人。埃德加·沙因（Edgar Schein）指出企业文化和领导力是一体两面的。高层管理者一方面要弘扬文化、夯实文化，另一方面需要基于新的形势，注意扬弃和优化文化。高层管理者如果不擅于哲学思考，不理解否定之否定等唯物辩证原理，则很难做到有效的自我管理和以身作则。如果高层管理者“对自己没办法”，没有坚持底线、原则和初心，就更不要谈做好组织人力资源管理的引路人了。正如德鲁克所言：“最高管理层的行为准则和价值观为整个组织树立了榜样，决定了组织的自尊。”

（4）第四个方面是思想力或思想有高度。高层管理者在很大程度上是员工和干部的精神领袖。在模糊的未来和混乱的现实中，他们需要用清晰的语言定义现实和预测未来，并能够有效沟通。这种思想力能够为组织和成员提供方向、秩序和规范。在中国式现代化进程中，高层管理者更需要领会国家层面的意志和意图，以及对企业的要求，将组织战略人力资源管理工作和国家使命进行有机结合，推动组织主动履行社会责任，为和谐社会作出贡献。

2. 中层管理者的人力资源管理责任

中层管理者的职责主要在于使得管理有效率。他们同时也是践行战略、带领团队和有效执行战略的主力军。在规模较大的企业，中层管理者需要和人力资源管理职能部门共创，做到使命必达、战略落地和员工满意。中层管理者的人力资源管理责任有：

（1）在招募甄选环节，中层管理者需要及时向人力资源管理部门提供职位空缺的信息，并提出本部门的用人计划。同时还要协助人力资源管理部门做好人才吸引、面试等工作，共同作出聘用人员的管理决策。

（2）在培训开发环节，中层管理者要评估本部门员工能力的水平和差距，并将帮扶、学习、辅导、反馈等作为日常工作。在数字化程度高的组织中，知识型员工较多，这就要求中层管理者必须重视员工的职业发展和在组织中的发展空间，帮助员工与组织同步发展。

（3）在绩效评估和薪酬激励环节，中层管理者需要掌握期望理论、公平理论，要通过绩效目标、阶段性反馈和辅导以及绩效结果分析等措施，管理和满足员工的预期，激发员工正循环的行为和态度，共同为实现部门目标而努力。

（4）在员工关系管理环节，中层管理者的作用更是不可或缺。一方面要以身作则，营造公平公正的部门氛围；另一方面需要耐心聆听，换位思考，掌握员工的思想动态和不满牢骚。中层管理者要联合人力资源管理部门、法务部门来妥善处理员工争议。在和新生代员工进行沟通的时候，还要注意心理契约的建立和连接，提升员工的体验感、参与度，使其建立对组织的认同和忠诚。

总之，高层和中层管理者是企业经营管理和人力资源管理的重要力量。他们需要通过公正、科学、系统的培训，建立起组织人力资源管理的正确理念，把握人力资源管理过程中所需的各项技能，同时注重自我修炼，最终做好人力资源管理工作。

3. 员工自我管理的责任

现代企业中的新生代员工大多为知识型员工，其自我管理和企业人力资源管理的关系很密切。从员工发展的角度看，员工自我管理的责任体现为：

（1）树立正确的工作价值观。请注意这里是工作价值观而不是其他类型的价值观。员工加入组织以后，需要明确自身职位的职责、创造价值的方式以及和其他职位的关联。员工树立了正确的工作价值观后，就能找准方向，持续精进并获得绩效。

（2）掌握应具备的职位能力和知识等。为了履行职位职责，员工需要持续学习，端正态度，从而做好工作。

（3）做好时间管理、成果管理等。员工应将有限的精力、时间花在刀刃上，学会高效执行和结果导向。

第 9 章将专门介绍人力资源管理者的管理责任，此处不再赘述。

1.4　人力资源管理学习方法

管理者在学习和践行人力资源管理的过程中，既需要注意系统思维的训练，又需要记住“本来”，把握中国式现代化的根本要求，还需要博采众长，学习“外来”的人力资源管理技术和方法。除了学习“本来”和“外来”的理论与实践知识，还需要有意识地面向“未来”，保持开放心态，主动适应环境，做数字经济时代的弄潮儿。

1.4.1　理解组织理论和培育系统思维

爱因斯坦说过，在一个层面出现的问题，很难在同一个层面找到解决问题的答案，需要到更高层面才能找到答案。学习人力资源管理也不例外，只有遵循系统原理，才能学之有效。企业有目标系统、协作沟通系统和激励系统，人力资源管理处在协作沟通的位置，上联企业战略，下接员工意愿。人力资源管理要做好整合和沟通协同，才能创造价值和达成成果。此外，人力资源管理层次模型也要求学习者辨明理念原则、制度机制和落地方法及其之间的转化。

有了理论素养和系统思考以后，还要注意企业发展的动态性和场景性等特征。这就要求人力资源管理学习者不能刻舟求剑。很多人在学习的时候，对层出不穷的人力资源管理技术较为着迷，并认为只要有了“锤子”，所有的问题就都是“钉子”；殊不知场景不同，不是所有问题都能靠“敲打”解决。

1.4.2　结合中国场景进行创造性转化和创新性发展

中国儒家文化的核心理念之一是修身、齐家、治国、平天下，置于企业管理情境下，就是要求管理者自觉提升管理境界。反省修身有助于学习者找到自己的方法，在过去、现在和未来的自我之间找到有机统合，明确信念使命。把握好自我发展和优化的路径与方法以后，管理者能够做到见众生和见天地，能够带好队伍和为企业创造价值，逐步做到达善社会和兼济天下。在学习人力资源管理的过程中，C-S-R 模型能够帮助学习者深刻领悟中国哲学和文化的精髓，同时借助工具和技术，做到道和术之间的创造性转化、创新性发展，为企业创造价值，履行社会责任。

1.4.3 保持开放态度和提升适应力

数字经济对企业人力资源管理影响很大。在数字型企业中，员工大多为知识型员工。人力资源管理的职能也要同步优化和升级，做到为战略服务，与业务同频共振。人力资源管理的招募甄选、培训开发、绩效评估等职能活动能够做到线上化、数字化和智能化。在企业战略更为客户导向、企业氛围更为平等透明的背景下，管理者需要转变角色为服务者、教练和催化师。企业也变得日益生态化和平台化。学习者需要更多地从由外而内的视角和综合性的视角，来学习和优化人力资源管理的原则、策略和方法。

1.4.4 以人为镜和对标学习

管理学习尤其是人力资源管理学习，是扎根于实践的学习。行动学习是较为有效的学习方法。这一方法要求学习者将自我反思、彼此学习、落地执行和知识理论四类学习模式加以整合和融会贯通，也符合中华传统文化倡导的知行合一。通过知识学习、反思学习和同行相互学习，学习者能够较好地把握人力资源管理的“知”；再结合场景将人力资源管理战略落地，则是人力资源管理学习中的“行”。知行合一需要经验，更需要学习者具有企业立场、工作价值观和面向未来的信念。

总之，人力资源管理的学习既要坚持“本来”的初心，又要善于学习“外来”的技术，还要保持开放心态，把握“未来”的趋势。只有学以致用才能取得效果，为企业目标的实现服务。

本章小结

企业是组织。组织是成员贡献意愿和组织诱因之间动态均衡的系统。管理的功能在于协调两者之间的矛盾，并通过组织结构、业务流程、人力资源管理体系和企业文化等有意识地对成员活动和力量加以引导、干预、统筹和整合，以便形成组织化行为和统一行动来创造价值和达成结果。在中国社会追求高质量发展的新阶段，企业目标变得更为多重：既要提高效率，又要有利于员工发展，还要履行社会责任。人力资源管理作为关键协调力量，是企业有效运行的核心职能。中国企业应依循 C-S-R 中国企业人力资源管理模型，扎根中国场景，做到因地制宜；聚焦企业战略来确立人力资源管理的原则方针，做到不偏航；有针对性地用好管理工具和方法，做到精准行动和执行。

关键术语

组织三要素　　人力资源管理价值　　人力资源管理发展历程

中国式现代化　　C-S-R 中国企业人力资源管理模型　　人力资源管理责任
人力资源管理学习方法

思考题

1. 什么是组织三要素?
2. 什么是企业人力资源管理?
3. 简述我国人力资源管理发展历程。
4. 什么是中国式现代化? 它对企业人力资源管理有什么影响?
5. 企业人力资源管理的主体有哪些?
6. 企业人力资源管理的学习方法有哪些?
7. 什么是 C-S-R 中国企业人力资源管理模型? 此模型对于管理者做好企业人力资源管理有什么价值?

讨论案例

谷歌，重新定义人力资源管理

创立于 1998 年的谷歌，是一家国际高科技公司，主要从事互联网搜索、云计算、广告技术等领域的开发工作，以及提供互联网产品和服务。经过二十几年的发展，公司已经成为互联网领域的领先企业。外界很容易将谷歌的成功看作其技术和商业模式的成功，但谷歌不这么看，它自认为公司成功和其新人力资源管理哲学与实践高度相关。

1. 新型人力资源管理

众所周知，企业的制胜法宝在于持续创新。要做到这一点，企业中的人才和人才的管理至关重要。创新源自人，企业高效准确的人力资源管理是员工能够创新的前提。比如，企业需要招聘人才并有一定人才厚度，才能有价值创造的源泉；企业内部要有良好的氛围，才能将员工潜力转化为实现组织目标的能力；企业要设计透明公正的绩效考核制度，才能将员工的行为统筹到组织发展所需的轨道上。但是，在数字经济时代，沿用传统人力资源管理原则和方法的“旧船票”，难以登上数字经济的“新客船”。谷歌另辟蹊径，倡导并践行新型人力资源管理战略。

(1) 基于数据的人力资源管理。基于数据，企业可以进行人事分析，从而作出精准的人力资源管理决策。谷歌是世界上较早使用数据来优化人力资源管理职能的企业。以招募为例，谷歌依据上万份求职者面试数据进行分析并得出结论，再将这些结论和面试者面对面交流的表现进行对照，这样面试官能够很快找到不同场景中面试者较为一致的表现。这能够大大提升人岗匹配度，为日后提高人效打下良好的基础。

(2) 重新定义人力资源管理。和传统企业人力资源管理职能相比，谷歌人力资源管理职能特色鲜明。首先，人力资源管理部门不再命名为“人力资源部”，而是称为“人力运营部”。谷歌管理层的共识是只要作决策，尤其是与人相关的决策，必须要有数据作支撑。基于此，公司人力资源管理决策就由人事分析团队指导完成。该团队的目标是：所有的人事决策都需要建立在数据分析的基础上，有科学依据；人事决策要与项目或业务决策相辅相成，具有内部一致性。

2. 企业文化和员工体验

职业社交网站领英（LinkedIn）发布的“全球100家最受欢迎雇主”年度报告中，谷歌自2012年起连续几年摘得桂冠。这正是谷歌始终坚持自由开放的企业文化、独特的人力资源管理模式的结果。

谷歌强调为员工提供舒适的工作环境、优厚的薪资待遇及富有弹性的工作时间。正是这种独特的管理方式使谷歌聚集了一批优秀人才，为公司注入了源源不断的创新活力，使谷歌在竞争激烈的移动互联网时代持续保持领先优势。

（1）工程师文化。谷歌是一家研发人员比例高的公司，公司倡导“工程师文化”。研发人员必须按照“以为用户提供最佳服务体验为核心”的原则来工作。另外，公司也倡导创新赋能的工作氛围。公司十分注重员工工作体验，并提供适合交流的工作环境；同时提倡教练式领导风格等。

（2）舒适环境。公司坚持持续优化办公条件，使员工工作舒心。2006年，谷歌花费3.19亿美元，在加利福尼亚州建设总部。2013年，谷歌公司对总部大楼进行改建，融入绿色建筑风格。另外，办公区域还有供员工免费使用的健身设施、按摩椅、休息室等。内部装修风格也显得人性化。员工能够对自己的办公室随意装饰。公司还发放100美元给新员工用于改善办公环境。

（3）开放交流。谷歌倡导员工进行自由开放的交流沟通，从而使优秀的创意能够在员工之间快速传递。创始人拉里·佩奇（Larry Page）与谢尔盖·布林（Sergey Brin）会与员工共进午餐。谷歌尽可能地满足员工的个性化需求，其打造的自由开放的办公环境提升了员工的工作效率，并激发了员工的创新思维。每名员工需要定期向自己所在的工作组发送电子邮件汇报自己一周的工作成绩，从而让组内成员掌握项目进度，并确保组织工作流程的拉齐。谷歌文化委员会职能很多，一方面推广谷歌文化，另一方面组织主题活动，如环保活动、爱心援助活动等，来增进人际情感和凝聚力。自由开放的企业文化有利于公司打造高效率、扁平化、跨界且开放的项目团队。

（4）健康工作。谷歌十分重视员工的身心健康。比如，谷歌制定了多项措施来帮助想要戒烟的员工成功戒烟。虽然这样做会增加公司医疗保健成本，但赋能员工舒适健康工作成为企业和员工的共识。这样做也能提升员工工作效率。

（5）择优录取。谷歌一直坚持“雇用最聪明的人”这一理念。公司平均要花3个月的时间，才能为某个职位找到合适的人。应聘者一般要经过6轮甚至更多轮的面试才能成为谷歌员工。谷歌的人才不只局限于互联网领域。公司也对脑科神经专家、火箭专家等跨界优秀人才敞开大门。

（6）数字化建设。谷歌有一个专门负责人才数据分析的团队，其工作标准和极致的谷歌搜索引擎标准旗鼓相当。通过较为客观的数据分析，可以有效减少人为因素的影响，从而更加快速地找到传统方式存在的问题，并找出创建高效团队的新方式。

3. 绩效管理和薪酬激励

谷歌的薪酬政策奉行的是高于市场平均水平的策略，其全面薪酬管理体系对员工具有吸引力。谷歌的员工既有丰厚的年薪，还能持有公司股票。谷歌正式员工都可获得股票期权。公司每年都会根据员工在上一年的绩效表现来给予股票期权奖励。谷歌员工收入与其绩效评估结果密切相关。业绩表现优秀的员工，得到的奖金及股票期权会更多。

在给员工发放奖励时，工作量不是重点，重点是员工对项目和企业发展的推进。即使一名员工仅负责一个很小的项目，甚至项目在现阶段无法真正得到应用，但只要他能够证明这一项目对企业发展有利，也可以获得高额的奖金。这种方法激励员工多创新、多面向未来。通过制度安排能够有效激发员工开发新项目的积极性，以便为公司持续创新打下良好的人才储备基础。

在直接发放经济奖励的基础上，谷歌还采用一套独特的激励机制。每隔一段时间，谷歌会在公司内部表扬所负责项目业绩好的员工，这大大提升了员工工作积极性。此外，谷歌还为员工免费提供三餐、健身设施、通勤车、医疗服务、衣物干洗等多种福利。

注重人文关怀的谷歌还实行一项特殊的“遗嘱福利”。如果谷歌公司的员工在职期间发生意外或不幸去世，他的配偶或者伴侣将获得长达十年的薪资补偿，金额相当于谷歌员工薪水的一半。去世员工的股份也可以转移到其配偶手中。如果他们有孩子需要抚养，在孩子 19 岁以前将获得每月 1 000 美元的补贴。如果孩子是全日制大学的学生，这一补贴的有效期可以延长至 23 岁。

4. 弹性工作制与项目管理模式的创新

数字经济时代，用户需求更为个性化及多样化。企业新产品开发需要鼓励员工大胆创新，宽容地对待创新失败并尽可能地为员工的创新项目提供更多的资源支持。英国《经济学人》杂志对谷歌管理员工的方式给予高度评价：谷歌最为注重的是有野心的想法，并建立了一套超前的空想式产品开发流程，将其命名为“登月计划”。谷歌公司的管理者时常会纠正员工的工作方向，引导员工放弃将精力过多地放在 10%的业绩提升方面，而是更多地投入 10 倍的改善过程中。

谷歌为员工设置“20%自由时间”，这在其发展过程中发挥了重要作用。员工在日常工作中，可以拿出 20%的工作时间用以完成自己想做的事情。谷歌许多经典的产品及服务都是在这 20%的工作时间中创造的，比如谷歌广告、谷歌新闻、谷歌邮箱等。

目前，谷歌的业务从单一的搜索、广告服务扩展至通信、医疗保健、互联网服务、汽车服务等众多领域，谷歌需要对员工的工作环境进行改造，从而有效提升员工的工作效率及积极性。

资料来源：胡华成．颠覆 HR：“互联网＋”时代的人才管理变革．北京：中国铁道出版社，2016.

讨论题：

1. 谷歌的人力资源管理有什么特点？它如何推动战略和业务？

2. 作为互联网公司，谷歌的组织结构较为柔性，其人力资源管理原则和策略与刚性组织有什么不同？

3. 本案例对你有什么启发？

第2章

人力资源战略与人力资源规划

道之以政，齐之以刑，民免而无耻。道之以德，齐之以礼，有耻且格。

——《论语·为政》

引导案例

华为的战略人力资源管理

华为为什么能够成为具有全球竞争力的世界级领先企业？这是多方因素共同作用的结果，如正确的战略选择、优秀的技术和产品、卓越领导力等。除此以外，华为的人力资源管理战略和实践体系在其发展过程中功不可没。人力资源管理已经成为公司商业成功与持续发展的关键因素。

1. 华为企业管理原则

（1）劳动是公司价值创造的主体。《华为基本法》明确指出：人力资本增值的目标，优先于财务资本增值的目标。其EMT（高管经营管理团队）会议上，有60%的议题都和企业变革以及人力资源管理战略有关。

在华为，劳动是公司价值创造的主体。这里的劳动不仅仅指传统意义上的体力劳动，更是指知识型员工的脑力劳动、管理者整合资源和奋力拉动公司前行的劳动、由公正绩效考核选出的有效劳动。公司各类员工都需要通过承担应有的责任、努力劳动来对公司价值创造作出相应贡献。

（2）用熵减与开放持续激发企业活力。华为将“熵减理论”引入到公司的人力资源管理过程中。“熵”指的是自然社会在任何时候，热都是从高温物体自动向低温物体转移的。在一个封闭系统里面，熵总是增大的，会导致热平衡和没有温差，没有温差，就不能做功。在企业场景中，企业组织如果是封闭的，又没有温差，最后就是熵死，也就是不可持续发展。因此，企业必须做到“熵减”。

那么该如何做呢？这就需要企业在管理尤其是人力资源管理过程中，通过设计政策制度、采取措施和落地项目来“做功”，使得基层员工有“饥饿感”去奋斗、中层员工有信念感去带领团队、高层员工有使命感和意志力来直面竞争和挑战自我，从而促进企业中的信息流动，打破平衡。人力资源管理类似于“水泵”，持续激活企业，让企业始终充满活力并保证企业打胜仗。

2. 华为人力资源管理原则

“价值”是各种要素和能力的综合体现。在企业组织中，价值主要体现为创造客户价值。华为的使命清晰传递了其人力资源管理的原则，即以客户价值为中心，以奋斗者为本，长期坚持艰苦奋斗。紧扣这一使命，公司借助于“全力创造价值、科学评价价值和合理分配价值”的价值链体系，设计人力资源管理政策和推行人力资源管理项目。

（1）价值创造。价值创造关心两个问题：一是为谁创造价值。首先要为客户创造价值，帮助客户成功才有华为的成功。此外就是为公司、员工和社会创造价值。二是谁来创造价值。劳动、知识、资本、企业家四大要素共同创造公司价值。在人力资源管理层面，对应的管理活动有招募甄选管理、任职资格管理、培训开发管理等。

（2）价值评价。价值评价是对员工为客户和公司创造价值的贡献进行评价。华为的价值评价以客户满意作为最主要的衡量标准，坚持责任结果导向、贡献导向以及商业价值导向。价值评价的核心在于平衡短期贡献与长期贡献、结果贡献与过程贡献，进而区分价值贡献者。价值评价是价值分配的前提。在人力资源管理层面，对应的管理活动有绩效管理和绩效评估。

（3）价值分配。价值分配就是要使得每个员工对企业的贡献都得到合理的价值回报。华为的价值分配理念强调以奋斗者为本，绝不让“雷锋”吃亏，贡献者必须得到合理回报。通过高压力、高绩效和高收入的正向循环，激励员工持续艰苦奋斗，实现个人和企业的同步发展。在人力资源管理层面，对应的管理活动是全面薪酬管理、企业文化管理。

3. 战略人力资源管理的四大策略

人力资源管理理念的落地要依靠管理机制或策略。举例来说，华为采用的策略有打造敏捷企业、培养胜任力强的人才队伍、长期提倡奋斗文化和实施针对性强的激励机制等。在运行过程中，由专业人力资源管理者提供解决方案，并用项目来驱动。除此以外，这些创新性活动又和传统人力资源职能模块如“选、用、育、留、流、控、汰”进行有机统合，做到战略和运营同步、业务和管理协同、专业和运营并重的管理循环，共同驱动企业创造价值和达成成果。

（1）打造敏捷企业。战略方向大致正确以后，公司就会很重视组织架构的优化。主要体现在两个方面：一是构建责任聚焦、分权制衡的企业运作形式，二是构建高效协同的流程化企业。在责任聚焦、分权制衡的企业运作形式上，华为坚持“议行分离”：高层以委员会为载体，拥有战略决定权和政策制定权；中基层以各级行政管理团队和办公会议为载体，拥有战略和政策执行权。在事权行使上，通过集体决策、权威管理确保决策正确、执行高效；在人权行使上，实行三权分立，促进评价与分配的公正性与客观性。

（2）培养胜任力强的人才队伍。华为将奋斗拼搏的各类人才视为公司价值创造的主体；将认同并践行华为价值观的员工视为公司的宝贵财富。长期以来，华为已经探索形成了成熟的人才管理制度。基于不同序列对员工进行任职资格管理；通过轮岗管理等全方位提升员工的胜任力和履职能力。最重要的是，这套制度体系能够基于绩效管理和评估的结果并结合员工态度等，将员工进行分层分类。基于不同员工类别，形成不同共同体，如命运共同体、利益共同体和规范共同体。

干部是业务发展与企业建设的“火车头”。火车跑得快，全靠车头带。华为成立“总干部部门”来进行干部管理。在干部标准方面，其通用的标准为：认同核心价值观与使命是基础；品德与行为是底线；绩效是分水岭和必要条件；能力与经验是影响要素。以此为基础，形成“干部四力”标准管理体系，即决断力、理解力、执行力和与人连接力。在干部任用方面，优先从具有一线成功实践经验、长期坚守艰苦地区和艰苦职位的人员中选拔干部；实施干部能上能下机制，实施不合格干部末位淘汰制，用责任感和危机感促进干部担责冲锋。在干部监管方面，坚持“监管是对干部最大的爱护”，通过查处分离、宽严有度，让干部既大胆行权又不逾矩。这种爱才惜才的管理理念以及配套的人才管理机制使得华为公司成为优秀人才高地，良将如潮。

（3）长期提倡奋斗文化。华为的企业文化带有浓厚的“奋斗者”色彩，这种拼搏、自强不息、积极向上的文化内核，在华为的发展过程中呈现出旺盛的生命力和牵引力，推动着华为人奋勇向前。华为的奋斗文化有以下几大特点：

● 高绩效文化。华为强调业绩和执行，并让机会和资源向高绩效者倾斜。公司提出具有挑战性的战略目标，通过个人绩效承诺（PBC）体系让每个人对自己的业绩目标作出承诺。一旦确定目标就必须要做到，并需要在实现目标的过程中进行团队合作和有效协同。通过目标的层层分解，将业务目标转化为具体的员工行为。以目标管理为牵引，再配合各种激励机制推动员工努力实现目标。

● 危机文化。任正非具有强烈的忧患与危机意识，他通过各种讲话、文章如《华为的冬天》《华为的红旗到底能打多久》等直接向员工传递危机感。此外，华为还通过“干部能上能下、工作能左能右、人员能进能出、待遇能升能降”的“四能”机制，将外部市场竞争压力转化为企业内部的竞争压力，让员工始终处于竞争压力之下，必须持续奋斗。

● 艰苦奋斗文化。华为公司靠艰苦奋斗，用三十多年时间走到了世界通信网络设备企业的前列。任正非认为，艰苦奋斗是华为持续生存的唯一选择，并且艰苦奋斗不仅仅体现在身体方面，更需要体现在思想方面。

（4）实施针对性强的激励机制。华为一方面用文化信念“前轮”来牵引员工行为，另一方面设计了差异化激励“后轮”机制来推动员工。明确价值分配的总原则是基于责任贡献和多劳多得。公司建立了将个人报酬与业务经营和发展结果相挂钩的机制，将奖金包管理从“自上而下、人为分配”转变为“自下而上、获取分享”，形成了“有创造、就分享”“利益分享、风险共担”的机制。强调激励资源向一线倾斜，一线关键职位职级要高于支撑服务职位，一线获得更大的价值分配比重，体现“给火车头加满油”的导向。

资料来源：高琳为本书撰写。参考黄卫伟．以奋斗者为本：华为公司人力资源管理纲要．北京：中信出版社，2014；《华为人力资源管理纲要 2.0：总纲（公开讨论稿）》。

2.1　战略和战略人力资源管理

2.1.1　战略和战略管理

战略是企业组织发展的原点和源泉。第 1 章提到，企业有目标系统、协作沟通系统和激励系统。企业战略属于企业目标系统范畴，具有全局性、长远性和统领性特点。企业战略及其所属的企业目标系统属于理性认识的范畴。

战略管理是用系统的策略和方法来解决企业面临的挑战和困难的过程。战略管理包含战略规划、部署和落地的全过程。根据埃德加·沙因的研究，企业既需要关注外部的生存和繁荣，又需要关注内部的整合和凝聚，即要关注“攘外安内”的动态平衡。战略管理过程是多层次和多维度的，既有总体的和长远的竞争原则，也有针对具体问题具体解决的行动计划。

理论界从不同角度研究了战略管理。迈克尔·波特提出的战略定位认为，环境决定战略，进而影响企业盈利。波特的理论侧重于对宏观环境、产业环境和竞争者的分析。杰伊·巴尼（Jay Barney）等学者另辟蹊径，基于当时的历史条件和产业发展特点，发现企业组织越来越以客户需求的挖掘和满足为中心，他们将研究的重点也转向组织能力。沃纳菲尔特（Wernerfelt）提出了资源基础理论，这一理论强调企业内部有价值的、稀有的、难以模仿的和难以替代的资源和能力是企业竞争优势的来源。“企业中的积累性知识，特别是协调不同生产技能和有机结合多种技术流的知识很重要。核心能力既和多种技术流的协调整合有关，也和工作的协调方式和价值传递有关。”温特（Winter）等人在资源基础理论的基础上，又发展出动态能力理论。动态能力是“企业随着市场的形成、冲突、分裂、发展和消亡，完成新的资源配置的常规战略”，这种自身调节和适应变化的组织能力是竞争优势的来源。动态能力理论还增加了时间维度和环境变化维度。蒂斯（Teece）丰富了动态能力理论，认为动态能力是“企业整合、建立以及重构企业内外能力，以便适应快速变化环境的元能力”。他认为企业能够获得持续竞争力的关键就在于企业拥有能够迅速根据市场变化持续地调整战略、整合企业各种资源的动态能力。

组织能力也是多层次的。它既有静态能力也有动态能力。静态能力就是在具体时间点上表现出的有价值的、稀有的、难以模仿和难以替代的特点，并帮助企业赢得短期竞争优势。动态能力指的是随着环境的发展，企业进行翻新、重构或再造已有的资源和能力，来重塑自身以便适应新环境的能力。具体来说，动态能力包括适应能力，即鉴别和利用市场机会的能力；吸收能力，即认可和吸收新价值、外部信息并在商业活动中加以运用的能力；以及创新能力，即发展新市场和开发新产品的能力。

除了上述理论研究，实践界和咨询界对战略管理也有很大贡献。其中有代表性的是鲁梅尔特（Rumelt）在其《好战略，坏战略》中展示的原理和实践。他认为战略的三要项是：洞察环境并了解挑战和问题的结构；选定适应目前问题和应对挑战的整体指导原则；进行关键活动的配置和资源分配。这些源自案例研究的内容，也有助于我们理解和把握企业战略管理的内容和方法，尤其是把握战略和企业的关系、战略和人力资源管理的关系。通过深刻领悟这些问题，战略管理才能做到知行合一，有利于企业获得绩效。

2.1.2 战略人力资源管理的内涵和价值

动态能力理论引发学者深入思考人力资源管理的地位和功能。弗布鲁姆（Fombrum）和逖凯（Tichy）等人认为战略人力资源管理就是系统地将人和企业的竞争优势联系起来，使员工运用适应能力、吸收能力和创新能力来帮助企业获得优势。管理主体意识到人力资源管理是企业竞争优势来源的时候，就会以战略为牵引统筹人力资源管理的各项活动，如人才的引进、配置、激励和退出。

在上述研究的基础上，阿佩尔波姆（Applelbaum）等人提出 AMO 模型。该模型认为员工能力（ability）、员工动力（motivation）和员工机会（opportunity）三维度整合在一起，才能形成“集体战斗力”即组织能力。有了组织能力，战略落地和执行就有了保障。具体来说，管理主体需要在战略引领下，设计组合性人力资源管理措施，来提升员工能力、激发员工动力和拓展员工机会，进而提升执行力并打造组织能力。通过上述一系列的管理过程和管理动作，企业才能获得绩效。

图 2－1 刻画了从战略到制度、从制度到实践、从实践到行为、从行为到绩效的因果链条。从图中我们可以看到人力资源管理制度，如招募选拔、任职资格、干部培养能够直接影响员工能力。员工能力确保员工一方面能够顺利完成职位任务，另一方面能破局创新以及适应未来变化。其他人力资源管理制度和实践，如绩效评估、薪酬激励、价值规范等直接作用于员工动力，塑造员工行为的方向、强度、耐力，并有助于形成统一行动。其他配套的管理方法，如信息与数字化、工作设计与轮岗以及赋能和授权等则能够直接改善或提供员工机会。

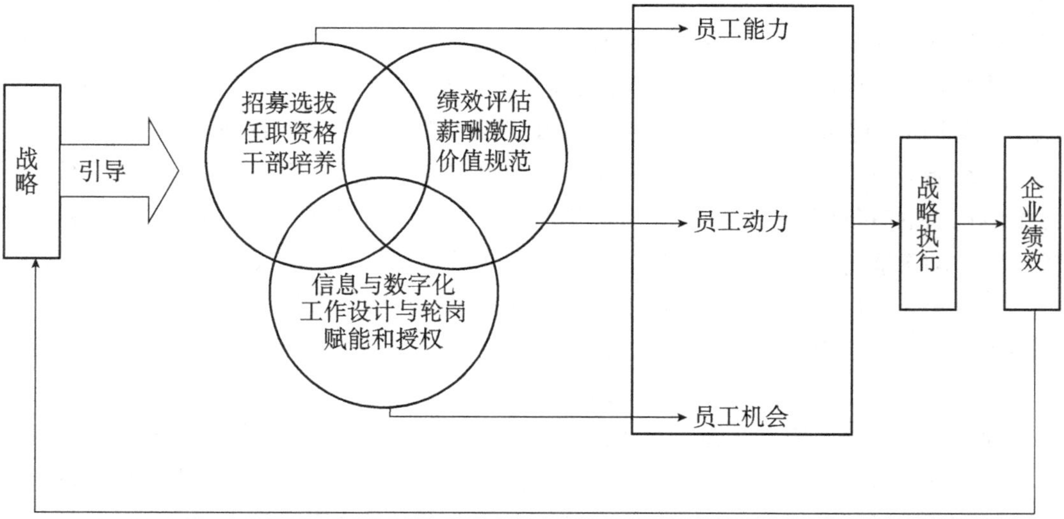

图 2－1 战略人力资源管理模型

战略人力资源管理体系有助于打造有能力、善团结和动力强的员工队伍。这些队伍能够保障战略落地并形成绩效。上述因果链条在动荡变化的环境中，也有助于提升组织能力。借助于企业人力资源管理的完善，企业逐步建立健全孕育组织能力成长的职能，并促进企业的可持续和高质量发展。

本书认为战略人力资源管理是以企业战略为指导原则，重视两个契合：纵向契合，将人力资源管理聚焦于战略；横向契合，将人力资源管理制度和活动加以统筹，找到内在一致性。人力资源管理者需要借助战略性思考，设计和推行人力资源管理制度，提升员工能力和激发员工动力。此外，还需要通过营造文化氛围、优化组织设计和做好数字化转型等，来拓展员工机会，为企业创造价值和实现目标。

战略人力资源管理的要求如下：第一，需要从战略视野来确立人力资源管理部署、激励和管控的原则。企业内部管理必须服务于战略，并且做到彼此互为目标和约束。第二，战略人力资源管理需要公司高层的领导和积极参与。第三，对人力资源部门和人力资源专业管理者来说，要有对口的专家中心或内部智库对接。和传统人力资源管理模式不同，战略人力资源管理要求管理主体直面企业实际问题，用专业和创新的思路来分析和解决问题。第四，企业需要及时评估人力资源管理的实践成果，尤其是对员工、企业和社会的价值。第五，管理主体需要关注战略人力资源管理的动态性特点。面临技术变化、员工多元化、竞争激烈等外部变化时，敏捷性和适应性变得很重要。总之，战略人力资源管理有助于企业进行战略落地，并能够提供反馈来优化和改善未来的战略管理。

2.1.3　战略人力资源管理分析框架

1. 企业的战略人力资源管理分析框架

图 2-2 中显示出人力资源管理是战略执行的关键。一方面战略要求人力资源管理职能打造合适的员工能力（队伍）、饱满的员工动力来推动员工履行责任和完成任务，帮助企业获得绩效；另一方面人力资源管理也会对战略提供反馈。在对战略执行情况进行评估后，管理主体能发现企业员工能力的实际水平与理想水平间的差距，为战略的优化提供有效信息。人力资源管理体系是弥合企业战略的知和行之间差距的桥梁。

在企业实践中，战略执行过程中的计划和变化、规划和执行、决策者和执行者、目标与现实之间充满矛盾。主要矛盾表现为资源不够用、时间很紧张、文化不配套、能力跟不上和主体不到位等。因此领导力的发挥就显得尤为重要。战略人力资源管理能够在约束条件下，帮助管理者聚焦、整合和集中力量办大事。

2. 业务领先模型

业务领先模型（business leadership model，BLM）是企业在实践层面进行战略部署和落地的有用工具，如图 2-3 所示。这一模型是 IBM 开发的一套战略规划方法论，后在华为得到运用，并取得良好的效果，目前在我国科技企业中运用比较广泛。这一框架有助于企业不同利益相关方达成共识，有助于员工力出一孔，推动战略落地。

将业务领先模型用作战略人力资源管理分析框架，分析方法如下：

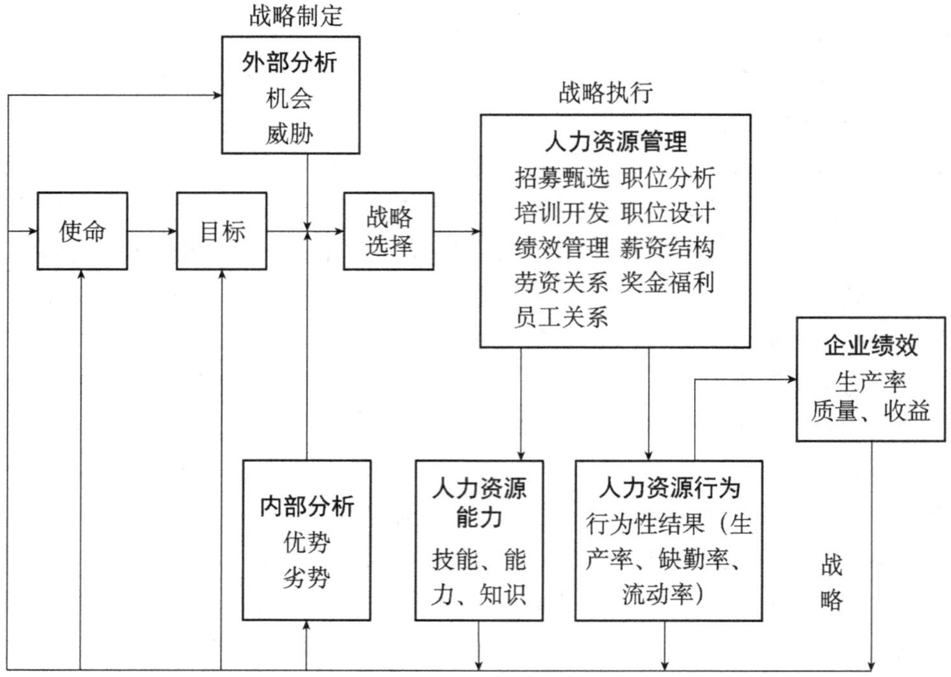

图 2－2　战略人力资源管理分析框架

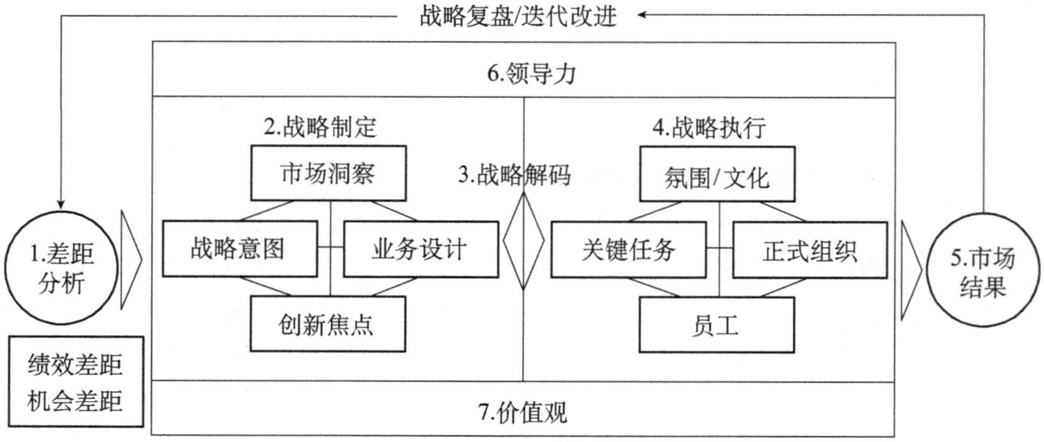

图 2－3　业务领先模型

第一，战略的制定和调整始于差距分析。如果是存在绩效差距，那么解决方案就是需要高水平执行；如果是存在机会差距，则需要进行业务模式创新。

第二，进入战略制定阶段。第一步是市场洞察。市场洞察需要“五看”：看竞争对手、看行业趋势、看客户、看市场和看技术。第二步是战略意图。市场洞察会改变或优化企业战略意图，所以战略意图在市场洞察之后。第三步是明确创新焦点。焦点可能通过刻意或试错得出。第四步是进行业务设计。业务设计要考虑六个方面：客户群体、价值主张、利润获取方式、业务范围、战略控制和风险控制。

第三，进行战略解码。战略解码涵盖以下过程：从业务设计的目标到关键成功因素，再到关键绩效指标（KPI）库的建立。在此基础上，和成员任务或绩效目标进行链接。这个过程是从战略之知到战略之行的关键步骤，也是打通战略的规划、部署和落地的过程。战略解码时的常用工具是平衡计分卡，它能够帮助管理者绘制出战略地图，并从员工、流程、客户和财务维度来明确企业的关键成功因素。企业中高层通过研讨，用可视化的方式就战略、目标和举措这些关键环节及其之间的有机联系达成共识，然后需要和执行者即员工进行沟通，用其能够理解的方式将目标描述清楚，将任务分解到人，形成行动计划。

第四，在战略执行阶段，需要明确关键任务。例如，关键任务有哪些？完成这些任务需要什么样的员工，其数量、质量和结构如何？如何用分工或整合的方式将员工正式组织起来？员工在什么样的氛围和文化中能够更好地执行和完成任务？战略执行就是借助人力资源管理体系，有效配置资源、员工，并配合其他管理策略发挥集体战斗力的过程。

第五，战略执行的效果通过市场结果等得以体现。将这些结果和设定的目标进行对比，即战略复盘。战略复盘的目的是为下一步的迭代改进提供方向。

第六，在明确、理顺每个环节后，管理主体都需要发挥领导力。领导力既体现在战略之“知”环节，即洞察、识别、分析；又体现在战略之“行”环节，即在操作层面的推动立项、评审、执行和验收等管理动作。

第七，坚守企业价值观也很重要。在适应环境的同时，要不忘初心。实际上，企业在不同战略发展阶段所倡导的价值观要既稳定又开放。企业价值观也是干部选拔标准的重要参考依据。

2.1.4　高绩效工作系统和企业高质量发展

在我国，刘善仕等人进行了深入的高绩效工作系统的研究。企业界也很关注高绩效工作系统并积极推广实施。该理论认为员工能力、员工动力和员工机会三要素是高绩效工作系统的主要内容。这一理论对人力资源管理理论和实践也有推动作用。管理主体聚焦战略并统筹上述三要素，能够提高企业绩效和实现价值。

在数字经济时代，高绩效工作系统模型对企业人力资源管理实践依然有很大的价值。在数字型企业中，知识型员工占主导地位。员工能力表现为队伍建设，要求知识型员工及时捕捉客户需求，进行产品创新。员工动力管理机制表现为共创、共享和共担。员工机会和数字化、智能化带来的信息流动有关，也和企业的扁平化结构有关。基于知识型员工的高绩效工作系统和团队学习、生态合作以及持续创新息息相关。在实践层面，我国企业不断探索，“铁三角”模式、自主经营体模式、阿米巴经营模式等都是对高绩效工作系统的形式创新。

在中国式现代化的进程中，高质量发展是党中央对企业发展的新要求。“强起来要靠创新，创新要靠人才”“发展是第一要务”体现了“强起来”的根本要求，表明进入高质量发展阶段，要实现更高质量、更好效益、更加公平和更可持续的发展。“人才是第一资源”“创新是第一动力”明确了推动高质量发展的工作重点。推进企业高质量发展，必须深入贯彻新发展理念，着力营造有利于创新发展和凝聚人才的环境。企业高质量发展尤其需要人才管理和战略人力资源管理。高绩效工作系统的理念和新时代的新要求是一致的。

在高科技企业，为了激发知识型员工的动力和热情，企业需要营造员工参与决策的氛围，赋能员工，激发员工自我管理。华为倡导让听得见炮火的人来做决策，其实就是让员工直接对产品创新和优质服务负责。这就需要共创、共享、共担的配套激励制度提供支持。华为“劳动雇佣资本”的管理理念有利于知识型员工释放潜能和动能。2019年，华为遭遇美国制裁，但并没有倒下。华为长期坚持和耕耘的高绩效人力资源管理实践和战略人力资源管理理念为企业保驾护航，并持续为企业发展续航。

总之，高绩效工作系统是企业实现高质量发展的重要方法。它能确保员工能力和动力处于最佳状态，使企业能够提高产品和服务的质量，满足客户需求，增强竞争力。同时，高绩效工作系统鼓励创新和持续改进，赋能员工对企业忠诚、对职位投入，并能够执行到位，从而使企业能够灵活适应市场的变化，实现可持续发展。

2.2 人力资源战略

2.2.1 人力资源战略的内涵和价值

企业的战略一般细分为三个层次：企业战略、竞争战略和职能战略。企业战略回答企业的选择方向，如应选择什么业务以及进入哪个行业或领域。竞争战略又称经营战略，回答企业如何进行竞争，是通过产品创新、提高服务质量还是价格优惠。职能战略回答企业凭借什么进行竞争，即利用哪些资源和能力才能实现企业目标和获得竞争优势。人力资源战略属于职能战略，它和营销战略、品牌战略、生产战略等都旨在帮助企业战略落地。

迈克尔·比尔认为人力资源战略是影响企业和员工关系的管理决策和行为。它以引导协同员工行为的管理模式呈现，但需要战略性统筹才能发挥功能。比尔还明确指出，只有不将人力资源战略看作仅仅是人力资源部门的责任，而是高层、人力资源部门和业务部门共同的责任，且拥有内部契合和统一目的的时候，它才能达到预期的效果。

人力资源战略是由企业战略引领，管理主体通过系统方法来管理员工并提升效率的管理过程，目的在于帮助企业实现价值和达成成果。具体来说，人力资源战略是人力资源部门和业务部门共创，使企业战略落地的过程。有效的人力资源战略通过目标确定、制度设计和程序性运行，培育和锻造组织能力。同时，还能辨别和消除有损于员工能力提升、动力激发的负能量，将企业建设成为公平公正和有利于员工发展的场所，更好地符合高质量发展的要求。

2.2.2 人力资源战略和企业战略的匹配

企业战略规划包含企业的使命、愿景、价值观以及竞争战略等。企业战略有成本领先战略、差异化战略和聚焦战略。人力资源根据企业的战略选择和定位，从规划阶段就参与其中并成为战略伙伴和业务伙伴。在企业的经营发展中，人力资源战略需要关注政府的法律法规和政策，还需要研究竞争对手在组织结构、干部队伍、数字化建设等方面的情况，以便更好地研究外部因素对本企业的影响，从而有针对性地制定相关政策和制度。

企业在制定人力资源战略时，需要对企业现有组织能力进行评估，设计制定出适合本企业战略落地的解决方案。比如万科公司的人力资源部门负责人会参与企业整体战略布局，评估企业现有能力，在企业战略指导下寻找合适人选，来辅助新战略的部署和落地。

在数字经济背景下，许多企业奉行持续创新的战略。与此战略契合的人力资源管理战略表现为内部创业，一方面能够在企业内激励员工，另一方面使企业成为平台，赋能员工发挥潜能，开发符合企业战略要求的新产品和新技术。人力资源部门再根据企业战略要求制定考核制度和激励制度，稳定最佳人力资源管理实践，形成良性循环，推动企业的可持续创新并获得竞争优势。本书第9章的引导案例就体现了人力资源管理战略和企业创新战略之间的契合，二者共同推动企业创造价值和取得成果。

总之，要做到人力资源战略和企业战略的匹配，需要人力资源部门管理者在企业战略规划阶段就积极参与决策过程。例如，人力资源三支柱中的人力资源专家中心（HRCOE）和人力资源业务伙伴（HRBP）在战略设计和企业转型时需要将人力资源战略和业务战略进行连接，使人力资源战略契合企业战略要求，实施的各项人力资源管理活动能助益业务活动，从而使企业战略落到实处。

2.2.3 人力资源战略的实践活动

企业战略确定以后，人力资源战略要从理念、制度、方法和运营等层面多管齐下，做好战略落地、企业转型、员工贡献和服务等工作。总体来说，管理主体应通过以下六个方面的实践活动设计，执行人力资源战略，从而为企业创造价值。

1. 职位分析和职位设计

企业在提供产品和服务的时候，需要完成诸多任务。合并统筹各项任务后就形成职位和职位序列。这就需要使用人力资源管理的基础技术，即职位分析和职位设计。职位分析是用科学的、系统的方法来确定职位说明书和职位规范书的过程。职位设计是基于企业战略变化情况，对相对稳定的职位加以优化，增强激励性，使员工更敏捷、更积极主动地完成新任务。

在企业奉行成本领先战略的情况下，企业战略要求企业内部职位明确定义；职位职责清晰明了；员工的态度、技能和知识要匹配职位。这样做能够达到标准化、规范化和专业化的要求，保证任务高效率执行，从而降低成本，使企业获得成本竞争优势。

在企业选择差异化战略的情况下，职位设计不会过于严苛和细致。在这种企业战略引导下，人力资源战略鼓励员工一人多能，能够灵活地完成任务。

2. 招募甄选

在不同的企业战略下，招募甄选的管理行为有所不同。比如，企业采用客户需求导向战略时，一方面可以从内部寻找人员填补职位空缺，另一方面可以从外部物色符合关键职位要求的人才。从企业外部招募的人员往往技能水平较高、工作态度端正，招之能战，战之能胜。这类员工加入企业后，能够迅速调整来适应具体情况，高效完成任务，进行创新和帮助企业取得绩效。除此以外，客户需求导向的企业战略要求人力资源管理者将客户问题和员工的专长、兴趣进行有机配对，建立基于具体问题或项目的多样化团队组合，有效作战。相比而言，这种战略对求职者的通用性技能不会有太多要求。

3. 培训开发

数字经济条件下，企业战略需要以客户为中心，才能加强客户黏性并为企业创造价值。在成就客户的战略要求驱动下，员工能力和动力也会同步升级。企业中的知识型员工需要持续学习，掌握跨学科、跨领域知识；拥有开放心智和自我驱动的习惯，适应环境以更好地服务客户。在这种典型的学习型组织中，员工在不同团队中完成项目时，需要具备管理多样化、处理冲突、应对矛盾等能力。企业要花力气做好相关培训，开发员工潜能。培训内容、方法、形式等都需要根据具体情况进行创新，做到切实有效。

4. 绩效评估

绩效评估是人力资源管理的核心内容，也是企业战略落地的制度保障。通过绩效评估的正式管理过程，员工行为的方向、强度被有效引导到战略目标上来。如果企业环境相对稳定，战略以做好存量业务为主，人力资源管理在设计绩效评估制度的时候，可以采用 KPI 方法对企业目标进行分解，并将其传递给员工。但是，如果企业环境动荡，战略必须以做增量业务或创新业务为主，人力资源管理在进行绩效评估的时候，就需要采用 OKR 方法和员工共创，赋能员工共担创新业务的责任。在企业、员工共创共担的基础上，取得的绩效需要和员工共享。配套的企业文化也会倡导分享、平等和包容。

5. 薪酬激励

薪酬管理对员工有直接影响，会影响员工执行力水平和效率。如果企业支付比竞争对手高的薪酬，通常能够更好地吸引和保留人才。比如，华为的企业战略是要求持续创新和以客户价值为中心。与此相匹配，公司的人力资源战略体现为高压力（能力）、高绩效和高收入的传递逻辑。这样的薪酬激励政策鼓励员工重视自己的绩效评估结果、能力提升速度以及责任承担。基于绩效评估结果的薪酬分配能拉开员工之间的收入差距，激励效果很好。此外，在员工或团队薪酬结构中，灵活部分的比例较高，有利于员工形成良性竞争。相比而言，如果企业奉行低成本战略，企业环境相对稳定，那么公司在设计薪酬制度的时候，固定部分的比例会较高，并重视员工福利，以留住对安全感要求较高的员工。

6. 员工关系

在数字经济时代，员工和企业的关系复杂多元。在处理和员工关系的时候，人力资源管理需要重视员工体验、员工参与和员工认同，不能只关注法律和经济契约关系。企业基于自身所处的环境和不同的战略选择，采用不同的人力资源战略来处理员工关系。

总之，人力资源战略要聚焦企业战略，在各类实践活动中注意匹配。管理主体需要在庞杂多样的人力资源管理工具和方法中作出明智的选择。企业实践和案例表明，人力资源战略在招募甄选、培训开发、绩效评估、薪酬激励、员工关系等方面都需要考虑聚焦企业战略，才能行之有效，做到有的放矢。

2.3　人力资源规划

2.3.1　人力资源规划的内涵

在管理实践中，管理者和人力资源部门需要考虑：未来一年需要引进多少员工？目前公司需要的人才在外部市场上的供给如何？从人岗匹配率来看，公司应如何优化员工结构？上述问题都属于人力资源规划的范畴。企业在开展招募甄选前，需要明确目前人力资源的基本情况，如员工类型、员工能力分布、不同职位的人才供给需求、人才梯队建设等。企业需要专门对人力资源现状和理想目标之间的差距进行科学分析，保证企业的员工富有执行力和战斗力，人才储备充足。

我国大中型企业的人力资源规划和国家层面的“五年规划”关系密切。比如在《中华人民共和国国民经济和社会发展第十四个五年规划和 2035 年远景目标纲要》中，人才规划也是重要组成部分。2022 年 4 月，中共中央政治局审议通过了《国家“十四五”期间人才发展规划》。这是党中央部署的一项重要工作，是落实中央人才工作会议精神的具体举措，也是国家“十四五”规划的重要专项规划。该文件对未来人才的需求供给情况进行了深度分析，明确了需要重点打造的人才领域，并为国家层面人才建设指明了方向。企业在进行人力资源规划时，要紧跟国家层面的指导性意见，将其融入企业战略，从而对本企业的人才供需情况进行规划和设计。

综上，人力资源规划是结合社会发展情况和国家层面要求，在企业战略引领下，管理者基于当前人力资源现状，对未来的人员供给和需求情况进行分析和预测，在此基础上制订获取、利用、保留和开发人力资源的计划。其目的一方面是满足企业对于人力资源数量和质量的需求，另一方面是助力企业战略落地和保证员工成长发展。

人力资源规划的内容包括：第一，明确当前企业人力资源整体状况，如人员数量、职位要求、能力情况和继任计划等。第二，了解企业中各板块、各业务对人力资源的需求，包括数量、类型、能力组合等方面。第三，掌握目前企业内部和外部的人才供给情况。第四，通过分析人员的供给与需求，找到两者之间的差距，采取恰当的措施来实现人力资源供需平衡。

2.3.2　人力资源规划的价值

1. 推动企业战略的部署和执行

企业战略的部署和执行，必须有合适的人才才能实现。第一，需要结合企业发展不同阶段的具体情况，识别企业战略对人力资源规划的要求。第二，需要对部署和执行的情况进行复盘。如果发现不能保障战略落地，就需要检讨战略本身的可行性和合理性以及人力资源规划的合理性。第三，应由专业的人力资源人员设计战略部署和执行的流程及路径，以及资源分配的规则。比如在人力资源三支柱管理体系中，人力资源专家中心和人力资源业务伙伴等人力资源专业人员参与企业战略布局和筹划，并评估推动战略落地的人才供给和胜任情况。

2. 维持企业的稳定性

有研究表明，技术是推动社会进步最为活跃的力量。与企业内部其他管理制度和政策相比较，人力资源管理制度和政策具有一定的灵活性和敏捷性。在后疫情时代，叠加全球化的变数、新生代员工的不同需求，企业举步维艰。作为缓冲力量，人力资源规划能够帮助企业预判，并制定措施来应对不确定性。比如通过采用多样化的用工模式，帮助企业降低成本同时稳定运行；通过强化雇主品牌，用数字化手段吸引人才并留住人才。人力资源规划在很大程度上能够在外部技术变革和内部文化“惯性”化之间起到平衡和缓冲作用，从而维持企业的相对稳定性。

3. 有助于控制人力成本

人力资源规划可以防止企业的人力资源过剩和浪费。企业通过预测和评估达成未来战略目标所需的人力，可以提高人岗匹配度。此外，人力资源规划还能够避免人力资源短缺。企业可以通过内外有机结合和动态静态结合的方法，优化现有员工结构。更重要的是，通过数字化人力资源管理，人力资源规划能够推动人力资源配置体系全面优化，比如通过合理的人岗匹配、团队结构优化来提升人均效率。再比如，企业可以通过人力资源规划来干预人才的离职倾向，具体做法是：通过梳理人才现状，提前知晓和评估员工离职意愿，之后从员工成长空间、待遇组合优化、工作体验等角度做好辅导、赋能和沟通工作，持续提升员工的认同感。

4. 引导其他人力资源职能活动

人力资源规划是人力资源履行职能的基础，对其他人力资源职能活动有引导性。企业在招募甄选时，需要参考人力资源规划的需求预测，从而确定职位的类型、数量和质量。在培训开发环节，人力资源规划识别和评估企业内部的人才需求，分析员工能力短板，为培训管理打下基础。

2.3.3 人力资源需求分析

1. 影响人力资源需求分析的因素

人力资源需求分析是根据企业战略对企业在未来一段时期内所需的人力资源数量、质量和结构进行预测的分析过程。它也是对未来保证企业经营目标顺利实现所需人力资源总体情况的评估和预测。影响人力资源需求预测的主要因素有：

（1）外部环境、行业发展趋势和相关政策。外部环境的影响主要体现在经济增长期和经济衰退期的不同用人需求。在经济增长期，企业需要考虑业务扩张带来的人力资源需求增长。在经济衰退期，企业则要考虑业务缩减导致的人力资源需求下降。除此以外，行业发展趋势也会产生影响。在新兴行业或朝阳行业，企业需要招募新的专业人才，满足新业务的需求。相关政策对企业用人需求影响也较大。2018 年，我国政府规范了校外培训机构的发展，这对 K12 教育类企业冲击巨大，不少公司因此破产。但敏捷的公司迅速进行业务调整，极大改变了内部人力资源需求。本章末的讨论案例说明了案例公司的人力资源部门如何应对“双减”政策的冲击，采取有效规划措施，帮助企业险中求胜。

（2）数字经济和数字化转型。一方面，随着数字技术在企业中的应用，员工必须迅速提升素质和能力，这就需要人力资源规划提供配套的培训管理、能力开发管理，以实现新形势下新的人岗匹配。另一方面，数字化、智能化使得企业中标准化、流程化的职位被人工智能替代，这就涉及员工的解聘、精简和流动管理。人力需求规划需要预估技术的影响以及对应的措施。

（3）组织结构调整、业务规划调整以及流程优化。组织结构调整意味着职位数量、类型、权责利等的变化。人力资源需求分析需要考虑因为职位变化，如职位合并、精简、一人多能的变化所带来的人力资源需求变化。数字化转型要求企业变革和转型，成为流程型企业，这可能导致企业将部分业务外包出去，从而影响人力资源需求的变化。

2. 人力资源需求分析的方法

在进行人力资源需求分析时，方法的选择对于分析结果的准确性至关重要。人力资源需求分析有较为成熟的传统定量与定性方法，也有基于大数据和人工智能的新方法。

（1）直觉判断法。这是基本且简洁的分析方法。管理主体依靠工作经验和公司惯例，结合企业战略分析未来人力资源需求。管理人员对人力资源需求作出主观判断以后，需要更高层的管理者进行审核，从而确定企业对人力资源数量、类型和能力的需求。这种方法对管理者的经验和专业能力有一定要求，且比较简单易行，因此深受中小型企业的欢迎。

这一方法的缺点也很明显。它较容易受到管理人员主观好恶的影响，分析结果可能存在主观偏差或者有随意性。因为缺乏必要的客观且科学的依据，这种方法在实际应用中的准确性容易受到质疑。因此，直觉判断法需要和其他分析工具及方法结合使用，如结合市场数据、市场调研、员工反馈等。

（2）德尔菲法。德尔菲法是管理领域常用的分析方法。管理主体对相关领域中的专家或经验丰富的人士展开调研与访谈，通过多轮研讨，最终形成较为一致的结果。在人力资源需求分析中，企业本领域专家就企业未来人力资源需求进行研讨，并最终得出关于人力资源数量、质量以及能力、类型的结论。

具体步骤如下：首先列出专家组成员名单，包括企业内部的人力资源专家和外部专家；设计问卷和提纲，包括相关问题及说明，发给专家成员进行评估和判断；然后，收集专家组答卷，对结果进行分析汇总，形成第一轮预测结果；将第一轮结果反馈给专家组成员，并邀请专家重新评估；根据第二轮评估结果形成新的预测结果，进行专家反馈；最后通过多轮次研讨和评估，形成专家组一致认可的人力资源需求分析结果。德尔菲法在实践中应用较广。研讨结果是多名专家通过多轮次研讨形成的，往往较为客观和准确，而且通过反复评估也能够得到优化。

德尔菲法的弊端是企业需要投入大量的时间和人力资源，成本相对较高。此外，专家数量以及专家的专业“偏见”也会对研讨结果产生影响。在实际运用中，企业需要通过建立严格的专家筛选标准、持续完善问卷质量和对反馈过程进行严格把关等措施，来提高德尔菲法的实际效果。

(3) 趋势预测法。企业业务发展和规模持续扩大，都要遵循经营和管理的规律。趋势预测法是根据企业过往员工管理情况，结合未来战略目标，分析未来人力资源需求变化趋势的方法。趋势预测法需要充分考虑人力资源相关的各项指标，通过比对分析这些指标，进行时间序列分析，从而预测企业未来一段时间的人力资源需求。指标选择对于预测结果的准确性至关重要，如员工离职率、业务增长率等就是很重要的参考指标。

主要的实施步骤包括：首先，需要收集过去几年内的员工数量、类型等相关数据；其次，绘制图形或构建数学模型，建立员工数量类型与时间之间的关联关系（一般以线性数学模型为主）；最后，在图形中进行平滑延长，得出未来几年企业人员数量与类型的基本需求，也可通过数学模型计算得出更精确的人员数量，那么就需要使用下面的回归分析法。

(4) 回归分析法。回归分析法是管理学研究中常用的统计分析方法，主要用于考察一些自变量是如何影响因变量的。根据自变量个数可以分为一元线性回归和多元线性回归。企业在进行员工数量的预测和计算时，需要系统考察相关变量。企业可以考察多个变量对员工数量的影响，如企业的业务增长率、薪酬投入、员工离职率、员工满意度等。

表 2-1 展示了一家中型制造业企业生产部门员工数量随着年度的变化情况。根据前 8 年的数据我们可以用 SPSS 软件进行数据分析和图形绘制，以此对第 9 年度和第 10 年度的员工数量进行初步估算。

表 2-1　生产部门员工数量和年度关系数据（示例）

年度	1	2	3	4	5	6	7	8	9	10
员工数量	220	235	248	260	271	284	293	305	?	?

具体数据处理过程参照使用 SPSS 进行一元线性回归分析的步骤，可以得到表 2-2 中的数据结果。R^2 代表所得方程的解释效度；P 代表所得系数的显著性水平（小于 0.001 代表非常显著）；a 是常量，代表回归方程的截距；b_1 代表 X 的系数。

表 2-2　生产部门员工数量（因变量）与年度（自变量）的线性回归模型（示例）

模型结果摘要					参数预测值	
R^2	F	自由度 1	自由度 2	P	a	b_1
.997	2 010.670	1	6	.000	210.714	11.952

由此，年度与员工数量关系的数学表达式为：

$$Y=11.952X+210.714$$

由上述结果可以绘制出如图 2-4 所示的散点图，可以看出，该企业生产部门员工数量和年度呈现出明显的线性关系。若要进一步计算该企业生产部门第 9 年度和第 10

年度的员工数量需求，只需将 $X=9$ 和 $X=10$ 分别代入方程式，分别得到 $Y=318$ 和 $Y=330$，即第 9 年度和第 10 年度员工数量的预测值分别为 318 人和 330 人。

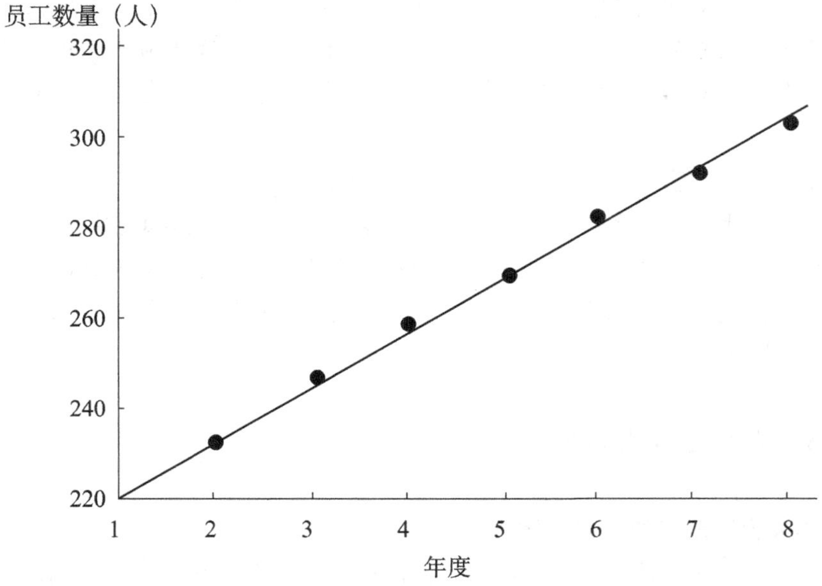

图 2-4　生产部门员工数量与年度的散点图（示例）

（5）比率分析法。比率分析法是基于关键经营指标与人力资源需求量之间相对固定的比例关系，对未来一个时期人力资源需求量进行预测的方法。在企业经营管理中，有些变量两两之间高度相关，如员工满意度和员工离职率、薪酬投入与员工满意度、销售额与销售人员数量等，这些变量之间的比率往往是相对稳定的。以销售额和销售人员数量为例，假设平均一名销售人员可以实现 100 万元销售额，那么如果未来公司需要实现 5 000 万元销售额，就需要配备 50 名销售人员。基于这一比率，企业可以根据战略目标达成进度设定相应的销售额，并以此计算所需要的销售人员数量。

比率分析法操作相对简单，但应用这种方法的关键前提是“人均不变”，即每名员工的产出或绩效都在平均水平，且不会发生大的变动。在计算比率时需要参考平均数值。此外，比率分析法假定两个变量间的比率关系是相对不变的。因此，比率分析法是一种极度简化的方法，但管理实践要复杂得多。比如，影响销售额的因素非常多，并非只有销售人员数量，地区差异、消费水平差异等也会影响销售额。

（6）大数据与人工智能预测法。伴随着数字经济的发展，数字技术被广泛应用于企业经营和管理，人力资源管理领域也不例外。近年来，大数据与人工智能被应用于人力资源需求预测。与其他传统人力资源需求预测方法相比，大数据及人工智能等新技术存在以下几点优势：首先，数据驱动的预测模型建构提高了预测的精准性。大数据和人工智能技术能够最大范围地使用企业内外部的各种数据，如员工数据、市场数据、经济数据等，将多个变量统一到一个预测模型中，与传统方法相比，其所构建的模型更加全面系统，能够更加精准地捕捉人力资源需求的潜在变化和趋势，从而大大提升了人力资源预测的准确性。其次，大数据和人工智能预测法能够进行实时预测，不断对预测结果进行调整和更新。在当前经营环境中，外部形势变幻莫测，企业人力资源需求往往会受到多种因素的影响，呈现动态性和复杂性等特点。比较而言，传统预测方法更多是参考过往经验和相对静态的数据，而大数据和人工智能能够对各种数据和变量信息进行实时抓取和迭代更新，通过数据挖掘、机器学习、深度学习等技术，更加实时和精准地对企业未来人力资源需求进行预测。最后，大数据和人工智能预测法将各种人力资源管理活动和其他企业管理活动加以联动并驱动决策，优化资源配置，从而提高企业的运行效率。

除了以上分析方法，随着技术的发展，更多新工具和新方法被应用于人力资源需求预测。在数字时代，基于大数据和人工智能的定量分析方法优势愈发明显，在未来人力资源需求预测工作中能够发挥更大作用。当然，出于成本考虑，并不建议所有企业追求大数据与人工智能的定量化模型预测。企业根据自身情况综合使用上述各种方法，依然可以较为准确地预测人力资源需求。

2.3.4 人力资源供给分析

1. 影响人力资源供给分析的因素

人力资源供给分析是指基于企业战略目标达成，对在未来某个时间内能够供给企业的人力资源的数量、质量以及结构等要素进行评估和预测。人力资源供给来源包含企业内部的人才供给和企业外部的人才供给。一方面，企业内部现有人才梯队、继任计划、职位调整等能够为企业未来发展提供一定数量的能力匹配的人才；另一方面，企业外部的人才市场、人才生态平台、竞争对手等也能够为企业提供合适的人才。

企业内外部人力资源供给情况受到多个因素的影响，具体如下：首先，人力资源供给情况会受到所在区域人口结构和劳动力市场的影响。人口结构是人力资源供给分析的一个重要因素，如劳动力的年龄结构和性别比例。劳动力市场中的就业率和失业率也会影响人力资源供给。其次，人力资源供给会受到劳动力就业相关政策法规与经济环境的影响。工资、劳动合同等方面的法规和政策对人力资源供给的配置有很大的影响。此外，整体经济环境的上扬或是下沉也有一定影响。最后，人力资源供给也会受到企业内部人力资源现状的影响，企业内部员工的继任计划、职位配置、梯队建设、轮岗计划等都会影响人力资源储备。

2. 人力资源供给分析的方法

与人力资源需求分析一样，人力资源供给也可以采用类似的一些方法和工具，如基于人力资源管理人员的直觉判断法、德尔菲法；此外，也可以采用趋势预测法、回归分析法、比率分析法等，利用与人力资源供给相关的主要变量搭建数学预测模型，从而对人力资源供给情况进行定量预测。具体方法同人力资源需求分析，这里不再赘述。

考虑人力资源供给的两种来源，除了上述通用方法，还有几种独特的工具与方法可以用于人力资源供给分析。

（1）企业内部的人才盘点与人才地图。管理人员要系统且深入地了解当前企业内部人力资源基本情况，可以利用人才盘点这个工具。人才盘点是指对企业中的人才进行全面梳理和评估的过程，具体包括对不同部门和职位的人员数量、结构、能力、绩效、潜力、需求等相关要素进行综合评价，以为后续人力资源政策制定提供参考依据。人才盘点对企业发展有着重要价值：能够帮助企业识别不同的人才类型，使人尽其才；为人才发展和绩效管理提供参考，进一步了解员工的发展需求与发展潜力；帮助企业进一步制订员工的继任计划，做好人才储备工作，搭建完善的人才梯队体系；可以全面系统了解到当前企业内部人力资源的基本信息，为人力资源供给分析提供完整的数据，帮助识别人才缺口和瓶颈，并进一步衡量人才储备情况，为人力资源规划服务，为人力资源战略制定提供重要的参考。

人才盘点包含开放式和封闭式两类。采用开放式人才盘点方法的企业，员工参与范围广泛，盘点过程中信息开放共享，员工的参与度和积极性较高。采用封闭式人才盘点方法的企业，是在相对封闭的情境下开展工作，员工参与度有限，盘点过程仅限于部分管理者，信息保密性强。

人才地图也是一个有效工具。人才地图是在平衡计分卡的基础上发展而来的用于描绘企业当前人才分布情况的工具。企业通过绘制“能力-绩效”人才地图，能更好地进行人力资源规划。能力-绩效人才地图如图2-5所示。

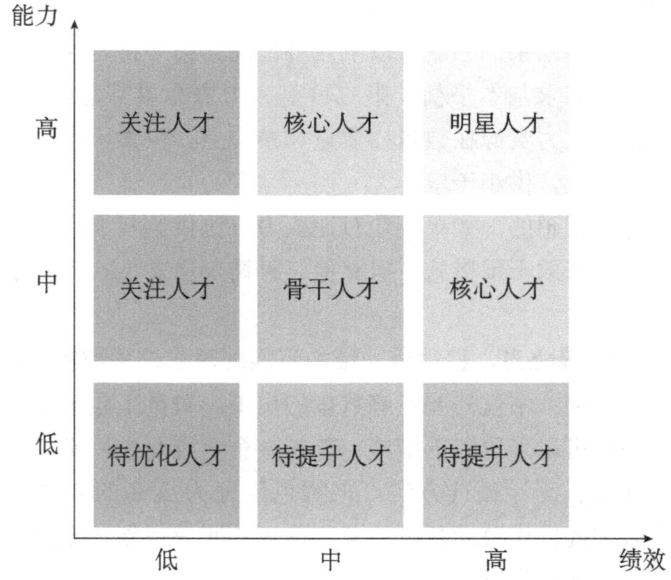

图2-5　能力-绩效人才地图

根据员工绩效和能力的不同水平，企业可以将人才区分为六种类型。企业对不同类型的人才采用不同的管理策略。比如针对第一梯队的明星人才，企业根据其发展动机，应给予这类员工更高的职位、更好的待遇和更有挑战性的工作，从而保证这类稀缺人才留在企业并持续产生高质量的成果，帮助企业实现目标。而对中等水平的员工如关注人才，则应该根据绩效差距或能力短板制定解决方案，有针对性地帮助其提高能力或绩效，推动其朝着更好的方向进步，为企业作出更大贡献。

通过人才盘点和人才地图，企业能够了解当前企业中不同类型人才的数量、质量和结构。这为后续人力资源供给分析以及人力资源规划提供了重要的参考依据。

（2）基于内部人力资源软件即服务（SaaS）平台的人才整合。随着数字化技术广泛应用于人力资源管理活动，人力资源信息被存储到共享服务平台或云端数据库。通过SaaS人力资源服务或人力资源信息系统（HRIS），企业能够迅速了解人力资源现状，如员工基本信息、能力水平、数量、职位分布、结构类型等。基于大数据和人工智能的分析与判断，能够设计出人力资源供给分析模型，提高预测的准确性，有利于提升企业内部人力资源的决策质量。

（3）分析外部劳动力市场。外部劳动力市场包括竞争对手、社会层面的人才生态平台等都是企业人才供给的重要来源。通过研究外部劳动力市场的供需情况、行业趋势、人才流动情况、关键人才培养平台（如高校）以及竞争对手人才供需和相关行业的人才信息，企业能从更广阔的视角进行人力资源分析与规划。

2.3.5 供需平衡的人力资源规划

在对人力资源需求和供给进行系统、科学和全面的分析后，企业可以将供需数据加以对比，了解当前企业中的某些岗位、某种员工类型在未来一段时间将出现人力资源过剩还是人力资源短缺。基于此，企业可以进一步采取干预措施，实现供需平衡。比较人力资源需求与供给的分析结果，一般有以下几种情况：第一种是在人力资源的数量、质量和结构方面，供给和需求基本平衡；第二种是人力资源供需总体数量相当，但质量、结构不匹配；第三种是人力资源在数量、质量和结构上，供大于求；第四种是人力资源在数量、质量以及结构上，供小于求。

第一种情况是较为理想的。如果企业对比人力资源供给与需求的分析结果后，发现处于平衡状态，可以不采取干预措施。但其他三种情况更常见，需要采取具体措施以实现供需平衡。

1. 人力资源供需数量相当，但质量、结构不匹配时应该采取的措施

企业在快速发展时期，不仅需要足够数量的员工，对员工质量和结构也有更高的要求。在人力资源规划中可以采取以下措施：首先，企业需要进一步拓展优质人才供给渠道。通过设立招募标准、设计甄选方法，来物色胜任力更高的人才。其次，设立“赛马”机制，为优质人才提供优厚的薪酬待遇和清晰的职业规划，充分挖掘企业内部的优质人才，从而为企业发展提供有厚度的人才供给。再次，企业可以优化培训体系，有针对性地结合企业发展需求，系统提升员工能力。最后，企业内部通过工作再设计、流动管理、轮岗管理等制度设计，优化人才结构。同时也需要建立健全退出机制，让不适应企业未来发展的员工退出。

2. 人力资源在数量、质量和结构上供大于求时应该采取的措施

这种情况的出现，一方面可能和经济下行有关，另一方面也可能和企业管理效率低下有关。企业需要采取必要的管理措施，来促进供需平衡的达成。具体做法有：首先，企业可以调整经营策略，如采用扩张性策略或者进行创新，做大“蛋糕”，将现有显得冗余的人力资源盘活和优化。其次，在无力通过第一种方法解决问题的情况下，企业需要采取必要的员工优化措施。但前提是要遵循相关法律法规，并给予相应补偿，不给社会“添乱”。

3. 人力资源在数量、质量和结构上供小于求时应该采取的措施

这是典型的人才供给不足的情况。在数字经济形势下，如果关键业务职位的人才供给不足，企业战略就难以落地，企业目标也就难以实现，这会阻碍企业的可持续发展。在这种情况下，企业能够采取的措施有：首先，企业需要进一步拓展内外部人力资源招募甄选的渠道，进行人才供应链的建设，为人才战做好准备。其次，企业可以利用多元雇佣关系来平衡供求关系。在遵守法律法规的基础上，企业可以考虑多种和员工合作的方法，如兼职、零工等，不求为我所有但求为我所用。最后，全方位优化企业氛围和设计好的制度，提升优秀员工对企业的认同和忠诚。这样就能够维持供需平衡，减少企业损失。

本章小结

战略是企业人力资源管理的指南针，为人力资源管理制度设计提供原则，也是企业选择人力资源管理方法和工具的依据。

人力资源职能是为战略落地服务的。管理者通过系统有效的策略来组织员工创造价值和达成成果。具体来说，人力资源战略需要人力资源部门和业务部门共创共担。借助于企业战略和人力资源战略，人力资源管理的目标、制度和方法能够有机统合，引领和驱动企业打造组织能力。

人力资源规划需要体现企业战略的要求。首先是基于战略规划，平衡企业内部人才的数量、质量和结构。其次是提供企业发展所需的连贯性和一致性，稳定员工预期。再次是帮助企业控制人力成本。最后推动和引领其他人力资源职能活动。

关键术语

战略	战略管理	人力资源战略	高绩效工作系统
人力资源规划	人力资源需求分析	人力资源供给分析	人力资源供需平衡

思考题

1. 什么是战略人力资源管理？
2. 什么是高绩效工作系统？
3. 人力资源战略和企业战略如何匹配？请举例说明。
4. 什么是人力资源规划？
5. 人力资源需求分析有哪些方法？
6. 人力资源供给分析有哪些方法？
7. 如何平衡企业人力资源的供给和需求？
8. 小组讨论：请以一家企业为案例，利用图 2-3 中的业务领先模型，分析该企业某一发展阶段的战略规划、部署和落地的一体化情况。总结自己的学习心得。

讨论案例

少年得到：以战略人力资源管理锻造组织能力

2023 年 2 月底，少年得到董事长张泉灵坐在办公室里，浏览 2022 年公司财务报表。数据比较令人满意，甚至超出了预期。2021 年底公司拿到“泉灵表达素养课的非学科认证”（以下简称“非学科认证”）。2022 年少年得到励精图治：梳理和明确了发展战略和企业文化并用战略人力资源管理来锻造组织能力、苦练内功。公司采取组合拳，统筹经营和管理来提升组织能力。通过强有力的管理措施，少年得到不仅活过来了，而且公司凝聚力大大提升。更重要的是，公司摆脱了过去过于依靠外部资源供给来支撑业务的局面，更多地依靠内在的组织能力，在战略引领下，通过业务创新、团队协同和成本管理来获得竞争力。

然而，张泉灵也非常清楚，少年得到未来的发展还会遇到新的挑战。随着疫情管控的解除，线下教育机构会重新开放，对线上教培造成冲击。与此同时，人工智能的快速发展对企业经营影响很大，少年得到也不例外。面临新形势和新的挑战机遇，张泉灵又该如何带领少年得到奔向远方？

1. 拿到非学科认证后遇到的新问题

2021 年 7 月 24 日，国家颁布“双减”政策。这给教培行业按下了暂停键。少年得到必须在逆境中自救。公司采用了压缩员工队伍、稳定用户信心和优化课程内容等措施，稳住了阵脚，维持住公司的正常运营。2021 年底，公司又顺利拿到非学科认证的资格，有了更多的底气。但是，公司发展仍然面临一些问题。第一是员工的信心问题。“双减”政策给教培行业带来了重创，员工对未来感到担忧和迷茫。第二是创新业务的合规问题。虽然拿到了非学科认证，但是要想留住老用户、吸引新用户，少年得到的课程内容仍然需要创新。但课程创新必须接受国家相关政策检测，并遵从合规要求。另外，合规要求越来越严格，给课程创新带来难度。第三是企业协同问题。“双减”政策之前的少年得到，乘着行业繁荣发展的大潮，加上公司业务较容易标准化，所以快速获得生源、扩大市场份额，做好产品交付和服务较为容易。当时公司文化倾向于鼓励单打独斗和个人英雄主义，没有强调成员之间和部门之间的协同。但是新形势下，行业竞争加剧、用户信心不足，产品标准化程度降低。公司需要在课程创新、营销模式和成本控制等方面进行内部协同。第四是战略共识和文化建设问题。以前，少年得到并不需要重视管理就可以因为处在风口而快速发展。张泉灵对公司未来有自己清晰的战略规划，但没有和企业中高层管理者讨论并达成战略共识。除此以外，和战略契合的企业文化也没有受到重视，这就使得公司管理者的任用标准、选拔流程和程序不公开、不透明、不清晰。

2. 夯实战略和文化共识

2022 年初，张泉灵召集了几次重要的公司会议，包括战略共识会、文化共识会和领导力共识会。

经过讨论，高管团队认为目前企业的定位应该是“成为家庭素养教育的首选公司”。战略共识会明确了要落实战略，公司应该具备哪些组织能力，资源如何配置，还确定了

13 个跨部门的公司级项目及其目标。

文化共识会确立了企业文化，包括使命愿景、价值观和行动计划。公司将“为用户创造价值”作为理念和使命，并将理念转化为业务规则和员工行为规范。2023 年公司战略共识会上，张泉灵又进一步明晰了十六字方针，即“用户成功，公司成功；员工成长，公司成长”，并对“用户成功”给出了解释——“在一个用户旅程当中的所有节点上，都要让用户感知到成功”。

张泉灵和同事们认识到，只有全体员工都参与到促进“用户成功”的过程中，才能够真正解决问题。所有的业务改进都要和用户全流程活动密切联系，以用户的身份去体验业务流程的各个环节是否满足需求，以用户感知到的成功去改进业务流程。虽然和用户共创很难一下子做到，但公司开始重视以用户为中心的文化，并着手落实培训项目来推动公司转型。

领导力共识会的目的是提炼出公司管理者的领导力素质模型。通过共创和培训，对齐管理者对战略和文化的认知，以及对自己所要具备能力的认知。时代变了，公司必须在战略驱动下，以核心价值观为准绳，依靠全体员工的努力，来进行战略落地和获得成果。火车跑得快，全靠车头带，公司各级管理者提高胜任力后，才能带领员工打胜仗。

3. 打下人力资源管理基础，为员工施展能力提供空间

(1) 从“行政管理”到“敏捷管理”。在“双减”政策推出前，少年得到的规模急速扩张。人力资源部门的主要任务就是做基础的行政人事工作：一方面根据扩大的需求进行招募甄选；另一方面进行职位分析、建立职位等级体系、设立绩效考核标准、设计培训方案等基础性人力资源管理工作。

“双减”政策推出以后，少年得到必须敏捷反应并在短时间内对员工队伍进行精简和优化。人力资源部门负责人吕女士于 2021 年 2 月加入少年得到。她结合以前的工作经验，和少年得到奉行的管理理念采取管理动作，帮助公司迅速稳住局面，并通过转型将组织能力建设和战略人力资源管理提上议程。

(2) 人力资源部门的再设计。员工队伍精简以后，吕女士迅速明确了人力资源部门的关键任务：优化组织架构、开展职位分析、建立人才培养体系、设计员工考核和激励制度、塑造文化和保证战略落地等。接着开始优化部门结构，并建立人力资源三支柱。

人力资源专家中心（HRCOE）由包括吕女士在内的五人组成，职责包括参与公司的战略讨论、牵头开展公司愿景和文化的制定、设计企业变革方案、明确管理者胜任力模型并赋能人力资源业务伙伴（HRBP）和人力资源共享服务中心（HRSSC）。HRCOE 的功能是战略性、引领性和专家服务性的。

HRBP 相当于业务部门和人力资源部门之间的桥梁。HRBP 需要通晓人力资源的各种专业知识和工具，也要理解业务，为业务部门提供人力资源方面的整体解决方案。

HRSSC 则是将全公司各业务单元中所有与人力资源管理有关的基础性人事工作统一处理，例如员工入转调离、薪酬福利发放、人事信息维护和更新等。

(3) 采取多重措施提升组织能力。随着人力资源部门本身结构的优化，人力资源各项管理制度的建立健全，少年得到的组织能力建设全面提速。首先是通过文化凝聚人心，并设计配套的薪酬制度来激励人。吕女士和同事很快就将共识会的核心内容转化为公司文件，立即发放和宣贯给员工。

员工对文化有了认同，对公司有了认可以后，在工作中展现出主人翁意识。与此同时，公司还用荣誉制度来引导员工行为。这大大提升了工作效率，改善了企业氛围。

除了用文化来提升员工认同，公司还设计了统一的职位等级体系和薪酬体系，为员工发展提供清晰的晋升通道及职业发展路径。2022 年初的三大共识会之后，人力资源部门开始进行职级分析和梳理。公司职位一共有五类并形成五大序列：管理序列、研发序列、教学内容序列、运营市场序列和技术支持序列。五大序列又有 17 个职类。大的框架和规则确定以后，HRBP 协同业务部门管理者将职位职责和任职资格悉数梳理出来。

在新的职级体系建立后，人力资源部门就能够顺利推行薪酬制度改革，做到内部一致性和公平公正。以此为基础，又建立了和绩效挂钩的奖金制度，鼓励能者多劳。比如当期的续费提成是和业绩奖金挂钩的，而且能够做到及时兑付。新的薪酬和激励制度让员工感知到公平性、透明性和激励性，大大稳定了他们的预期并加深了对公司的认同。

4. 用户价值驱动培训管理，保障员工能力和组织能力同频提升

通过一系列措施，公司为员工发展打下了基础和提供了好的氛围。公司接着开展了系列员工培训。跟行业内的其他公司相比，少年得到的人力资本优势非常明显，员工平均学历处于行业内中上水平。加上张泉灵董事长的个人影响力，少年得到吸引了优秀高管和名校毕业生加入公司。员工的个人能力和学习能力较强，但如何具备公司所需能力，帮助用户成功，还需要公司的引导、培训。

围绕着用户成功，人力资源部门牵头在 2022 年 11 月和 2023 年初做了两个大型培训项目：中高层管理者培训及产品定位和设计工作坊。

公司要持续发展，管理者的认知和行动能力至关重要。在与张泉灵充分研讨后，人力资源部门结合企业战略和管理者能力标准，牵头设计出相应的培训内容。由张泉灵亲自对中高管集中授课，帮助管理者对齐认知，基于实际工作场景听取反馈并进行辅导。同时在培训中嵌入职位说明书、任职资格、关键人才盘点等公司级项目，通过培训项目推动人力资源项目的落实。这样的训战结合使得中高管能够做到统一认识和统一行动，大大提升效率。

产品定位和设计工作坊作为 2023 年公司战略级项目，由人力资源部门联合产研部门来承接这个培训。培训目的是帮助核心管理者和业务团队充分理解用户成功，并将用户思维贯彻到工作中。

产品培训教授如何利用 8 个工具来思考并设计用户旅程。产品培训赋能员工学习并理解用户旅程的原则：首先要从用户的角度确定产品是否有价值；然后要保证产品可以商业化运行；最后要调整北极星指标即公司的核心业绩目标。

提高公司整体能力水平以后，人力资源部门着手进行人才盘点。由于少年得到的战略和业务调整，各个部门的人才需求也发生了变化。这次人才盘点重点关注的是业务二级管理者。这些管理者大多是 90 后，正处在当打之年。在梳理过程中，吕女士发现，这些二级管理者个人能力都很强，需要提升的能力集中在三个方面：认知思维、管理技巧和业务逻辑。通过这次盘点，公司又将管理意识、理解企业发展方向和核心北极星指标进行关联，并设计针对性强的培训项目来赋能业务二级管理者。公司整体能力通过有针对性的培训项目，又提升了一大步。

5. 开拓员工发展空间

在打下基础和训练能力的同时，公司还从优化结构等方面进一步为员工赋能和赋予员工发展机会，提升员工对公司的认同和获得成就感。

（1）设立跨部门项目，改善团队意识。以前，少年得到的运作模式是以中心和部门为基础的。现在，不管是公司的管理创新、业务创新还是产品创新，都以跨中心和部门的项目制来运行。员工可以就某项创新提出项目申请，包括公司高层、人力资源部门、业务部门在内的产品评审会对申报项目进行评审，最终立项的项目能够获得公司资源的支持。项目一旦成立，由项目负责人带领项目组按既定计划和产出要求严格推进。每年年底，人力资源部门会评选企业优秀项目。

（2）部门协同制。少年得到从多方面入手，打破部门壁垒，促进部门协同。首先是帮助员工取得战略和文化共识，建立一致的“为用户创造价值”和“协作共赢”的核心工作理念。所有的工作，只要能够为用户创造价值，就值得大家协同去完成。其次，项目制的执行也打破了部门壁垒，项目只要立项通过，不同部门的领导都要全力支持。最后，人力资源部门派到各个业务部门的 HRBP 对促进部门协同发挥了很大的作用。

6. 推行成本预算制，解决疑难问题并提振士气

“双减”政策推出之后，张泉灵在公司全员大会强调，每个人做每件事情要有成本意识。人力资源部门迅速落地董事长指示，联合财务部，召集高管和二级部门负责人进行预算管理的培训，并帮助中高管了解业务和商业逻辑。除了人力招募、App 开发这些显性成本，还有一些不容易看到的隐性成本，经过培训，管理层有了很清晰的成本意识。

推行成本预算制后，一开始是以季度为周期，但季度结账的时候已经到了第四个月的月中了，会导致至少事后三个半月才能够完成预算的调整。要想看到调整效果，就得等五六个月。这样的话，业绩改善的时间周期较长。2022 年 11 月，少年得到启动了以月为周期的预算修正。同时，预算管理制度要求公司前后端共同负责预算指标。比如前端员工在市场上获客的时候采用价格措施是最常见的。过去公司并没有对此进行预算把控。这导致员工为了获客，不去控制预算，而且总是找借口说市场竞争过于激烈。在预算制度的约束下，要求前端也需要承担预算指标，不计成本获客的行为被大大遏制，而结果是获客数量不减反增。这一举措大大提升了公司的运营效率。

经过将近一年的预算管理，少年得到全线的转化率和公司的投资回报率都提高了。一旦有方法帮助突破发展瓶颈，员工就有了信心，并很愿意配合落地制度，从而形成良性循环。

7. 未来公司组织能力建设之路

2023 年 2 月底，少年得到的财务报表出炉。张泉灵看到数字后，感到欣慰。自一年前拿到非学科认证后，伙伴们的努力没有白费。管理和运行上采取的一系列组合拳大大提升了少年得到的组织能力。公司如今已经能够稳定运营，在新的教培市场上拥有一片属于自己的领地。

但是，教培市场从来就不是平静的。随着线下机构重新开放，各家机构线下业务开始狂飙，对在线教育行业产生了冲击。与此同时，人工智能的快速发展也造成了很大的冲击。面向未来，少年得到又该如何转型，培育新的能力，才能立于不败之地？

“新的东西来了也别装成看不见，唯有让自己变得更加强大。”这位“拼命三娘”不改本色，从容应对变幻莫测的未来。

资料来源：冯云霞、张霞和吕春华根据采访资料为本书撰写。

讨论题：

1. “双减”政策出台以后，少年得到采取了哪些人力资源战略措施来提升组织能力？

2. 少年得到人力资源部门结构是如何优化的？其价值是什么？

3. 少年得到在提升员工能力方面采取了哪些措施？

4. 面向未来挑战，少年得到的人力资源战略应如何变化？

第3章

职位分析与胜任力素质模型

弟子入则孝，出则悌，谨而信，泛爱众，而亲仁。行有余力，则以学文。

——《论语·学而》

引导案例

华为公司任职资格体系的建立与应用

1998 年，任正非在《不做昙花一现的英雄》中写道："管理革命的重点是任职资格体系的推行。"在这以前，任正非就意识到企业实行任职资格评估的必要性。1996 年，随着华为自主开发的 C&C08 交换机市场地位的提升，华为的年度销售额达到了 26 亿元。这一销售业绩标志着华为结束了以代理销售为主要盈利模式的创业期，公司进入了高速发展阶段。

随着生产规模和员工队伍的迅速扩大，华为的管理层次不断增加，工作效率却没有相应地提高。其中比较突出的问题是秘书类员工的积极性和效率都不高。秘书职位的重复性活动多，需要遵循流程和规范。但是当时在华为任职的秘书大多是高学历的知识型员工。秘书工作几年以后，其能力远远超出初级秘书职位的要求，这就导致经验丰富的秘书丧失工作动力。除此以外，华为当时也没有客观公正的绩效评估体系来对员工绩效加以评估和激励。员工不知道做到什么程度是合格的、什么程度是好的。

1996 年底，合益咨询公司（Hay Group）香港分公司进驻华为，帮助华为建立任职资格体系。在合益的帮助下，华为逐步建立起职位体系、任职资格体系、薪酬体系、绩效管理体系及员工素质模型等重要的人力资源管理制度。

1998 年，华为又引进了英国国家职业资格认证（National Vocational Qualification, NVQ）的企业行政管理资格认证，尝试在秘书部门建立任职资格认证体系，建立秘书行为规范。经过深入学习，华为管理层意识到，首先，工作效率的提高是建立在有序工作基础上的。任职资格认证体系正是提供了建立工作秩序的规范和方法。其次，任职人员需要处理好例行工作以外的非常规工作，这就需要有思路有方法。资格认证中的等级可以提供思路和方法，帮助任职人员明确处理常规问题和非常规问题的路径。再次，要提高工作效率，就必须有一套方法论来帮助制定目标和秩序。华为人力资源部边学边干，边干边学，依照 NVQ 的行政管理标准体系，建立公司人事管理和人员培训的体系，并明确和确定文秘工作规范化和职业化的目标。最后，根据公司的实际情况修订和细化了文秘资格标准，建立了一套符合华为实际情况的职位级别和任职资格体系。

在任职资格体系的指导下，打字速度、会议通知、会议文具准备、会议过程管理、会议纪要方法、办公室信息管理，以及各个部门的流程链接就成为华为秘书的任职资格。在考核中，秘书能够对照文秘标准来检查自己的工作，以便及时改正，做到更好。考核者与被考核者的关系是一种帮助与被帮助的关系。考核者主要是帮助秘书早日达标，使秘书能够在考核过程中自如、正常地发挥能力。任职资格体系的推行获得了巨大成功，不仅解决了秘书的职业发展通道问题，更是极大地提高了秘书工作的积极性，还提高了秘书部门的工作效率。这一体系还大大促进了人岗匹配度的提高，使得华为秘书的效率相当于其他公司秘书的三倍。尝到甜头以后，华为人力资源部又成立了两个任职资格研究小组，开始研究和制定公司其他序列的任职资格体系。

任职资格体系建立以后，华为的员工如果想要升到高一级别，对相应的能力要求一目了然；培训也变得更有针对性。任职资格标准起到牵引和推动作用，加上培训体系的支持配合，加快提高了员工能力和人岗匹配度。这一体系还强调开发功能，真正解决了员工的职业发展问题。华为每隔两年进行一次任职资格认证。认证委员会根据认证结果，决定员工是继续留任、晋升，还是降级。此外，任职资格体系正式推行后，华为所有管理人员都必须“持证上岗”，一般级别的管理人员要晋升到部门总监职位，必须达到 4 级管理者任职资格标准。如果要担任公司副总裁以上职位，就必须达到 5 级管理者任职资格标准。这促使所有员工自觉自愿衡量自己的职业能力与任职资格标准之间的差距，自发努力来缩小差距。通过任职资格体系的牵引和培训体系的推动，华为员工的职业能力得到质的飞跃，并为公司朝着世界级企业前进作出贡献。更重要的是，任职资格体系也为公司战略执行提供了保障。

资料来源：龚文波．任正非如是说．北京：中国经济出版社，2008.

3.1 职位分析

3.1.1 职位分析概述

1. 职位分析的概念

(1) 职位分析。职位分析（position analysis）也称工作分析（job analysis）。刘昕

认为职位分析是用一系列程序和方法对一个职位需要承担的主要职责以及与职责对应的具体工作任务、工作环境或工作条件加以分析；同时也需要对职位承担者应具备的知识、经验和技能等进行分析。分析以后，需要用特定的格式和易于理解的方式将上述信息描述出来。刘善仕认为职位分析是针对现有职位收集、分析信息的过程，利用科学的手段与技术对现有职位的定位、目标、工作内容、职责权限和人员要求等作出规范性的描述与说明。

本书认为职位分析是在企业战略指导下，人力资源专业管理者协调企业内外部相关人员系统收集、整理和分析职位相关信息的过程，以获得对职位职责、任务和完成任务步骤的全面了解，在此基础上，确定职位承担者的能力和素质。职位分析是开展招募与甄选、培训与开发、绩效管理和薪酬管理等其他人力资源管理活动的基础，是人力资源管理的常规性工作，直接影响企业战略的有效执行和落地。

（2）职位分析相关概念。

子任务：是完成工作的步骤，也是工作中的最小动作单元。

任务：达成某项职责的要素集合。如大学教师的职责之一是教学，教学则包含备课、讲课和辅导学生等任务。

职责：职位中一系列任务的集合。如大学教师的职责主要有科研、教学和社会服务。不同职责之间的关系应该是互不包含且全面完整的。

职位：企业按专业分工原则分配给员工完成的且工作量充实的一系列工作职责和任务的集合。简言之，需要员工全日制完成的所有工作内容的集合就是一个职位。

职务：主要职责在重要性和价值性上相当的一组职位的统称且负有管理责任。比如，部门经理、主管等都属于职务。

职位序列：是企业中职位之间的关系，并形成职位晋升路径。职位序列通常按照职位的等级、责任和技能要求逐渐递增，能够为员工提供发展和晋升的空间和机会。企业中有行政序列、销售序列、技术序列和管理序列等。以销售职位序列为例，包含从销售代表到销售骨干到销售主管再到销售总监的晋升路径。

职业通道：是职位序列的集合，代表了员工在企业中专业发展的路径。职业通道包括不同的职位序列，如技术、管理和专业领域等。例如，一个公司有销售职业通道、市场营销职业通道、技术职业通道和管理职业通道等。

2. 职位分析的原则和目的

（1）职位分析的原则。为了客观有效全面地做好职位分析工作，使其真正起到人力资源管理基石性的作用，分析者需要遵循以下规则：首先要注意科学原则，有序和有逻辑地做好不同层次职位的分解和归纳工作，而不是事无巨细地罗列和堆砌。其次是要将注意力先集中于职位本身，而不是个人的特征或个性等。再次要注意系统分析职位现状，而不应过于关注职位过去或者未来的情况。最后要基于事实原则准确和冷静地进行分析。

（2）职位分析的目的。职位分析在企业人力资源管理中发挥重要作用，应受到各级管理者和人力资源部门的重视。职位分析的主要目的有：第一，明确和分解任务。企业都有使命、战略、目标和任务。只有明确任务并分解到部门、团队和个人，才能确保事事有人承担。第二，实现人岗匹配。职位分析通过明晰职位职责和任职资格要求，帮助管理者明确招募标准，从而做到人岗匹配。第三，为企业人力资源管理提供基础。管理者了解职位信息以后，能够确立关键性职位，并保证流程顺畅和客户价值的实现。第四，指导员工明确工作目标和绩效标准，提高工作效率和实现工作绩效。

3.1.2 职位分析的内容、流程与方法

1. 职位分析的内容与流程

(1) 职位分析的内容。职位分析是对一个职位进行系统性、科学性的分析研究，以确定该职位工作职责及所需的技能、知识、经验和其他要求，从而为招募、培训、绩效管理和薪酬管理等人力资源管理活动提供基础数据和指导。职位分析的主要工作包括以下五个方面：第一是环境与战略分析。分析公司的内外部环境和发展战略，了解公司业务领域、市场竞争情况、企业文化和价值观等背景信息。第二是组织结构分析。分析公司的组织结构、层级和职权关系，确定职位在企业中的位置和作用，了解上下级关系和协作方式等组织结构信息。第三是工作流程分析。分析职位涉及的工作流程和业务流程，了解职位在流程中的作用和职责，确定职位所需的技能和知识。第四是技术分析。分析职位涉及的技术和工具，了解职位所需的专业知识和技能水平，确定职位要求的教育背景和工作经验。第五是任务分析。分析职位的工作职责、任务和目标，确定职位对公司业务目标的贡献和影响，了解职位所需的态度、行为和特征等非技能因素。

(2) 职位分析的流程。一般由四个阶段构成：准备阶段、执行阶段、分析整理阶段和运用修订阶段。

在准备阶段，首先需要明确职位分析的目的。其次要选择合适的分析人员，组建团队。接着要进行成员的沟通、培训和拉齐。最后要选择合适的分析工具。

在执行阶段，要确定工作方法并收集信息。通过面谈、问卷调查、观察等方式，收集职位相关的基本信息。接着要分析信息。对收集到的信息进行分类整理后进行分析，确定职位的各项职责和任务，以及所需的技能、知识和经验等要求，并编制分析文本。在这个环节，还需要有责任人来确认信息的准确性和相关性。

在分析整理阶段，需要集合人力资源管理专家、主管人员和任职者共同完成阶段性成果，即职位描述和任职资格条件。

在运用修订阶段，需要在半年或一年内寻求反馈并加以审查。这一环节的责任人是人力资源管理部门的负责人。图 3-1 为职位分析的流程示意图。

在进行上述流程时，相关责任人还需要注意几个关键点：第一，要回顾目前企业的发展阶段、战略目标和关键业务等，确保职位设置符合企业的实际情况。第二，要注意将职位分析原则和企业战略进行匹配。比如，如果企业推行低成本战略，职位分析原则就应倾向于专业化、规范化和流程化；如果奉行的是差异化或创新战略，职位分析原则需要关注职位间的衔接并以客户价值为中心。第三，要争取获得关键人员的支持和参

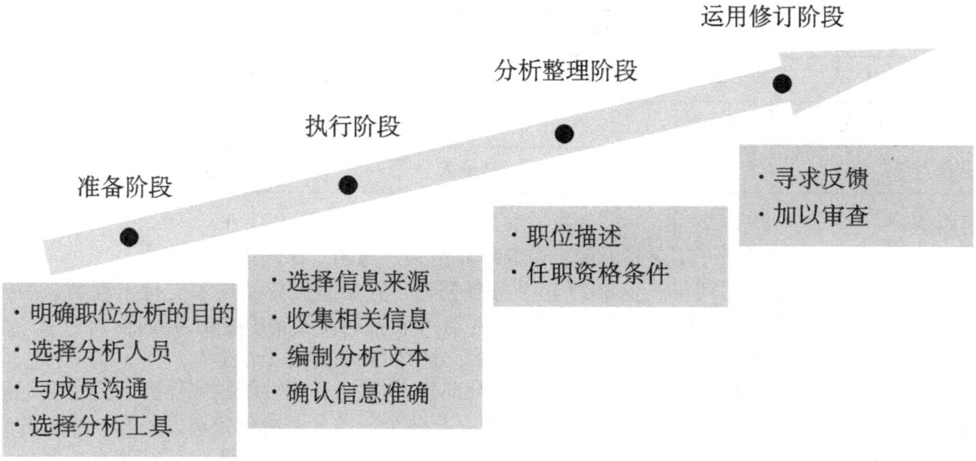

图 3-1　职位分析流程图

与。虽然人力资源管理部门负责推动和运行职位分析，但重要的相关方也要知情和参与。这样一方面可以确保所收集的信息真实准确，另一方面也让相关方对职位的任务和职责有清晰认知。第四，要注意选择合适的方法，维持好准确性和效率之间的平衡。必要时，也可以外聘相关专家加入团队，确保工作有效。

2. 职位分析方法

职位分析方法主要有定性和定量两类。定性分析方法包括观察法、访谈法、问卷调查法、工作日志法、关键事件法等。定量分析方法有职位分析问卷、管理职位分析问卷等。

（1）定性分析方法。

1）观察法。观察法是比较简单且使用最早的职位分析方法。职位分析人员现场观察员工工作的内容、方法、程序，并进行记录、分析和归纳总结。这一方法适用于分析标准化的、周期短的、以体力活动为主的职位。观察法包括观察设计和观察实施两个步骤。根据职位分析的目的和企业现有条件，事先确定观察的内容、时间、地点等。在现场观察时，需要做到观察的结构化，并且尽量不引起被观察者的注意，不干扰被观察者工作，以保证观察的真实性和有效性。

2）访谈法。访谈法是目前企业运用比较广泛且成熟的职位分析方法。访谈者就某一职位，按照事先拟定的访谈提纲与访谈对象进行交流和讨论，由此获得职位相关信息。访谈可以对任职者进行个体访谈，也可对同一职位的任职者进行群体访谈，还可对职位的主管人员进行访谈。运用访谈法需要注意几个方面：对访谈者进行培训；选择有代表性的访谈对象；确定访谈提纲；在访谈时注意技巧，营造轻松氛围，善于倾听与提问；及时确认信息等。

访谈提纲主要包含以下问题：你平时需要做哪些工作？主要的职责有哪些？如何完成工作？工作需要哪些知识、技能？基本的绩效标准是什么？工作环境和条件如何？工作的安全和卫生状况如何？等等。对于访谈结果，要及时记录和整理。表 3-1 给出了某科技公司营销中心副总经理访谈的记录示例。

表 3-1 营销中心副总经理访谈记录（示例）

<table>
<tr><td>访谈时间</td><td>2022 年 12 月 11 日</td><td>访谈地点</td><td>公司会议室</td></tr>
<tr><td>访谈对象姓名</td><td>李某某</td><td>访谈对象职务</td><td>副总经理</td></tr>
<tr><td>访谈对象所在部门</td><td>营销中心</td><td>访谈对象联系方式</td><td>××××××××××××</td></tr>
<tr><td>访谈者</td><td>闫某某</td><td>记录人</td><td>张某某</td></tr>
<tr><td colspan="4">主要内容：
问题：请问您在这个职位上干了多长时间？请简单介绍一下您的工作经历。
回答：我在这个职位上干了两年。我 2017 年 2 月来公司，开始是做售前技术支持工程师，两年后就是 2019 年初转做销售，一年后做到部门经理，2021 年初开始做营销中心副总经理。
问题：请您简单介绍一下您的工作职责，您每天大部分时间花在哪些工作上？
回答：我主要是负责各地的分公司和北京两个销售部门。主要工作是分配销售任务。公司会把整个的销售任务下发给我，我会根据各个分公司的情况，把这个任务分解给分公司。还有一些新的分公司和办事处的成立，比如今年成立西南分公司、深圳办事处，这些也是我工作职责的一部分。此外，我还直接负责一些大客户关系的维护，然后还有一些具体项目的跟进等。
…………</td></tr>
</table>

3）问卷调查法。问卷调查法是通过让任职者填写问卷来获取职位相关信息的方法，是一种应用非常普遍的方法。问卷分为结构化问卷和非结构化问卷两种。结构化问卷按照结构化的要求，遵循严格的逻辑体系，一般采用封闭式问题；非结构化问卷能根据不同的企业性质、特征进行个性化设计。问卷调查在事先建立的分析模型指导下开展。优点是收集的信息完整、系统，操作简单、经济。缺点是设计理想的问卷需要花费很多的时间、人力和物力，设计成本比较高；由于无法面对面交流，职位分析人员无法了解到任职者的态度、动机等较为深层次的信息。

4）工作日志法。工作日志法是要求任职者以日记的形式按时间顺序记录工作过程，然后经过归纳提炼，获得相关信息的方法。该方法可以为职位分析人员提供有关任职者工作内容的概要信息，直接了解任职者在工作中主要做了哪些事情、工作任务的时间分配等方面的资料。但工作日志法也存在一些不足：一般的工作日志只能了解到任职者的各项工作活动及每项活动所耗费的时间，无法完全了解各项工作活动的目的和重要性；工作日志法需要任职者记录信息时做到及时、具体、真实和完整，因此，这种方法也无法了解长期的、周期性的工作活动。

5）关键事件法。关键事件法要求任职者及与任职者相关的人记录工作行为中对工作绩效有重要影响的关键工作特质和事件，是一种常用的行为定向方法。这种方法需要收集事件发生的原因、背景，任职者有效的行为，关键行为的后果等信息，通过大量收集这些关键事件，就可以对它们分类，总结出职位的关键特征和关键行为要求。关键事件法既可以了解职位的静态信息，又可以了解职位的动态信息，因此建立的行为标准比较准确。但是，这种方法只关注对工作绩效有效或无效的事件，容易忽略平均绩效水平涉及的事件，进而影响信息的全面性。

（2）定量分析方法。

1）职位分析问卷。职位分析问卷（position analysis questionnaire，PAQ）是应用广泛的定量职位分析方法。PAQ 研究者的设计理念有两点：一是以统计分析为基础建立职位的能力模型，二是运用统计推理的方法进行职位评估以确定相对报酬。在应用过程中，研究者发现PAQ可以为职位分类、职位设计、职业生涯规划等提供参考，随后进行了拓展应用。此问卷一共有194个项目，描述了从不同职位概括出来的比较抽象的工作行为和能力要求，通过对任职者在信息投入、脑力劳动、体力活动、人际关系、工作环境中的互动行为及其他要素的测量，在计算机系统中形成一个企业中不同职位之间的相对价值体系，从而对职位进行评估。表3-2为职位分析问卷的要素及解释的示例。

表3-2　职位分析问卷的要素及解释（示例）

要素	解释
信息投入	任职者从哪里以及如何获得完成本职工作所需要的信息
脑力劳动	任职者在完成工作任务时需要进行哪些推理、决策、计划以及信息加工等活动
体力活动	任职者在工作时需要进行哪些身体活动，需要使用什么设备、工具
人际关系	任职者在工作时需要同哪些人发生何种关系，发生的程度以及频率如何
工作环境	任职者在工作时需要何种物理环境及社会环境
其他	除上述要素以外的其他活动、条件及工作特征

职位分析者需要根据六个维度（信息使用程度、工作所需时间、对各个部门及部门内各单元的适用性、对工作的重要程度、发生的可能性以及特殊计分）评价这些项目。由于职位分析问卷的填写难度较大，一般具备较高教育水平的人才能够清楚了解问卷中每个项目的要求。同时问卷标准化和通用化的格式导致工作特征抽象化，难以描述构成工作的特定的、具体的任务活动。

2）管理职位分析问卷。管理职位分析问卷（management position description questionnaire，MPDQ）是专门针对管理职位分析而设计的一种结构化的职位分析问卷。MPDQ在调查方法和信息收集格式上与PAQ相近，分析内容包括与管理者的主要职责密切相关的工作要素，主要包括三个模块：信息输入、信息分析和信息输出，图3-2为MPDQ系统模型。

MPDQ通过计算机程序减小了主观因素的影响，为管理职位的分类提供了依据，但是由于受工作及工作技术方面的限制，灵活性稍显不足。与PAQ一样，MPDQ也是在对国外管理人员进行实证研究的基础上形成的，在中国情境下应用需有个本土化的调整过程。

上述职位分析方法各有优缺点，在实际的职位分析中，职位分析人员可根据工作需要综合使用几种方法。

3. 职位分析的专业资源

除了上述定性和定量的职位分析方法，还可以利用互联网上的资源来提高职位分析的工作效率。例如，美国政府主导建立的职位大全网站O* NET（https://www.onetonline.org），该网站有丰富的各类职位描述信息，可以根据需要进行检索。此外，我国第一部《中华人民共和国职业分类大典》于1999年颁布，基本建立了适应我国国情的国家职业分类体系，对职业的名称、定义、分类等进行了描述。该分类大典于2015年和2022年

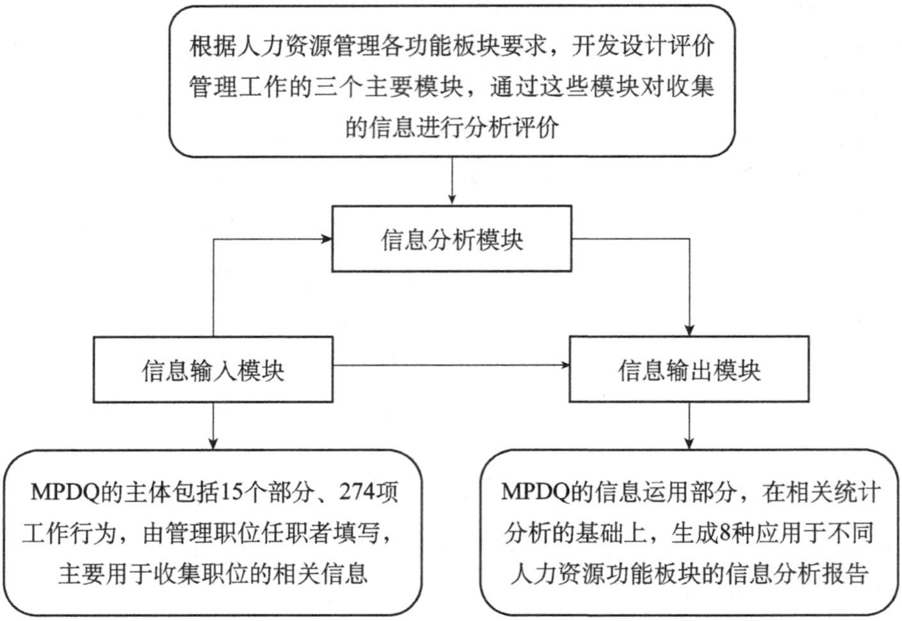

图 3－2　MPDQ 系统模型

进行了修订。此外，在进行职位分析时还可以参考各个专业招聘网站上的职位描述、其他企业相关职位的招募公告等。

3.1.3　职位分析的成果及应用

1. 职位分析的成果

职位分析是指对职位的性质、职责、任务和要求等方面进行分析和描述，成果包括职位说明书和职位规范书。

（1）职位说明书（job description）。职位说明书是一份详细具体说明一个职位的工作职责、要求和所需技能的文件。这份文件通常由人力资源部门负责编写，旨在为员工提供关于职责范围、工作目标、时间管理等方面的清晰指导。职位说明书是企业内部的关键文件。借助这一指导文件，员工能清晰了解自己的工作职责和目标，进而更好地履行职责，提高生产效率。此外，职位说明书还用作员工招募和绩效评估的依据之一，也可以用于制订薪酬和晋升计划。

职位说明书通常包含以下内容：职位标识、职位概要、职责和任务、工作关系、绩效标准和工作条件等。下面分别予以说明。

1）职位标识。表述相关职位的基本信息，如名称、代码、薪酬等级、上级、工作地点和所属部门等。

2）职位概要。职位概要的描述可以采用这样的形式：工作依据＋工作行动＋工作对象＋工作目的。它是对职位承担的主要职责和关键任务的简要描述。在招募新员工的时候，招募工作人员通常也会列出相关职位的主要职责。

3）职责和任务。职位职责指的是任职者在职位上所需承担的责任。任务则是指为了履行职责需要完成的具体事情。任务往下还可以分为子任务，子任务是完成事情的步骤。

4）工作关系。职位纵向依托的是结构，横向依托的是流程。职位分析要考虑目标职位和其他职位的关系，以及在组织结构中的位置。明确工作关系有助于任职者理解该职位和企业内外部合作者的关系。

5）绩效标准。企业对职位职责和任务在量和质方面应该达到的标准的要求。

6）工作条件。任职者工作时所处的环境，如光线、温度、噪声水平、室内、室外等。

表3-3给出了一个职位说明书模板。

表3-3 职位说明书模板

★职位名称： ★职位代码： ★职位职责： 描述为什么公司在寻找任职者来担任该职位 描述该职位的目的、职责和主要任务 ★工作范围和要求： 工作内容：该职位必须完成的日常工作任务、关注的方面和重点工作 工作进程：包括计划工作、已完成工作、评估成果以及协作和沟通的流程 ★工作关系和权限： 上下级关系：该职位的上下级关系是什么 合作关系：需要协作的部门和职位 交流标准：该职位与其他人进行交流的语言和文档格式等 权力和职位：该职位对公司资源的使用权限，以及工作的限制和限制范围 ★工作环境和条件： 工作地点：具体的工作地点 工作工具：提供对应的工作工具和材料 工作场所的健康和安全要求 特殊要求：如加班、出差等 ★工作时间和考勤： 工作时间：工作日和工作时间的明确规定，是否需要加班等 考勤：公司的考勤制度和规定 ★薪酬和福利待遇： 薪酬：工资和奖金按类别分类，以及薪酬制度和薪酬水平的明确规定 福利待遇：社会保险及其他福利等 ★职业发展路径： 该职位的职业发展路径 职业技能培养和提高的方案 职业晋升路径跟踪管理方式及具体要求 备注：需要补充说明的内容

（2）职位规范书（job specification）。职位规范书是根据职位分析的结果，明确符合该职位职责要求的人，或未来员工应该具备的资格和条件的文件。职位规范书包含任职者的受教育水平、工作经验、知识技能和能力水平等。在制定职位规范书的时候，需要对该职位的实际情况进行系统和缜密的调查分析，同时需要结合企业或部门的职位分析结果、战略规划目标等方面的需求。

2. 职位分析在人力资源管理中的应用

职位分析可以为组织结构设计与再设计、职位设计与再设计以及人力资源管理的各个模块提供基础和依据，见图 3-3。

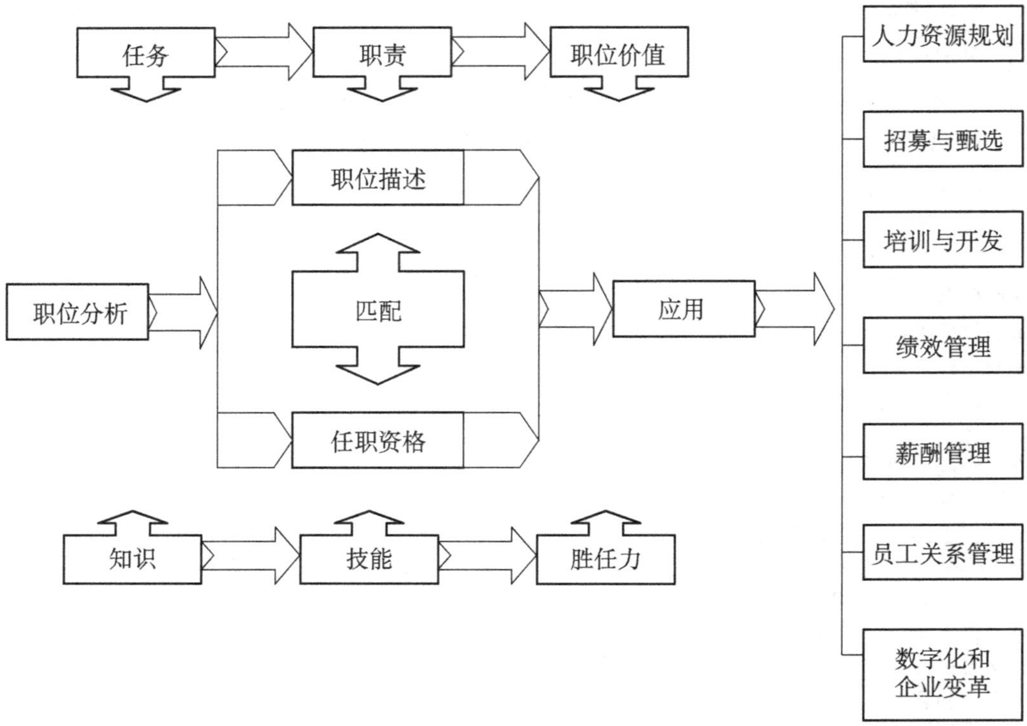

图 3-3 职位分析的应用

(1) 人力资源规划。首先，根据职位分析结果对现有人员进行人岗匹配分析，及时发现不匹配的情况。其次，根据职位分析结果对各个部门和职位序列进行人员供给和需求分析，洞察人员过剩或短缺的部门。再次，根据职位分析结果对关键职位人员进行工作负荷分析，发现超负荷和负荷不足的情况，以便提高人效。最后，根据职位分析结果，结合企业战略和业务需求进行人力资源需求分析，明确所需的任职者数量和任职资格要求。

(2) 招募与甄选。职位分析结果为空缺职位提供明确的职责和任务要求，同时也让用人部门为人力资源专业管理者提供明确信息。这样能够确保面试者在招募过程中了解选人标准，物色到合适人选。除此以外，还能够为空缺职位任职者进行画像，明确胜任力素质要求，确保对候选人的筛选更为准确。在企业层面，职位分析能够帮助企业制作合适的招募广告，为招募到精兵强将预热；更重要的是，能够为设计甄选测试提供依据，提升甄选结果的精准度和匹配度。

(3) 培训与开发。在本章的引导案例中，华为任职资格管理实践表明职位分析有助于企业确定员工上岗所需要的能力、态度和经验等方面的要求。同时也能提供“梯子”和“镜子”，帮助员工更好地实现职位发展。比如在管理序列，职位分析为级别的划分和标准的制定打下良好基础。有可靠的基础支撑，员工通过“照镜子”，自我驱动达成公司对自己的资格要求和能力要求。另外，公司通过提供公开的、定期的和透明的专业“梯子”，把好用人关。在员工考核、提拔、劝退、转岗的过程中，企业人事决策能够更为客观和可靠。

（4）绩效管理。职位分析首先明确职位职责，即每个职位具体承担什么职责，一般为5～7项，每一项都需要描述清楚。接着要明确任职资格，即对任职者的能力、经验和态度等方面的要求。在此基础上提供清晰化的绩效标准。描述清楚每个职位后，需要明确绩效标准，并使其成为员工日常行动指南。基于职位职责和绩效标准的绩效目标，为管理者辅导下属工作提供了依据。管理者能够有的放矢地辅导员工履行职责，保证取得绩效。

（5）薪酬管理。在职位分析的基础上进行职位评估，企业就能够确定职位的付酬影响因素。人力资源部门通过对每个因素打分，梳理企业的薪酬等级系统，辅助公司薪酬委员会设计薪酬结构和薪酬政策，以便吸引、保留员工和调动员工积极性。

3.2　职位设计和职位丰富化

3.2.1　职位设计概述

随着时代进步和技术发展，人和企业的关系也在发生变化。20 世纪 60 年代工业心理学家通过观察知识型员工的需求，发现对此类员工起激励作用的因素源自任职者对职位的态度。赫茨伯格（Herzberg）提出了著名的双因素理论，认为对员工起激励作用的因素源自人的自主性、对工作价值的认知以及工作带来的价值感等。1975 年，理查德·哈克曼（Richard Hackman）和格雷格·奥德海姆（Greg Oldham）提出了工作特征模型（job characteristics model，JCM），见图 3－4。

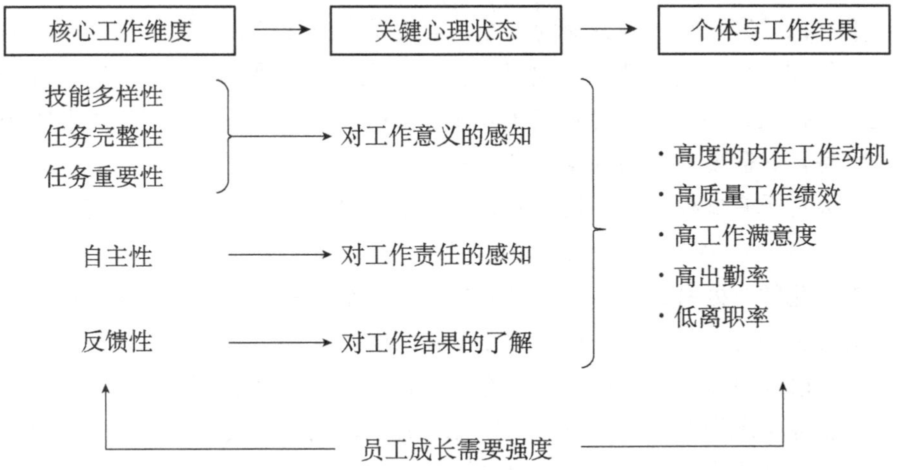

图 3－4　工作特征模型

至此，职位设计方法呼之欲出。职位设计强调从技能多样性、任务完整性、任务重要性、自主性和反馈性五个方面对职位进行描述和刻画。技能多样性指任职者在完成工作任务时运用多种技能的程度；任务完整性指任职者从头到尾完成一项工作的完整程度；任务重要性指任职者在完成工作任务过程中对他人产生影响的程度；自主性指任职者在多大程度上能够自行决策；反馈性指任职者能够通过工作获得自身工作效果、评价的信息的程度。更重要的是，这五种职位特征能够有效影响任职者的三种关键心理状态：对工作意义的感知、对工作责任的感知和对工作结果的了解。这些组合在一起决定了一个职位的激励性潜能和功能。当职位的核心特征非常显著时，任职者就会受到较高水平的工作激励，从而产生更高的工作质量和工作满意度，并提高出勤率和降低离职率。

本书认为职位设计是为了实现企业目标并综合考虑人和工作的关系，基于企业与任职者需求对职位的职责任务以及职位关系等进行的系统研究。职位设计与职位分析关系密切。职位分析主要是对任职者当前从事的工作进行研究，界定职位的职责和任职者资格。职位设计则关注工作的扩大化和丰富化，尤其关心工作对员工的心理作用和激励作用。职位分析是职位设计的基础和前提，职位设计是对职位分析的丰富和延伸，两者相辅相成，一方面帮助管理者做到对“事”的秩序的把握，另一方面帮助管理者洞察“人”尤其是知识工作者的需求。更重要的是，管理者可以通过职位分析和职位设计，更好地做到动态人岗匹配，既提高员工效率和满意度，又提高企业生产率。

3.2.2 职位设计的方法

1. 职位扩大化

随着工具、技术的不断进步，以及组织结构扁平化的趋势，职位扩大化（job enlargement）被引入企业的职位设计。职位扩大化指的是在保持职位原有职责不变的前提下，新增其他相关职责实现员工工作内容的扩大化。职位扩大化不同于职位升迁，它通常是在员工原有职位的基础上增加相应职责，包括但不限于以下几方面：第一是功能的扩大，即在员工现有职责范围内，增加某些相关工作。例如，负责销售的员工被要求增加市场推广以及客户维护等方面的工作。第二是企业性扩大，即将员工原有的部分工作与其他工作相结合。例如部门间项目合作时，员工需要承担更多的协调和沟通工作。第三是流程性扩大，即将员工的职能在流程中扩展。例如，巧克力生产线上的操作员既需要操作设备，又需要对产品的质量进行检测。

职位扩大化既有好处也有坏处，需要根据企业内部的情况和员工的实际需求来具体分析。

职位扩大化的好处有：第一，可能提高员工工作满意度。通过扩大职责范围，让员工更有成就感和动力，从而提高员工的工作满意度。第二，优化工作效率。职位扩大化让员工能够接触到更多的工作任务和技能，提高员工的综合素质和效率，也让员工能够更好地适应企业发展和变化。第三，减少管理成本。职位扩大化可以通过减少管理层级来降低企业的管理成本，从而达到优化组织架构和提高效率的目的。

职位扩大化也有不利的一面，主要体现为：首先是加重员工负担。职位扩大化可能让员工的工作变得复杂多样，加重员工的工作量，产生负面效应。其次是职位失去专业性。因为员工在处理多样性的工作时可能无法掌握相关领域的全部专业知识，可能无法达到原有专业职位的标准。最后是管理难度增加。职位扩大化可能要求企业的人力资源部门从多个方面考虑员工的发展和绩效评估等问题。

综上所述，职位扩大化能够增加员工的工作经验和提高技能水平，提高员工的工作满意度，但潜在的问题不容忽视。企业应该根据自身情况，利用职位扩大化的好处并避免其坏处，做到对企业和员工都有利。

2. 职位丰富化

职位丰富化是指为适应战略和环境变化，通过增加职位的责任和自主权，改进工作的内容和方法，使得原本重复单调的工作变得更富挑战性和多样性，从而提高员工的工作参与度、工作满意度和生产效率，使其发挥更大潜能。

职位丰富化的方法包括以下几个方面：第一，拓宽工作职责。通过增加或扩大工作职责使员工能够承担更多的任务和责任，增强员工职业发展的潜力。第二，增加工作任务。通过增加工作任务数量和复杂度来提供挑战和自我发展的机会，增强员工的能力和动力。第三，改变工作方式。通过改变工作方式，如使用新的技术和步骤来优化工作流程和提高效率，使员工有更强的能力和更大的自主性。

职位丰富化的好处表现为：首先能够提高员工的能力。职位丰富化可以让员工接触到更多的知识和技能，使其强化能力从而作出更大贡献。其次能够提高员工的工作满意度。丰富的工作内容让员工感觉到更有归属感和荣誉感，从而增强工作满意度。最后有助于增强员工的工作动力。通过提供更多的职业发展机会，员工感到有更大的成长空间，从而更有动力做好工作。

职位丰富化的不利表现为：首先，过度丰富化会让员工感到工作量过大、心理压力过大等，反而降低工作积极性和动力。其次，职位丰富化会提高成本并消耗更多的资源。技能提升所需的培训需要成本和时间投入，这会增加公司的开支并影响资源分配。

3. 其他激励性职位设计方法

（1）职位轮换（或轮岗）。这种方法是指在一段时间后将员工轮换到其他职位，使其能够掌握更多技能，能够胜任更多职位的工作。职位轮换具有丰富工作内容，帮助员工更深入理解自身工作与其他部门、职位的关系，降低离职率等优点；但同样也存在增加培训成本、增加管理难度等缺点。因此，职位轮换要充分研判职位的性质，有些职位并不适合经常调动。同时也要注意轮换的时机、频率以及充分考虑员工个人意愿。

（2）组建工作团队。职位丰富化不仅仅局限于单个职位，也可以扩大到一个团队，赋予团队局部的决策权，团队成员有权安排工作日程、决定团队其他成员、决定奖金分配等，通过团队工作的方式来提高员工工作的积极性。

（3）灵活的工作时间和工作方式。很多企业采用这种方式激发员工的积极性。灵活的工作时间意味着员工有一定选择和支配自己工作时间的权力，具体包括压缩每周工作时间、弹性工作制、非全时工作制等。灵活的工作方式包括远程办公、职位分享等。远程办公给予了员工更大的灵活性，能够更好满足平衡工作和生活的需要。技术的发展使远程办公现在可以在更多企业中实现。职位分享是一种让从事非全日制工作的员工共同承担同一职位工作任务的工作方式，这种方式能够让更多无法全职工作的优秀员工回归职场，为企业创造价值。

3.3 胜任力素质模型

3.3.1 胜任力素质模型概述

1. 胜任力素质的起源

1973 年，心理学家戴维·麦克利兰（David C. McClelland）在《美国心理学家》杂志上发表文章，明确指出应“为胜任力而非智力进行测验”。胜任力素质是能“区分在特定工作职位和企业环境中绩效水平的个人特征”。胜任力要素是那些与工作或工作绩效直接相关的知识、技能、社会角色、自我认知、个性、价值观和动机等的组合。这些要素组合在一起，能够比较好地预测员工工作绩效的差异。

经过典型行为访谈，麦克利兰在比较绩效优异外交官和绩效平平外交官的绩效差异时发现，智商和受教育程度这些显性因素不能解释绩效差异，而如角色知觉、态度、个性和价值观等隐性因素能够解释员工间的绩效差异。他发现跨文化人际敏感性（即深入了解不同文化，准确理解不同文化背景下他人的言行，并明确自身文化背景导致的思维定势）、对他人的积极期望（即尊重他人的尊严和价值，即使在压力下也能保持对他人的积极期望）、快速进入当地政治网络（即迅速了解当地人际关系网络和相关人员政治倾向的能力）是影响绩效差异的三大因素。这些隐性因素正是冰山隐藏在水面下需要挖掘的深层次特征。

2. 胜任力素质的内涵

1982 年，鲍伊兹（Boyatzis）在《胜任的经理人》一书中将胜任力素质定义为“个人具有的潜在特征”。这些潜在特征使任职者产出优异的绩效。胜任力素质作为人潜在的特征，表现为动机、个性、技能、自我意识、社会角色及系统的知识等。1993 年，斯宾塞（Spencer）等指出胜任力素质是指“能将某一职位中的卓越成就者与表现平平者区分开来的个人深层次特征，它可以是动机、特质、自我形象、态度或价值观、某领域知识、认知或行为技能——任何可以被可靠测量或计数的并且能显著区分优秀与一般绩效的个体的特征”。胜任力素质模型是指担任某一特定任务角色时，任职者需要具备的胜任力素质的总和。合益咨询公司认为胜任力素质是在既定的工作、任务、企业或文化中区分绩效水平的个人特征。

本书认为胜任力素质是动机、态度、个性、角色知觉、知识、阅历等要件的组合；是能够被观察和测量并区分绩效优异者和绩效平平者的个人特征。胜任力素质模型是指承担特定职位角色时所应具备的胜任力素质总和。

3. 胜任力素质的细分

（1）两类胜任力素质。企业可以将胜任力素质划分为两类：核心或通用胜任力素质（core competency）和具体或专业胜任力素质（specific competency）。前者指的是公司特有的但适用于所有员工的特质，和公司战略目标、业务特点有关，比如团队合作、冒险、主动性、灵活性、速度、求知欲、守纪律、客户导向等。后者指的是与职位和具体工作相关的能力素质，如专业知识、技能、经验等。

(2) 麦克利兰胜任力素质模板。麦克利兰和他的团队创建出胜任力素质模板（见表 3-4），共包含 20 项胜任力素质。这一模板被后续研究者和咨询机构广泛参考和使用。

表 3-4　麦克利兰的胜任力素质模板

成就特征：成就欲、主动性、关注秩序和质量 助人/服务特征：人际洞察力、客户服务意识 影响特征：个人影响力、企业意识、公关能力 管理特征：指挥、团队协作、开发其他人、团队领导 认知特征：专长、分析/逻辑思维、概括思维、信息搜集 个人特征：自信、自我控制、灵活性、企业承诺

对于模板中的每一项胜任力素质，研究者们基于大量的样本研究，给出定义和分等级的行为描述。以“开发其他人”为例，其定义和分等级的行为描述见表 3-5。

表 3-5　胜任力素质描述举例

胜任力素质要素：开发其他人 定义：辅导或鼓励一个或多个人的学习和发展的真正意图和行动。 **分等级的行为描述：** −1：反作用。表达老套或个人的消极预期，对下属、学生或客户不满。 0：不适用。不作出开发他人的明确努力。 1：表达对他人的积极预期。对他人的能力和潜力作出肯定评价，即使在困难的情况下也如此，相信他人愿意也能够学习。 3：讲明原因或给予其他支持。给予指导或演示，讲明原因或道理作为培训策略的一部分；给予实际的支持或协助，以使工作更简单。 5：安慰与鼓励。在他人遭受挫折时给予安慰，针对业绩而不是个人给出消极反馈，对其将来业绩表达肯定的预期，或给予个人改进性建议，将困难的任务分成几个部分，或使用其他策略。 7：创立新的辅导、培训方式。确认培训或开发的需求，或建立项目并收集新材料以适应需求，有效地设计培训或开发方法，传授成功经验，以便于他人学习或建立信心。 9：对好的业绩进行奖励。提拔有能力的下属以奖励其成功的开发工作，或对良好的业绩给予其他奖励。

在将麦克利兰的胜任力素质模板用于研究和管理实践时，不能机械照搬，而需要根据实际情况灵活运用。该模板具有通用性，但同时不可避免地缺乏特殊性和精确性。一些胜任力素质可能与某些具体的工作相关性不强。因此，在建立胜任力素质模型时，应针对企业的具体情况和职位的特征对模板进行修订、增删以及重新组合，以符合企业的实际需要。

(3) 胜任力素质冰山模型。胜任力素质冰山模型是斯潘塞夫妇于 1993 年提出来的。他们认为胜任力素质包含六个方面的内容，即知识、技能、社会角色（角色知觉）、自我概念、个性特征和动机，它们构成一个有机的体系，见图 3-5。水面上的知识和技能较容易观察到，可以被培训，属于基本胜任力素质（threshold competency）。水面下的内容包括社会角色、自我概念、个性特征和动机则是隐性的，难以通过简单的培训来改善。其中个性特征和动机更是难以被外部因素改变。这些因素被称为区分性胜任力素质（differentiating competency）。区分性胜任力素质也是区分绩效优秀者和绩效平平者的关键素质。

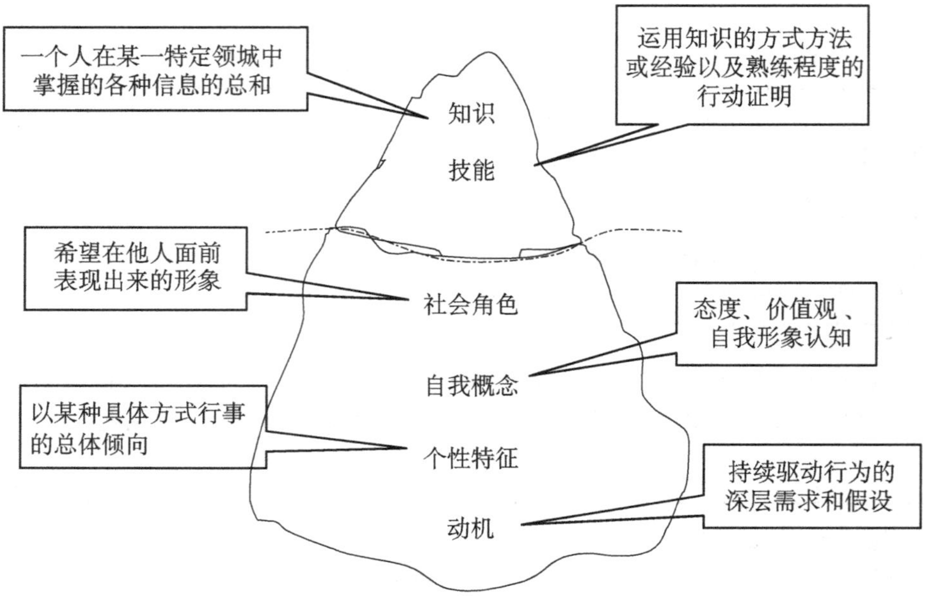

图 3-5　胜任力素质冰山模型

3.3.2　胜任力素质模型的构建

1. 模型构建的阶段

胜任力素质模型的构建通常包含以下几个关键阶段：准备阶段、开发阶段和验证阶段。

（1）准备阶段。这一阶段的主要任务有四个：一是成立项目组。项目组通常由企业领导、专家、人力资源部门专业人员以及相关职位任职者等组成。项目组需要统一思想，明确项目的目标、程序方法、经费、结果应用、职责分工以及配套机制等内容，并制订详细的工作计划。二是对企业的战略、组织能力、文化等进行研究分析，明确构建胜任力素质模型的底层逻辑和关键依据。三是选定研究的目标职位并明确绩效标准。不同类型的胜任力素质模型涉及的职位会有所不同，需根据开发目的选择合适的目标职位。明确绩效标准，需要制定客观的标准和规则以确定目标职位中优秀、有效的行为。四是选择研究样本。根据绩效标准可将员工分为两组：一组为绩优人员，一组为具备胜任力素质但绩效平平的人员，随机抽取一定数量进行调查。

（2）开发阶段。这一阶段的主要任务是收集、分析信息并建立初步模型。在信息收集方面，一般会采用行为事件访谈法或综合评估方法。行为事件访谈法采用对任职者进行结构化访谈的方式，通过要求任职者详细描述工作情境中的若干关键事件（成功或负面）来识别达成高绩效的胜任力素质有哪些。由于行为事件访谈法对访谈者要求较高，耗时较长，甚至对于某些职位来说，企业内部绩优的人数并不是很多，很多企业采取综合评价法，综合文献分析、问卷调查、标杆参照等多种方法来获取胜任力素质信息。在收集了有关胜任力素质的原始信息后，采用统计分析等方法，根据各种胜任力素质要素出现的频次及重要程度进行初步筛选、归类和排序，由此初步建立包含胜任力素质要素、要素定义、级别划分及分等级行为特征描述的胜任力素质模型。

（3）验证阶段。在初步建立胜任力素质模型后还需对其进行验证，可采用如下方式进行：可以将初步建立的模型反馈至相关职位人员，共同讨论验证模型的有效性，同时参与者可以更加深入地了解模型的细节，以利于胜任力素质模型的后续推广；通过选取第二个效标样本，再次收集信息，分析已有模型能否区分第二个效标样本；根据现有模型对相关人员进行培训，考察他们在日后的工作中是否表现更出色等。通过多种方式验证后，对初步建立的模型进行修正、完善，形成最终的胜任力素质模型。

2. 模型构建的方法

胜任力素质模型构建的方法主要有三种：一是归纳法，借助访谈等方式获取一手资料，通过对资料的分析、编码和整理，最终总结出胜任力素质模型；二是推导法，根据企业战略需要分析企业核心能力，进而推导出企业的胜任力素质模型；三是引用修订法，通过引用行业标杆实践并结合企业实际进行修改完善，形成企业的胜任力素质模型。下面详细介绍一种常用的归纳法。

行为事件访谈法（behavioral event interview，BEI）属于归纳法，由麦克利兰开发，是构建胜任力素质模型最常用的方法之一，通过对绩优员工和一般员工的访谈，获取与高绩效有关的胜任力素质信息。这种方法通过被访者对其职业生涯中关键事件的详尽描述，挖掘事件中表现出来的素质，特别是隐藏在水面下的隐性要素。该方法不仅描述了行为的结果，也说明了行为产生的动机、个性特征、自我概念等隐性特征，还可以提供与职位相关的具体事件全景。这种方法虽然比较严谨有效，但也存在耗时长、对访谈者要求高等缺点。行为事件访谈法的基本操作步骤如下：

（1）访谈准备。访谈前需做好充分准备，借助职位说明书等工具事先了解被访者的背景情况，准备好访谈提纲，安排地点并配置相应设备和工具。

（2）访谈内容介绍说明。在访谈前进行详尽的介绍，特别是访谈的目的及形式、访谈信息的用途以及保密承诺等，目的在于与被访者建立互信友好的关系，保证信息的全面真实性。

（3）梳理工作职责，进行事件访谈。访谈内容应主要集中于被访者当前的工作经历，了解其实际工作内容。访谈者需引导被访者将重点放在特定工作行为上，论述实际做了什么而非假设性的回答或想法，也需要避免抽象回答。事件的数量不宜过多，以 4～6 个为宜。为了保证事件叙述的完整深入，一般采用 STAR 模型。STAR 模型代表 situation（情境）、task（任务）、action（行动）和 result（结果），是一种访谈回答技巧，用于回答与工作经验相关的问题。具体来说，首先，描述情境和刻画特定工作场景或挑战，让访谈者了解被访者遇到的具体情况。接下来，被访者说明完成什么任务或解决什么问题，以便实现目标。然后，详细介绍完成任务或解决问题应采取的具体行动，并说明如何应对和克服任何障碍。最后，强调什么行动带来什么具体的结果，以及这些结果如何帮助达成目标。

使用STAR模型的优点在于，它使得被访者提供清晰、简明的回答，并展示出在具体情况下如何应对问题。被访者通过为每个阶段提供足够的细节，根据自己的经验提供有说服力的回答，向访谈者展示其适应能力和解决问题的能力。

(4) 提炼与描述相关胜任力素质特征。这一步骤的目的在于通过对被访者从事工作所需胜任力素质的总结归纳与直接询问，获得被访者最直接的反馈，由此也可以引发被访者更多的思考，对之前的关键事件进行补充。

(5) 系统整理与分析资料。通过对职位职责的梳理，对行为事件的梳理、描述，总结提炼出任职者应具备的胜任力素质，并附上各项胜任力素质的行为示例，编制“胜任力素质字典”(见表3-6)。

表3-6 中层干部的胜任力素质字典（部分）

8. 敬业	工作中表现出强烈的事业心和责任感，满怀热情地投入自己的工作
认真负责	对待工作认真负责，一丝不苟，精益求精
热爱工作	热爱自己的工作，在工作中充满活力和热情
专注投入	全神贯注于工作中，因为投入工作而忘记了时间的流逝和周围的事物
尽心尽力	看重自己工作的意义和价值，因而尽心尽力
行为范例	为了有一个安静的环境来思考和撰写重要的工作报告，我在同事下班后独自留在办公室，常常连续几天工作到深夜
	在撰写一些重要的公司文件和报告的时候，由于自己长时间的投入往往会出现自我审视疲劳，为了避免在正式文件中出错，每次我都请求别人来帮着逐字逐句检查
	去年的时候，为了解决客户投诉，需要新建基站。在建最后一个基站时，得先在铁塔的10米段处搭一个平台，任务很急。我和同事之前都没上过铁塔并且也没接触过新设备。冬天夜里，刮着大风，我们紧抱着铁塔，特别冷，一直坚持着，搭好平台已经是12点了，但为了及时解决客户投诉，第一时间完成任务，我们都坚持装好再回去。最后设备开通时已经是凌晨2点，人都快冻僵了，但是现在想想特别有成就感。
	有一次省公司派项目组到我们公司做审计，费尽周折，连着几个周末都基本没有休息。因为老家在县里，好长时间没有回家了，中间有一个周六我刚到家主任就打来了电话，我就急急忙忙回来了，和主任继续应对审计的事情
	在做“平安卡”市场调研的时候，正值夏天，非常热，我们骑着自行车，带着小礼物到火车站等出租车密集的地方找司机们做调研。和司机说话的时候，汗如雨下，大家都特别辛苦，但都认真地完成了任务

3. 模型构建的注意事项

(1) 确定胜任力素质时，不仅要考虑任职者过去的成功失败经历，还要结合公司战略、业务发展和该职位的具体职责来确定所需的能力、技能和素质等方面的胜任力素质。

(2) 一个职位的胜任力素质要素的数量需要控制在适当范围内，不宜过多。“二八定律”也是适用于这一场景的。在胜任力模型构建过程中，分析者需要识别出对职位绩效影响最大的20%的关键要素。在具体实施过程中，可以通过行为事件访谈以及专家小组讨论，按照“二八法则”对多个胜任力要素进行提炼和识别，以明确关键胜任力要素和通用胜任力要素的数量。此外，依据“7±2法则”，企业可将职位的关键胜任力素质控制在5～9个。

(3) 胜任力素质需要得到决策层的认同和支持，这样才能真正地应用于人力资源管理的各个环节。

(4) 胜任力素质标准要让全体员工都知晓，可以通过培训、宣传等方式让员工了解企业各个职位所需的胜任力素质。

(5) 胜任力素质不仅要建立，更要应用，并且要整合到人力资源管理的全部模块中，实现一致性和统一性。

(6) 胜任力素质需要根据企业的外部环境、战略、业务、企业、流程、职位等相关因素的变化进行动态调整，确保其始终符合企业的实际需求。

3.3.3 胜任力素质模型的应用

1. 任职资格体系

在任职资格认证方面，胜任力素质模型可以用来确定任职者是否具备完成某项工作所需的必要技能和知识。具体而言，在任职资格认证中，胜任力素质模型通常会被用来完成以下任务：

(1) 确定职位要求：首先需要明确该职位所需的具体技能和知识。这些要求可以通过参考已有的工作描述或与业内专家讨论来确定。

(2) 建立能力模型：基于职位要求，建立该职位所需的能力模型。具体来说，就是将职位要求转化为一系列能力领域，并为每个领域定义相关的技能和行为要求。

(3) 评估候选人：在资格认证时，使用能力模型对候选人进行评估。通常采用面试、问卷调查和观察实际工作表现等方式获得候选人的信息，并结合能力模型来评估其是否符合职位要求。

例如，华为任职资格体系包括技术任职资格、营销任职资格、专业任职资格和管理任职资格序列。每个序列分为六级，每级又分为四等：职业等、普通等、基础等、预备等。任职资格等级是职位聘用的重要依据，据此聘用有资格的人员上岗。比如，新员工培训后需获得“预备等”资格方能上岗，上岗三个月后需获得“基础等”资格，否则要重新接受培训。

2. 人员盘点

在人员盘点中，胜任力素质模型可以用来确定各个职位的胜任标准和建立每个职位所需的能力模型，通常和其他管理工具综合运用。

(1) 确定职位要求：首先需要明确各个职位的具体技能、知识和行为要求，明确各个职位的胜任标准和行为定义、范例。这些要求可以通过参考已有的工作描述或与业内专家讨论来确定。

(2) 建立能力模型：基于职位要求，建立该职位所需的能力模型，将职位要求转化为一系列能力领域，并为每个领域定义相关的技能和行为要求。

（3）评估现有任职者：根据能力模型，使用360度评估、270度评估、180度评估等方式对现有任职者进行评估，确定他们的胜任程度和发展方向。同时，也要考虑历史业绩等因素，确保评估的全面性。

（4）分类、分级和制订发展计划：根据评估结果，将人员分类、分级，并制订针对性的发展计划。还可以帮助选择不同的人员管理措施，如培训、晋升或调整等。

总之，胜任力素质模型可以帮助企业更加科学地进行人员盘点，从而确定各个职位的胜任力素质标准和建立能力模型。通过对现有任职者的评估，确定其胜任力水平和发展方向。在制订发展计划时，也可以充分利用胜任力素质模型，针对不同的能力领域提供具体的行动计划，从而更好地促进人员的成长和发展。

3. 招募与甄选

在实践中，胜任力素质模型也可以应用于招募与甄选的不同环节：

（1）确定胜任力素质：通过分析和描述工作职位所需的胜任力素质来确定招募和选拔候选人的标准。这包括专业知识、技能、沟通能力、团队合作、领导能力、适应性等方面。

（2）应聘者筛选：根据确定的胜任力素质标准，筛选应聘者的简历和申请材料。

（3）面试：对通过初步筛选的候选人进行面试，面试可以采取不同形式，如行为事件访谈法、企业情境面试等。在面试过程中考察其相应的胜任力素质。

（4）评估：对每个候选人的表现进行评估，分析其是否具备所需的胜任力素质。这可以借助一些评估工具，如问卷、测试、标杆对照等。

（5）决策：权衡选择最符合胜任力素质标准的候选人。

总之，在招募和甄选中运用胜任力素质模型，能够帮助招募者更全面地了解候选人的背景、技能和态度，尤其是动力和个性等，有利于为目标职位物色到最佳人选。因此，胜任力素质模型的使用能大大提升人岗匹配度。

4. 培训与开发

在培训管理中，管理主体通过对照受训员工应该具备的胜任力素质，分析受训员工的不足之处。与此同时，还能将绩优员工的优秀特征提炼出来，形成培训内容，使得培训更有针对性。在员工职业发展上，有助于把人员安排到与其胜任力素质匹配的职位上，做到人岗匹配。具体应用如下：

（1）识别关键胜任力素质：通过分析和描述员工所需的胜任力素质来确定员工的发展需求和职业发展路径。这些素质可以包括专业知识、技能、沟通能力、团队合作能力、领导能力、适应性等。

（2）回顾员工表现：评估员工的表现，确定其当前的胜任力素质水平以及需要改进或加强的方面。

（3）制订培训计划：基于关键胜任力素质标准和员工的表现反馈，制订个性化的培训计划，旨在提高员工的胜任力素质水平和明确职业发展方向。

（4）实施培训：根据制订的计划为员工提供相关培训和发展机会。这可能包括内部培训、在线课程、会议、研讨会和外部培训等。

（5）跟踪和评估：跟踪员工的培训和发展进度，并在需要时进行调整。定期评估员工的表现，了解他们是否已经达到目标胜任力素质水平。

5. 其他方面的应用

除了上面介绍的应用场景，胜任力素质模型还可以和职位分析及职位评估有机结合，运用于长期人才储备等方面。比如通过衡量员工是否达到企业胜任力素质模型设定的标准，评估其是否有做管理者的潜能。在数字经济条件下，知识型员工的管理更注重人的潜能和复杂任务的处理，胜任力素质模型作为管理手段之一，有利于企业建立更为柔性和以人为中心的人力资源管理体系，从而在企业战略引领下促进企业目标的实现。

本章小结

职位分析是企业用系统化的方法，观察描述和刻画职位职责和任职者条件要求的过程。职位分析的基础逻辑是以事为中心，并需要和企业战略及人力资源管理战略有机结合。职位分析的成果是职位说明书和职位规范书。职位分析是其他人力资源管理活动的基础，有利于管理者做好人岗匹配并提升员工工作效率。

随着技术进步和人才在企业竞争中的作用越来越大，以事为中心的职位分析方法需要与以人为中心的管理方法相结合。职位设计、胜任力素质模型等以人为中心的管理技术应运而生。将以事为中心和以人为中心进行有机结合，是管理者在职位管理过程中要关注的。

关键术语

职位	职位分析	职位说明书	职位规范书
职位分析方法	职位设计	职位丰富化	胜任力素质模型

思考题

1. 什么是职位分析？职位分析的成果是什么？
2. 职位分析的方法有哪些？
3. 什么是职位设计？其主要作用是什么？
4. 什么是胜任力素质模型？它产生的时代背景是什么？
5. 请说明胜任力素质模型的内容和作用。
6. 职位分析和胜任力素质模型有什么联系？
7. 为什么职位分析和胜任力素质模型是人力资源管理的基础？
8. 结合本章所学，了解你自己的胜任力素质。考虑你想要寻找的第一份工作，你应该如何提升自己的胜任力？

讨论案例

A 公司干部胜任力素质标准的建立

1. 公司背景

A 公司是一家国有投资公司，主要负责扶持企业科技成果转化和推动产业发展。公司处在一线城市B市。在地方政府的布局中，企业的主要任务一方面是促进科研成果的转化，另一方面是为市里的“智造”型企业提供金融服务和支持。作为国有企业，A公司一方面要做好规定动作，即遵从国家和政府法律法规的要求，做好国有资产保值增值；另一方面要做好自选动作，即主动求变，通过创新和管理进一步提升效率和履行社会责任。

2. 人力资源管理：从小到大的发展过程

A公司成立于2009年，最初仅有50多名员工。在公司成立之初，萧某作为人力资源管理的新兵加入了公司。那时候的人力资源管理工作很简单，就是人事管理，如员工合同管理、人事流转管理等事务性工作。

2013年，经过4年的快速发展，公司规模扩大，先后又创立了3家子公司，员工达到了200多人。这时候，公司成立了人力资源部门，并完成了人力资源管理职能的基本建设：建立起相对完整的薪酬、招募、培训体系。在这一过程中，萧某也成为人力资源部门的骨干，独当一面。2016年，由于公司战略正确，抓住了发展机遇，规模进一步扩大，产品和业务种类也增多，公司开始采用集团管理的方式。2018年，萧某晋升为公司人力资源部门一把手。

3. 梳理人力资源管理“痛点”

萧某和团队复盘了以前和现在人力资源管理的做法。他们发现现有人力资源管理原则、制度和做法已经很难支撑公司未来的发展，更谈不上发挥人力资源管理的主导作用了。他和同事们着手进行了几个月的调查研究，梳理出目前公司人力资源管理中的“痛点”：

(1)“唯绩效论”还可行吗？在公司长达十年的弯道超车和快速发展过程中，中层干部和骨干人才功不可没。过去，干部管理奉行“业绩为王”，干部中“孙悟空”较多，大多善于对外“攻山头”，但在带队伍和做管理方面较弱。随着公司规模的扩大、业务的多元化和形势的变化，公司的战略内容也悄然变化：一方面要履行国有企业的责任，另一方面需要为融资企业提供服务。这要求公司既对区域核心产业和价值链有深刻的理解，又具备出色的投资能力和风控能力。在目前形势下，企业急需能洞察、善管理、有忠诚、会学习的干部和骨干队伍。

基于这样的变化，萧某发现不能再沿用“唯业绩论”，公司需要建立更全面的干部管理制度，需要团队协作来推动发展。如何找到更好的方法，来建立有利于公司未来发展的干部队伍？

除此以外，公司上下对于骨干和人才的认识也不一致。另外，在人才招募时，主要考察招募人员的专业技能和求职意愿，而对人才的素质和价值观并不做考量。在绩效考核方面，对于业务人员采取KPI考核方式；对于职能人员则采取重点任务考核方式。考核指标都是基于目前的企业任务进行分解的。企业未来的发展重点并没有在考核指标中体现。在人才培养方面，也缺乏战略性的牵引，没有顶层设计，培养工作处于自发和事务性状态。

(2)“旧瓶”和“新酒”能否兼容？人才管理需要聚焦于企业战略。作为国有企业，A公司干部考核的标准就是“德能勤绩廉”。这也是上级部门对A公司的要求。这一要求在公司内部得到认可，因为大家沟通起来比较方便，每年考核的“套路”和时间也相对熟悉和稳定。

“德能勤绩廉”绩效考核模型比较全面地涵盖了人才评价的各个方面，既有主观的品德、工作态度，也有客观的工作成果和工作能力，并且体现了党和政府对于廉洁的特别强调。借助这一模型，可以对干部人才进行全面的评价，并且不受限于具体的工作领域、地区和级别，对干部管理、培养、任用起到了非常积极的作用。然而，这一模型也有局限性。首先，该模型的适用对象非常广泛，因此存在针对性不足的问题。其次，在这5个维度中，特质类的指标体系有4个，结果类的指标有1个。对于不同层级的管理者，人力资源部门经常也是使用同一套标准，这样就会导致一些不能用来直接比较的职位被强行进行比较，评估的效度和信度都会产生问题。再次，5个维度表面上看非常全面，但更具体的含义和内容不够清晰，在具体应用中需要进一步阐释。最后，该模型更倾向于人才的全面性，而中层人才需要对专业性和专业能力有一定的要求。目前的考核标准及做法并不能实现这一点。

如何实现传统的干部管理与现代人才管理的有机对接，赋予传统考核工具新的含义，降低沟通成本，使其更容易被企业接受，成为摆在萧某和人力资源部门面前的重要议题。如何在“旧瓶”里装上“新酒”？新的人才标准如何兼顾传统方法呢？

（3）该如何设计职业发展通道？人力资源部门通过调研发现，公司核心职位人才流失的问题不容小觑。这些职位的人才价值高，具有稀缺性，人力资本含量高，拥有更多的流动机会。

从行业劳动力市场来看，A公司的行业影响力、口碑、职业机会都是骨干人才的重要背书。其平台价值也吸引了名校毕业生和优秀职场人士。在对中层骨干人才流失的原因进行分析以后，萧某和同事发现，公司对骨干员工缺乏职业发展通道的设计和引流，骨干人才对晋升的预期很模糊。这种模糊和不透明是人才流失的重要原因。

4. 胜任力素质模型的引入

综合前期调研发现的种种问题以及团队对问题的分析，萧某和团队基于公司现状、人才特点、竞争情况，决定用胜任力素质模型对人力资源管理体系进行优化。

（1）明确思路，从试点做起。萧某决定以二级公司中的中层骨干为试点，建立健全一套适合本公司干部的胜任力素质模型。在向上级领导的汇报材料中，萧某介绍了这一人力资源管理革新工具的背景、原理、内涵和操作路径。公司总部对萧某和团队的建议非常认可，并敦促人力资源部门负责立项，开展公司干部胜任力素质模型的设计和构建，同时同意以新成立的二级公司中的中层骨干为试点，推动工作的开展。

在二级企业进行骨干人员招募选拔的时候，萧某和团队结合该公司的企业目标、职位职责和绩优员工的行为表现，和二级公司负责人讨论设计关键职位的胜任力素质模型。基于这样的指导思想，公司在干部选拔中既要考察候选人的任职资格、已有经历和教育背景这些“硬件”，还要关注候选人的“软件”，如抗压能力、角色意识和管理沟通能力等。除此以外，人力资源部门还结合了传统的“德能勤绩廉”绩效考核模型。萧某坚持把好入口关和岗前培训，使人员到岗后能够在较短的时间内站稳脚跟和取得绩效。二级公司的试点一旦成功，就可以总结模式，在其他二级公司进行推广。

（2）明确胜任力素质标准。A公司的组织能力主要包括政府立场、产业理解、投资能力和系统管理等，这些是支撑公司战略落地的保障。在此基础上，萧某和高层团队经过研讨勾勒出面向未来发展的二级公司中层干部职位的胜任力素质模型，包括以下5个维度：

对党忠诚：在具体胜任力素质标准中，应该注重德才兼备、以德为先、信念坚定、勤政务实、敢于担当、清正廉洁等要求，力争与国有企业领导干部评估语言体系相一致。

政府立场：理解开发区政府层面的管控理念；解读B市作为科技创新中心的使命；学习和理解国家层面的宏伟蓝图，以及做好示范区的落地。

产业理解：A公司和旗下子公司开展投资相关工作，目标是以投资、金融服务来支持开发区的重点产业发展。这就要求公司干部对开发区重点产业和产业链有深刻理解和把握。只有理解趋势，把握好产业发展的阶段、内涵、重点和风险，才有可能把握住公司的独特机会，规避风险，也才能够利用好金融手段、企业角色、投资杠杆，促进企业的发展。

投资能力：从A公司的业务性质来看，它是投资公司，具体的业务流程、商业模式都是投资型的。这就对公司中层骨干的技术能力尤其是投资能力有很高的要求。从能力建设来看，投资能力也是公司的独特价值所在。

系统管理：具体包括大局观和系统思维、战略部署落地能力、带领团队的能力和打胜仗的能力等。

基于以上分析，萧某和团队的思路越来越清晰。在胜任力素质模型的建立过程中，沿袭原有的“德勤绩廉”维度，但是在“能”方面对中层骨干人才采用新型的胜任力素质模型。这部分就成为目前公司进行干部制度改革的切入点。

5. 胜任力素质模型的应用

建立了胜任力素质模型以后，在公司领导的支持和人力资源部门的共同努力下，开始对干部进行培训。人力资源管理必须遵循“聚焦和配套”原则。聚焦指的是以企业战略为导向，找到人力资源管理的原则和方向；配套则是指不同人力资源管理制度和做法之间要有一致性。因此，以胜任力素质模型为管理基础，公司的绩效管理、培养开发和流动管理等都要进行相应的调整。基于调研结果，人力资源部门重点做了以下事情：

（1）绩效管理，结果和过程并重。A公司以往的干部绩效管理中，绩效考核是重点。绩效管理和考核的结果并没有用于干部的发展和培养过程中。胜任力素质模型建立起来以后，人力资源管理一方面能够帮助丰富和优化“德能勤”的内涵，并将它们与企业氛围、业务协同等挂钩；另一方面能够关注过程中的管理和沟通，尤其是做好绩效管理不同阶段的沟通工作，如评估前的协同沟通、评估中的控制和考核、评估后的反馈沟通。通过全程沟通和互动，骨干能够知晓企业的要求和发展现状，企业也能够盘点干部的动态和其工作过程中的节奏、困难，以便及时支持和督导，起到协同作用。此外，胜任力素质模型还帮助人力资源部门找到了区分骨干员工与一般员工的标准，能够为公司提供晋升的依据。

（2）开展干部轮岗。A公司干部轮岗的目标是人才保留和内部提拔。在具体路径上，既有培训计划，又有人才发展计划，还有职位轮换计划。一方面要考虑企业目标和实际发展需要，另一方面要注意职位间的联系、干部本人的意愿、不同部门的稳定程度等。

基于上述目标定位，轮岗的实施就是要结合企业情境，设计一系列管理活动，把轮岗嵌入整体规划。轮岗作为管理动作，一定要和后续的配套管理动作结合才有意义，如从轮岗人员中选拔一位后备管理者进行针对性培养，这就在轮岗之外强化其意义，使员工认识到这是企业对于人才导向的重大调整。再比如，轮岗中规定了管理人才的培养路径。那么专业人才序列也必须作出设计，至少要有明确的设想。只有在这种情况下，两条道路都建立起来，人才发展需求才能得到满足。

(3) 根据战略目标的变化，定期审查需要的组织能力。基于战略要求和组织能力要求，及时调整干部任用选拔、培训开发、流动审计等方面的工作。

资料来源：冯云霞，柯惠玲，王陈实，等. A 集团公司人力资源管理和胜任力模型建设. 中国人民大学商学院案例库，2019.

讨论题：

1. A 公司人力资源部门的定位是什么？
2. 在胜任力素质模型的建立过程中，A 公司采取了哪些主要措施？
3. A 公司原有的干部考核标准是如何和胜任力素质模型结合的？

第4章

招募与甄选管理

视其所以，观其所由，察其所安，人焉廋哉？人焉廋哉？

——《论语・为政》

引导案例

C公司招募首席运营官

在拜访客户以后，猎头公司负责人王某对C公司想要招募的首席运营官（COO）这一职位的职责和要求有了充分了解。王某还和C公司的CEO李总讨论了招募策略、靶子目标和需要的招募材料等。实际上，C公司招募这一职位已有很长时间了，一直没有成功。这次招募任务时间紧，意义重大。

王某和李总讨论完以后，就迅速做好分工。王某侧重于找人，并对物色的候选人进行访谈和研判。李总拥有丰富的制造业经验，在行业发展多年，人脉也广，同时以自己的方式寻找合适的人选。李总在领英（LinkedIn）上发布了一则广告。王某基于自己多年在招募领域摸爬滚打的经验，在较小众的招募渠道如福步外贸百科上发布了这一招募信息。

李总在领英上很快收到不少回复。一开始他非常高兴，但在浏览完这些信息以后，他意识到其中大部分人都是“盲投”（尽管他已经给出了非常详尽的职位描述）。这些候选人并不适合职位要求。实际上，李总几乎被700多份简历“淹没”了，他让公司内部负责招募的人花费了几周时间来筛选和缩小求职人员的范围，精选出更合适的人选，但是结果很不理想。

比较而言，王某精选出的候选人数量并不多，但大多都具备COO职位所需要的关键胜任力素质。王某接着很快找到较为匹配的候选人——丁先生。试用三个月以后，李总和他的团队对丁先生也很满意。王某圆满完成了这项招募任务。

王某具体的做法是：首先，在一个小众招募网站上发布了一则严谨准确又简明扼要的职位描述，定向邀请对这一职位感兴趣的候选人在平台上了解相关信息。该网站与其他社交网络不同，它是半开放的。候选人必须具备丰富的行业经验和一定的职务门槛才有资格登录该网站。一旦登录和入驻，候选人即使找到了工作依然会在此逗留。其次，在福步外贸百科上找出C公司所在行业的相关企业高管名单。基于C公司的背景和职位要求，王某将有效名单控制在10人左右，并直接向这10位高管发出邀请，同时，也给这些潜在候选人发出职位概述。最后，发邮件给这些潜在候选人，告诉他们职位价值和挑战是什么，他们的发展空间是什么。通过以上三个步骤，10名潜在候选人中有8位都给了王某回复并反馈了信息。王某向李总汇报以后，最后锁定了丁先生。李总和丁先生进行了恳谈和交流。最终，丁先生愉快入职C公司。

资料来源：邢艳平为本书撰写。

4.1　招募与甄选概述

4.1.1　招募与甄选的内涵和价值

1. 招募与甄选的内涵

招募指的是企业采取多种措施吸引求职者应聘空缺职位的过程。甄选是指企业采用特定方法对求职者进行评价，考察求职者是否和职位匹配，以实现人岗匹配的过程。在企业组织中，招募与甄选的内容通常和狭义的员工配置（staffing）相当。广义的员工配置则不仅包括员工招募和甄选，还包括员工在企业内的职位调整、轮岗、保留和退出等环节。在数字经济时代，企业员工配置议题更是需要上升到战略层面，从人才供应链的视角来研究。

不同企业有不同的员工招募与甄选方法。有的是主动型的，有的则是被动型的。主动型企业会在特定时间段，周期性地对企业战略进行回顾，并对战略性任务加以分解。以此为基础，对现有人员进行盘点，从数量、质量和结构等方面找出职位空缺，做好计划。同时，将新职位的招募与甄选工作和继任计划、人才培养计划、绩效管理等加以统筹，形成一盘棋。而被动型企业则不然，只是在企业人才流失较为严重的情况下，或者有空缺职位“等米下锅”时，才不得不作出反应。

2. 招募与甄选的关系

招募与甄选是一对既有联系又有区别的概念。二者的联系在于，一方面，有效的招募对于甄选来说至关重要，因为甄选的前提是要有足够多具有相应素质和能力的候选人。另一方面，即使招募工作效率高，若甄选水平低，那么最终选拔出来的候选人可能并非职位的合适人选，导致人岗匹配度低。企业的招募工作并非止步于甄选，它贯穿整个甄选过程，一直到合格的候选人入职为止。人力资源管理水平高的企业一般会将招募甄选工作融入业务管理过程，并和员工流动管理形成有机整体，激发员工动能和企业活力。

招募与甄选的差异包括：首先，二者目标不同。招募的目标是为企业或特定的职位吸引合适的求职者，说服其来应聘，并且在得到企业发出的面试通知时，愿意接受面试。甄选的目标是采用科学、有效且合法的方法，为企业或特定的职位挑选出最合适的候选人。其次，两类活动需要的知识和能力是不同的。专业的招募人员和专业的甄选人员并不一定是同一拨人。

但是，招募与甄选的最终目的是一致的，都是帮助企业建立健全和持续优化能力强的员工队伍，从而帮助企业战略落地和获得适应环境的能力。对于企业组织来说，招募、甄选是常规的职能工作，是创造价值的来源。

3. 招募与甄选的价值

对于企业来说，招募与甄选的价值如下：首先，这两项人力资源职能会直接影响企业人才的数量、质量和结构。一个企业是否重视人才和人才管理，关键就在于它在招募、甄选方面投入多少精力和资源。企业在战略引领下，采用合适的招募和甄选策略，才能获取态度端正和执行能力强的员工。其次，有序的招募和甄选活动能为企业中的不同业务板块提供人才供给，做到业务指向哪里，人才保障就抵达哪里。再次，有节奏和高质量的招募与甄选活动能够更好地服务于其他人力资源管理职能活动。通过聚焦战略，并和其他人力资源管理措施配套，招募、甄选有助于企业形成高绩效工作系统，保证战略的执行和落地。最后，在企业中，有效的招募与甄选活动是价值创造的源头。通过招募、甄选获得足够合格且认同企业文化的干部和员工，是企业创造价值的前提条件，这将和后续的价值评估、价值分配环节形成价值链条，为企业可持续发展打下基础。

4.1.2 招募与甄选的流程

招募和甄选是企业中正式的人力资源管理职能，目的在于确保业务部门用人需求能够得到及时和专业的响应。一般来讲，招募和甄选的完整流程有三个环节：招募人员、甄选人员和效果评估。

1. 招募人员

招募人员环节主要有三项任务：确定招募需求、制订招募计划和实施招募活动。

（1）确定招募需求。招募就是为企业的空缺职位吸引候选人的管理过程。首先，要梳理企业的用人需求；其次，要将空缺职位的职位说明书准备妥当；最后，负责招募的专业人员必须和企业内用人需求方确认“真实”的招募需求。

企业中不同类型的职位在招募的时候重点有所不同。对于通用类职位的招募，主要是与招募需求方确定职位分析的内容是否和用人需求的预期一致。必要时，负责招募的专业人员还要弄清楚是否需要对职位分析进行更新和升级。这里的关键是以职位为中心，确定待招募职位的职责、角色和任务，并分析候选人的能力和态度是否匹配。

相对而言，对于关键职位、新增职位或者探索类职位的招募，其用人标准往往和上述通用类职位有所不同。首先，这类职位很多时候仅有结构化的职位要求还不够，还需要负责招募的专业人员和用人部门的负责人反复沟通，切实了解需要解决的问题是什么、有哪些特征、如何对此进行刻画和描述，即弄清楚求职者加入企业或部门后需要解决什么问题。围绕问题的主要方面，在招募过程中不断探索，逐步完善这类职位接地气的、复合性的职位分析。然后以此为基础，确定用人标准和绩效目标，为求职者入职后做好充分的对接准备。

为新增职位或探索类职位招募候选人，对企业维持持续创新较为关键。在这种情况下，负责招募的专业人员在和用人部门确认需求时，需要注意以下事项。第一，和用人部门负责人做好沟通，澄清需求并确认。第二，研究企业所处的战略阶段，对探索类职位进行画像并寻求真实反馈。第三，如果用人部门的需求模糊不清，且没有相关职位的职责类文档，那么负责招募的专业人员需要发挥主观能动性，多渠道查找相关信息，并和用人部门的负责人商讨确认。

在数字经济时代，企业组织中需要招募的经常是探索类职位，要求任职者具有创新能力和开放包容的态度。在面向变化多端的市场和客户的时候，需要创造性地萃取问题、分析问题和解决问题。负责招募的专业人员不能形成“路径依赖”和想当然的工作习惯，而是要躬身入局，实事求是地洞察并把握好用人部门真实的用人需求，做好职位画像和分析，和用人部门负责人做好沟通、商定标准。只有这样，才能在新时代新形势下，遵从企业战略，做好招募这项既常规又创新的职能工作。

（2）制订招募计划。一般来讲，企业在制订招募计划的时候，需要考虑招募的范围、规模、渠道、时间以及预算等方面。

1）招募范围是指企业需要在什么范围内招募空缺职位的候选人。招募范围主要取决于企业的战略定位、职位本身的要求和所在地域的人才供给等。通常来讲，职位的要求越高，招募范围就越大。因为高级别职位的供给较少，企业只有扩大搜索范围才能找到合适的候选人。

2）招募规模是指企业根据用人需求数量确定的需要获得的合格候选人数量。通常情况下，企业会把招募和甄选分为多个阶段，在这个筛选过程中，候选人的范围一次一次缩小，像是一个多层漏斗。对于一些常见职位，这个多层漏斗各层之间的比例往往在一个固定的范围内，例如，发出 1 份有效的录用通知需要面试 3 个人，面试 3 个人就需要通知到 10 个人，通知 10 个人就需要搜寻到 50 个人。明确招募规模，能够确定候选人的人数，帮助企业预先配置资源，做好资源规划与配置，减少浪费。

3）招募渠道是指企业在招募空缺职位的候选人时设计的招募途径、招募方向或目标人群。对于企业而言，除了暂时不便于公开的招募职位，一般都会先在企业内部发布招募通知。这样做的理由是：一是为企业内部员工提供新的职位机会，员工可以通过职位升迁或轮岗，加深对企业的认识并增进对企业的认同。二是倡导内部员工推荐人选。内部推荐是运用现有员工的社交网络来帮助公司选择合适的求职者。内部推荐的好处不言而喻。内部员工对自己推荐的候选人较熟悉，再加上其对企业较了解，实现人岗匹配的概率较大。而且，内部员工出于对自己职业声誉的考虑，在推荐的时候也会关注推荐质量。

除了内部发布用人信息，企业也会通过外部渠道发布招募信息。目前在我国劳动力市场上，猎聘、脉脉等网站和 App 是运用较多的线上人力资源平台。这些专业的招募网站针对不同的用人需求会收取不同的费用。此外，还可以借助猎头和招募流程外包（recruitment process outsourcing，RPO）这样的渠道。根据企业的用人需求，这些渠道会在其人才库中或各自熟悉的网站上寻找合适的人选，以解决企业招募专业人手不足、资源与行业视角受限等问题。近年来，随着直播、短视频的广泛使用，对外招募的渠道变得更为丰富和立体。

4）招募时间是指企业整个招募活动需要的总时间。它也和招募活动不同阶段的时间、进度安排有关，在很多时候，又和招募时机或招募季节有关。如果企业组织用人需求很紧迫，招募时间就会很短。如果企业人力资源规划工作到位，那么招募的时机、时间安排就会从容，也能够提高招募质量。

5）招募预算是指企业预计为招募活动花费的费用总和。不同企业的招募预算和企业规模、对人力资源管理的重视程度等很多因素有关。如果招募预算多，企业能够选择的招募渠道便多一些，招募方式也可以更为多样化，可能提升招募效果。对于企业来说，选择效果好且费用较低的渠道是最为明智的，这就要求找对路子，做到针对性强。如在本章引导案例中，因为找到猎头，C 公司较为快速和高效地找到了合适的人选。

（3）实施招募活动。人力资源部门利用上一个阶段确定的渠道发布招募信息，收集求职者的简历，并为下一步的人员甄选做好准备。在这个环节，企业需要注意的是，无论通过对内还是对外的渠道发布招募需求，首先需要重视用人的合规性。比如在任职条件中，不要将民族、种族、性别、宗教信仰等列入。其次，招募需求要做到重点突出，但要注意不泄露企业的敏感保密信息。表 4-1 为企业对外发布的招募信息示例。

表 4-1　学习与发展负责人招募（示例）

岗位名称	学习与发展负责人
工作内容	该职位负责设计与实施 20%学习（指培训“721 法则”中的 20%向他人学习）、整合教练、每日教练、导师制度、评估工具、同侪学习，作为业务绩效加速器、领导力转型和人才发展的推动者。
职责	1. 支持 20%学习战略和路线图：作为 20%学习方式的大使，确保该学习方式与人才战略、影响力和商业效益的衡量以及市场层面的内部沟通保持一致。 2. 外部供应商管理：识别、校准和管理与供应商的关系，确保连续、一致、有效的供应商组合。 3. 教练能力建设：通过咨询、指导和持续给予教练的方式，全面提升组织的教练文化和能力。根据不同业务和职能的需求，支持教练框架和工具包的更新。实施教练相关的项目。 4. 每日教练：部署关于每日教练活动实施和评估的通用方法。负责在整个市场范围内部署整套的每日教练培训，包括课程交付和认证培训师的管理。让每日教练活动成为直线经理日常管理的有效工具。 5. 导师制度：有效管理导师需求，合理匹配导师和学员。全面管理导师项目的各个方面。持续创新、优化导师项目设计及具体内容，确保在行为改变和业务提升方面的良好作用。 6. 同侪学习：举办同侪咨询工作坊来进一步提高现有同侪学习者的能力。选拔女性领导者开展岗位项目活动，以提升能力并影响更多女性员工。 7. 评估工具：提供关于何时、何地以及如何使用评估工具的指导；推动多样化评估工具高质量使用；参与评估工具的设计来支持定制化的人才培养项目。

续表

关键经验要求	1. 具有商业敏锐度，将20%学习战略转化为符合业务战略和发展需求的能力。 2. 强化沟通和利益相关者管理，如HRBP、业务/职能部门人才发展人员等。 3. 具备外部教练认证和教练经验者优先。 4. 需要成功的网络或横向的项目管理经验。 5. 需要非常强的引导技能。 6. 需要优秀的口头和书面表达能力。

发布招募需求之后，各类渠道会反馈回来一些简历。目前各类网站已经将简历的结构标准化，能够满足各类企业对求职者信息的需求。一般来讲，企业中的通用类职位就是在这样的人才资源池中寻找候选人。对于已经建立了线上招募系统的企业来讲，筛选过程可以通过关键字匹配，或者通过对简历、职位描述的解析结果进行双向匹配，进行自动推荐。对于没有建立线上招募管理系统的企业，招募专家则需要在自己的人脉圈、各类渠道反馈的人才简历中根据职位需求自行筛选。

对于关键职位或者新增职位，劳动力市场供给较少，企业一般很难通过通用类职位适用的渠道找到有效资源。在这些情况下，企业需要开展线下寻访。线下寻访是难度系数较高的招募方法。线下寻访有以下三个关键步骤：第一步是与细分专业圈的中间人取得联系和建立关系，并持续打造自身专业招募专家的形象。第二步是取得中间人的信任，形成稳定的人选推荐关系。第三步是找到合适的人选充实企业的人才队伍。

通过传统渠道和线下寻访，企业和人力资源管理部门能够找到足够人选，接下来就是招募负责人与用人需求部门一起参与人员甄选过程。

2. 甄选人员

在人员甄选环节，企业要有其他专业人员来规范流程、设计题目的形式和内容、培训考官、设计机制减少考官间评分偏差等，以保证甄选结果的质量。甄选流程涵盖以下环节：审查求职申请表或求职简历、甄选测评和面试、背景调查与体检以及发放录用通知。

(1) 审查求职申请表或求职简历。甄选专家需要按照企业的招募需求和标准对候选人简历进行审查，筛选出初步符合要求的求职者简历。在这个过程中，一方面需要将简历中与招募需求契合的人和信息识别出来，以进入后续甄选过程加以确认。另一方面，需要将明显不符合招募要求的候选人剔除，减少工作量，并为企业降低用人风险。

随着数字化与人工智能技术的普及，已有越来越多的企业运用简历解析技术，智能化地将求职者简历中的关键信息与招募需求进行匹配，提高企业简历审查的效率。

(2) 甄选测评和面试。简历筛选以后，企业需要对候选人进行一次或多次测评和面试，使用人部门进一步了解求职者在知识、技能、态度或素质等方面是否与招募需求相匹配。这一环节可以使用的测评形式有：技能考试、人格测评、职业导向测评等。如果是对管理职位的候选人进行甄选，则可以采用无领导小组讨论、评估中心、角色模拟等方法。其中比较通用的方式是面试，面试官和求职者之间面对面沟通，直观判断求职者能否匹配职位要求。在一些头部企业，求职者经常会经历四五轮面试，才会得到入职邀请。甄选测评的方法技术在本章后面会有阐述。

(3) 背景调查与体检。经过以上两个环节，企业能够初步作出录用决定。但是，在正式录用通知发出以前，企业要对候选人进行背景调查，管理职位、关键业务职位的聘用尤其需要进行背景调查。背景调查主要针对候选人的基本信息，如教育情况、诚信、履历和工作业绩进行调查，以印证面试官的判断和决策。背景调查会从公共信息库、候选人长期共事的同事处收集信息。背景调查能够更好地帮助企业作出正确的人员录用决策。根据环球人力资源智库的调研，互联网大厂初试简历造假率超过 30%，最常见的是学历造假。因此企业要做好背景调查，把好用人关。

入职之前，求职者还需要提供自己的体检报告，以证明身体状况能够胜任工作。一般情况下，企业会指定体检机构。企业需要注意，不能因为一些不影响正常工作的身体原因而拒绝求职者。

(4) 发放录用通知。企业在经过上述三个环节之后，就可以作出最终的录用决策并发放录用通知。常见的方式是口头通知、电话通知、邮寄正式的录用通知，或者通过电子邮件发放录用通知。录用通知的主要内容有：欢迎求职者加入；说明办理入职手续时需要携带哪些证件；约定具体入职时间。通知书中还会强调如果拟录用者没有按照约定的时间办理相关手续，则视为自动放弃机会。如果没有被录用，企业也会发送函件或电子邮件，感谢求职者对企业感兴趣以及付出的时间。总之，企业周到、礼貌的做法有助于在人力资源市场获得好的口碑，能对企业的外部招募起到一定的促进作用。

3. 效果评估

效果评估就是对招募与甄选工作的过程和结果进行评价。在这里，可以用效率类指标和效果类指标来加以评估。

效率类指标指的是在招募甄选时，企业在时间、成本、人力各方面的投入产出比。比如填补空缺职位所需时间、新员工平均入职时间、不同渠道的求职者来源占比、参加面试人数、各轮面试通过比例、各轮面试间隔时长等。

常用的效果类指标有：新员工的人岗匹配率、入职以后的绩效评估等级、一年内的新员工离职率等。如果企业特定类型的员工离职率较高，就意味着企业在招募与甄选员工的过程中采用的方法或流程有问题。企业需要根据指标情况来优化自身的招募行为，如改善招募团队，更系统地把握员工招募甄选的原则、策略和方法。

在实际操作过程中，效果类指标有助于招募与甄选过程的持续改进。在改进过程中，需要注意招募和甄选是两个相互影响的职能，决策者需要有整体考量和系统思考，不能只见树木不见森林和就事论事。除此以外，还需要关注新员工融入企业的过程，尤其是企业氛围的营造，对员工体验的重视，在不同阶段采取不同的措施来激励和保留员工等。

4.2 招募管理

4.2.1 人才供应链和招募

本部分从战略人力资源管理角度出发，考察人才供应链概念如何影响和优化招募管理。

1. 人才供应链的含义

2008 年，沃顿商学院提出人才供应链这一概念。供应链原指由供应商、制造商、分销商、零售商和最终用户组成的一个整体的功能网链模式。其中包含产品需求预测（计划）、原材料采购、产品制造、产品供应、品质管理等过程。对于人才招募管理而言，供应链的模式值得借鉴。比如，人才需求预测就如同产品需求预测（计划），人才招募就如同原材料采购，人才培养就如同产品制造，人才调配就如同产品供应，而绩效管理就如同品质管理。

人才供应链管理是指通过系统考虑企业的人才供应与需求，整合人才管理各节点的相关组织，进行协同性人才预测、规划及补给管理与柔性管理，实现人才供应链一体化运作的过程。人才供应链建设的最终目的是使企业人才生产完全满足业务需求，同时控制好人才冗余（库存），从而提高企业经营绩效，实现可持续发展。企业要想真正打造好人才供应链，应当有战略思考，聚焦“关键少数”和改变看问题的角度。过往的人才管理要么把人才当作一种人力成本——关注的是如何降低成本，要么把人才当作一种资本——关注的是如何增加人才的投资回报。这两种看待人才的方式都是静态的和片面的。人才供应链理念是用动态和整体的角度看待人才管理，并非否认成本和资本的角度，而是把两者有机结合，用产品思维、经营思维和敏捷思维来重构人才管理，包括人才招募管理。

2. 供应链视角下的招募

根据供应链的模式和原理，人才需求也能通过如下方式得到满足：“如同工厂制造产品一样，从生产计划、采购、制造、配送供应到质量控制形成网链状结构”；人才培育可以按“制造”方式、程序去进行推动控制。由此可以建立一个人才供应链模式。在这个人才供应链模式中，包括人才规划、人才采购、人才制造、人才供应和人才品控五个关键阶段。在这一部分，我们着重讨论“人才采购”环节。

在产品生产前，厂家需要根据预测或订单计划，进行原材料采购。与之对应，在人才供应链模式中，“人才采购”就是根据“人才规划”进行相应的“采购”（招募）。为确保产品质量，厂家会特别注重采购渠道，对应的就是招募渠道。不同的招募渠道，供应质量是不一样的。对层次不同、职位不同的人，招募渠道也不一样，这就需要招募官和团队懂得“寻源”。比如，哪些企业、院校的人才是我们想要的？这些人才通过哪些渠道，比如猎头、招募网站、校园招募，才能获得？

当然，一般企业的人才招募都会分两种情况，一是招募现成人才，相当于成品采购，即从其他企业“挖”能力强、绩效表现突出且适合到本企业工作的人；二是从院校招募毕业生来培养，相当于原材料采购。对于第一种情况，特别需要注意人岗匹配。而对于校园招募，主要注重发掘潜力股。使用测评工具可以帮助招募人员和用人部门确认人才的价值观、能力是否与规划要求匹配。

4.2.2　招募的影响因素和吸引求职者的策略

1. 招募的影响因素

企业在招募人员的时候，主要受到四个方面的影响：外部环境因素、企业自身因素、职位因素与招募团队因素。

（1）外部环境因素。外部环境因素包括人力资源市场上的供需情况、政府对人力资源市场和企业用人制度的约束和法律法规等。一般来说，供大于求的职位，招募难度相对较小；反之，供不应求的职位，招募难度会变大。在我国经济高速发展阶段，企业间抢夺人才的现象就是人才供不应求造成的，研发类人才、管理类人才、产品经理等在很多时候都在劳动力市场上较为稀缺。

政府法律法规也会对企业招募产生影响。例如，我国颁布了促进残疾人就业的法律法规，各类企业就必须承担这方面的责任，在招募时需要专门面向残疾人进行招募，或者承担一定数额的残疾人保障金。再比如，我国国有企业承担稳就业的社会职责，所以每到求职季，国有企业需开展校园招募，招募一定数量的大学应届毕业生。

（2）企业自身因素。企业自身影响招募的因素包括：人力资源管理相关制度、文化氛围和最佳雇主形象。比如，薪酬福利水平是否有竞争力、企业氛围是否公正、员工是否有发展空间等。在全媒体时代，求职者很容易得到企业上述信息并影响其作出选择。除此之外，企业规模、知名度、品牌声誉也会对招募工作产生影响。

近年来，怡安翰威特等咨询企业评选的最佳雇主等活动，在劳动力市场上也有一定的影响力。被评为最佳雇主意味着具有公平性、客观性和以员工为中心，更容易受到求职者的青睐。

（3）职位因素。招募职位的性质和特征也会对招募工作产生影响。职位对求职者的知识、技能、过程能力要求越高，招募到合格求职者的难度就越大；反之，招募工作的难度降低，也更容易完成。另外，职位的工作环境、是否经常出差、是否需要倒班等都会对招募造成影响。如果职位本身让求职者感知到有发展空间，这类职位就比较受欢迎。当然，招募广告中的措辞也会影响求职者是否有兴趣来应聘。比如工作丰富化技术能够帮助用人企业优化职位招募中的表达，并将其和候选人的心理特征如成就感、价值感和自由度等建立关联。

（4）招募团队因素。招募团队对招募过程和效果有直接影响。求职者会认为招募团队或招募官的言语和行为代表了企业的偏好，因此招募团队是影响求职者是否进一步和企业继续接触的重要因素。一般情况下，招募团队对职位的任职条件有自己的判断，会根据这个判断来筛选简历。招募团队的管理应该引起企业人力资源管理的重视。绩优企业会从源头上重视人才的引进和新员工的招募。有的公司的高层管理者最重要的工作之一就是为企业招募人才和组建团队。有的企业还会在关键职位招募上邀请第三方猎头充当招募官。很显然，招募团队胜任与否对企业招募工作的质量影响很大。

2. 吸引求职者的策略

招募的目的是为企业获得足够数量且符合要求的求职者，同时吸引通过甄选的求职者接受企业的录用通知。如果招募到的求职者少，或者求职者通过甄选后却不愿意接受录用，就会对招募工作造成影响。随着数字化技术的普及，应聘者会把在招募过程中的主观感受随时发布于各种社交网站上，这会形成其他求职者对企业的印象。因此，对于企业而言，需要在整个招募过程中维持对求职者的吸引力，提升求职者的个人体验。企业需要在以下几个方面做好管理，持续和稳健地吸引求职者。

（1）树立和培育雇主品牌。通过职位分析了解情况以后，求职者能够获得关于企业和职位较为有限的信息。经验丰富的求职者往往会收集企业年报、新闻报道、行业地位等信息来进一步了解公司；缺乏经验的求职者往往只能通过接触招募官或者从企业的官网上得到一些信息来建立对企业的印象。因此，针对不同的招募对象，企业需要提供不同的信息，在不同的目标求职者群体中建立企业形象。总体来说，企业要注意对外传播一致的、可靠的和积极的信息，营造自身在求职者心中的良好印象。近年来，随着我国政府对企业高质量发展的要求，越来越多的中国企业通过社会责任报告披露、自身公益活动报道，在求职者心目中建立形象。

依据雇主品牌评选标准，雇主品牌的内涵有：对企业社会责任的感知和认可、企业人力资源政策对员工的影响和员工满意度、企业战略执行与实际结果的一致性等。雇主品牌应该是企业身份、形象和文化的体现。雇主品牌的创建，不仅表明企业有能力为求职者提供什么，还能够传递员工的工作体验和心理认同等方面的信息。

在雇主品牌建设过程中，一方面要基于外部视角；另一方面需要注重双向沟通，并持续从外界寻求反馈来调整和优化企业形象。雇主品牌的建设有助于企业吸引高素质的求职者和优化招募效果。

（2）选择胜任的招募官。胜任的招募官应该符合下述要求：非常熟悉企业和职位的相关信息；具有创新思维，善于提供招募整体解决方案；熟悉招募流程，善于闭环管理和交付成果；能够代表企业和求职者有效沟通；善于基于竞争态势和情况、企业调整情况、求职者意向职位性质、求职者现场表现等进行信息整合和灵活应变。实际上，如果招募官不胜任或者不合格，企业招募工作就会大打折扣，并容易给求职者留下负面印象，影响企业声誉。

在校园招募中，企业选择毕业于同校的招募官能够有利地吸引求职者。他们传递的企业工作信息更容易被校园求职者接受，并会起到较好的效果。而对于社会招募，企业选择招募官时更需要考虑职位、背景、个性和沟通能力等。

事实上，企业也会采用恰当的招募和甄选流程来选择招募官。除此以外，成功的招募还需要招募官拥有慧眼，洞悉求职者的价值观和动机，并通过有效沟通进行区分、识别和选择，为企业找到胜任的求职者。

（3）提供真实、客观和必要的招募信息。职位类别、薪酬水平与结构、工作地点等都是求职者非常关注的信息。一般情况下，企业在最初就可以公开这些内容，以利于求职者根据自己是否符合企业用人需求来决定是否参与招募过程。

企业应当尽可能地向求职者客观、全面地展示其意向职位的信息，其中包括积极的信息，也包括消极的信息，尽量为求职者呈现真实全面的工作场景，帮助求职者作出选择。当然这样做不是为了刻意展现负面信息，而是为了让求职者更全面地了解职位信息。一个职位的好与坏并不绝对，应该由求职者自行判断。例如，尽管一般人都认为倒班会影响正常生活，但有时会遇到对倒班有兴趣的求职者。因而展示全面的信息也是对求职者个人兴趣、胜任力和价值观的尊重。将选择权交给求职者，有助于吸引合适人选，减小他们入职以后的“心理震荡”，并有利于其被录用后尽快融入企业。

4.2.3 招募渠道

在招募过程中，招募渠道有内部招募渠道和外部招募渠道。内部招募渠道包括内部职位公告、员工内部推荐、员工发展计划、人才库和继任管理。外部招募渠道有专业网站、校园招募、猎头公司、劳务派遣机构和人才招募会。此外，还可以采用招募替代方案。

1. 内部招募

(1) 内部职位公告。这是鼓励员工自我推荐填补职位空缺的管理实践。具体做法如下：首先，向员工发布有关职位空缺的信息，并在企业内部的信息公告处张贴信息，或是通过内网公布信息；其次，员工根据本人的兴趣、能力、绩效等情况提出申请；最后，人力资源部门审查内部申请人的资格，筛选出符合要求的人选。

这类方法的好处在于招募速度快、成本低。但弊端是合格的员工未必会关注这些信息。较好的做法是企业或人力资源部门将这一方法和企业内部人才库结合使用，有机统筹，从而在合适的时间将合适的人员配置到合适的职位，提高招募效率。

(2) 员工内部推荐。员工内部推荐是指在企业有空缺职位时，员工推荐已经在本企业中工作的同事来应聘该职位。员工较了解自己同事的工作能力、过往工作业绩、个人发展目标与工作习惯等，有可能帮助企业在内部找到合适的候选人。这类方法的弊端是可能形成“小圈子”，或者非正式群体的力量超过正式群体的力量。企业需要通过文化建设、正式评估制度等方式来避免这类弊端。

(3) 员工发展计划。员工发展计划是有组织、系统的招募渠道。企业组织一方面需要利用各种培训发展活动保证员工能力满足企业目前发展需要；另一方面要注意未来发展对人才能力的新要求，并策划、设计方案，满足未来的和创新的新需求。借助企业中任职资格等方面的数据库，企业或人力资源部门能够跟踪和物色到有潜能的员工。华为通过绩效评估结果的反馈、导师辅导和各种训练营，主动物色和合理配置高潜人才，并将其安排到富有挑战性的职位上，帮助企业提高绩效。

(4) 人才库。人才库以数字化的方式记录员工教育背景、工作经验、胜任能力、语言能力、职业发展兴趣、晋升准备度和以往工作绩效等信息。它有助于企业找到已经做好晋升准备的员工。企业要注意人才库的及时更新和迭代。除了内部人才库信息的梳理和更新，企业也需要为那些已经通过甄选但并未接受企业录用的外部人员建立档案，并和企业已有的人才库进行整合。人才库是数据库，企业借助它能够高效完成招募工作。

(5) 继任管理。继任管理是指企业为了帮助员工做好未来的工作而实施的招募、评价和开发活动。其目标是强化企业的人才储备，确保重点职位能够持续实现高质量的人员供给，以应对企业中正常的人员流动。继任管理需要以企业的战略和目标驱动，并设计人才储备策略。同时，这也有助于解决员工和企业同步发展的问题。

2. 外部招募

外部招募有社会招募和校园招募。社会招募是指面向人力资源市场，招募具备工作经验且能胜任的人员。社会招募分为关键职位招募和通用职位招募。校园招募是指面向院校应届毕业生的招募，是企业新员工的主要来源之一。

（1）专业网站。专业网站是目前较为主流的人才招募渠道。在我国，几乎所有行业和职位都可以在专业网站上吸引一定数量的求职者。对于求职者来说，在专业网站上投递简历可能会找到更好的工作。对于企业来说，将招募需求发布在外部专业网站上，一方面能够吸引求职者投递简历，另一方面能够通过网站的推送功能推销公司。目前我国市场上有较大影响力的专业网站有智联招聘、猎聘、BOSS 直聘和脉脉等。

企业使用专业网站招募的好处如下。第一，成本收益率比较高。企业可以将招募需求详细地传递给尽可能多的求职者，且不会因为求职者的增多而增加成本。第二，信息传播速度快，查询方便，可供潜在求职者反复使用。第三，有利于企业减少投入时间和文案工作。电子简历更便于进入流程处理、分享和存档，也方便企业通过简历解析技术自动匹配招募需求。而且，一份简历会被多个有需求的招募官看到，因而能够提高整体招募效率。

除此以外，网站还能够通过广告位为有招募需求的企业提供广告服务。比如将有招募需求的企业标志放在网站的显著位置，或面向某些专业领域的人才举办专场活动，激活和吸引求职者定点定时了解用人信息，促进企业达成招募目标。

近年来，随着视频直播日益深入大众生活，专业网站也开始利用直播的方式帮助企业向潜在求职者传递信息，并与求职者互动。一些企业的直播号也开始就招募专题进行直播。与网站上的文字信息相比，直播能更生动地传递招募需求和企业信息，受到新生代员工的青睐。

（2）校园招募。校园招募是指企业针对大学应届毕业生进行人员招募的活动。如今双向选择成为大学生毕业后寻求职位的主要方式。

根据教育部《2023 年全国教育事业发展统计公报》，全国共有高等学校 3 074 所。我国每年大学毕业生近千万人。校园招募竞争非常激烈，企业要根据自身情况设计校园招募策略，以“抢”到合适人才。

表 4－2 对西安交通大学 2022 年应届毕业生的就业情况进行了分析。从中可以看出，进行校园招募的企业所使用的吸引求职者的策略各有特色：科技类企业，依靠技术领先和薪酬领先策略来招募人才；国有企业，依靠职业稳定性来吸引人才；有明显资源优势的企业，凭借领先的资源优势和大平台来吸引人才。

表 4－2　西安交通大学 2022 年应届毕业生就业单位一览表　　单位：人

就业去向	本科毕业生	硕士毕业生	博士毕业生	合计
华为投资控股有限公司	18	355	21	394
西安交通大学（含附属医院）	84	67	237	388
国家电网有限公司	10	330	19	359
中国航空工业集团有限公司	5	109	11	125
阿里巴巴集团控股有限公司	5	106	0	111

续表

就业去向	本科毕业生	硕士毕业生	博士毕业生	合计
中兴通讯股份有限公司	14	83	10	107
中国航天科技集团有限公司	3	81	15	99
荣耀终端有限公司	1	88	3	92
中国核工业集团有限公司	18	27	7	52
中国电子科技集团有限公司	4	43	4	51
字节跳动	3	46	1	50
中国兵器工业集团有限公司	1	32	16	49
腾讯控股有限公司	5	42	2	49
比亚迪股份有限公司	9	31	6	46
中国建筑集团有限公司	24	16	1	41
中国华能集团有限公司	2	27	11	40
普联技术有限公司	8	32	0	40
中国船舶集团有限公司	2	34	2	38
中国南方电网有限责任公司	6	31	1	38
中国农业银行股份有限公司	1	31	0	32
百度集团股份有限公司	2	27	1	30
中国银行股份有限公司	1	23	1	25
中国邮政集团有限公司	0	24	0	24
中国工商银行股份有限公司	3	19	1	23
小米集团	1	21	1	23
陕西鼓风机（集团）有限公司	2	21	0	23
杭州海康威视数字技术股份有限公司	2	20	1	23
陕西煤业化工集团有限责任公司	2	14	6	22
中国电气装备集团有限公司	7	14	0	21
上海汽车集团股份有限公司	10	10	0	20
中国中车集团有限公司	2	16	0	18
西安电子科技大学	0	5	13	18
中国工程物理研究院	0	14	3	17
中国能源建设集团有限公司	0	17	0	17
交通银行股份有限公司	2	15	0	17
中国中信集团有限公司	4	13	0	17
招商银行股份有限公司	7	10	0	17
紫光股份有限公司	1	15	1	17

续表

就业去向	本科毕业生	硕士毕业生	博士毕业生	合计
陕西省人民医院	0	8	9	17
西安市红会医院	0	13	4	17
中国科学院	1	2	13	16
中国航空发动机集团有限公司	1	13	2	16
中国建设银行股份有限公司	1	15	0	16
海信家电集团股份有限公司	0	16	0	16
美团	1	15	0	16
中国航天科工集团有限公司	1	13	1	15
京东集团股份有限公司	0	15	0	15
特变电工股份有限公司	5	10	0	15
隆基绿能科技股份有限公司	1	10	4	15
西安市人民医院	0	14	1	15

资料来源：西安交通大学2022届毕业生就业质量报告．(2025-02-10)．西安交通大学官网．

企业必须制定明确的校园招募策略，才能在校园招募中获得成功。以上海宝信软件股份有限公司为例，它是宝钢股份控股的上市软件企业（上市代码600845），在招募应届毕业生的时候采取以下策略：研发部门选择名校毕业生，工程部门面向一流院校招募。这种招募策略有效地保障了人员来源的稳定性，并为后期组建团队打下了良好的基础。

和校园招募有关的其他方式还有实习转正计划。这是指大学生在校期间，企业就吸引“种子”学生到企业实习，表现优秀者在通过考核后有机会转为正式员工。通过提前和有计划的安排，企业能够较为全面、细致和长期地物色合适人选，为企业储备人才。

总之，企业在开展校园招募时要有定位和策略，具体做法有：首先，企业需要明确自身的规划和需求，做好定位。其次，必须设计好策略，全方位做好和目标院校的联动工作。比如近年来，一些企业会在相关高校资助不同协会的活动或者创业类比赛；有的企业会直接在和企业技术研发、工艺流程对口的专业和学院设立奖学金。再次，企业需要精心挑选校园招募官。这些招募官既要为人练达温和，又要熟悉公司相关政策制度和流程，还要了解毕业生的需求特点。最后，更重要的是，作为人才生态建设的主力军，企业要和目标院校建立长期稳定的关系，和高校的学生就业指导中心、职业发展中心、党团办成为生态伙伴，共同做好毕业生就业工作。

(3) 猎头公司。在劳动力市场上，猎头公司是专业的招募机构。猎头公司一般在较为细分的行业领域有着广泛的人际和社交网络，尤其是和细分领域的中高级人才有交往和联系。当企业有需求时，猎头公司往往能够较为精准地找到并联系候选人，及时了解他们的意愿。同时，它们也能较充分地了解企业中空缺职位的需求。基于对供需双方信息的全方位掌握，以及在行业中多年积累的经验直觉，猎头往往能够较快地找到符合条件的人选。

企业在以下情况下会使用猎头公司来进行招募。一是企业为初创公司。这类公司缺乏招募和甄选高端人才的能力，创始人又特别需要有才能的候选者加盟并成为合伙人。初创公司的CEO、投资部门负责人会和猎头公司合作搜寻合适的人选。二是企业在业务发展过程中急需某一专业或技术领域的顶尖人才来解决紧急重要的问题。例如，一家高科技制造公司在发展过程中急需一位胜任力强的质量总监来应对竞争对手的质量管理挑战，否则其产品的竞争地位将受到影响。三是在竞争很激烈的情况下，企业对某些关键职位的招募不方便公开，这时候也可以寻求猎头公司的帮助支持。

企业在选择猎头公司的时候，要关注以下几点：摸清其擅长的领域和专业水平，尤其是其专注的行业；考察猎头公司的服务质量和口碑；核实猎头顾问的资质和专业性；事先确定服务费用和支付方式。近年来，一些企业开始在内部成立猎头部门，以便服务企业内部的关键职位和战略性职位招募，打赢人才战。

（4）劳务派遣机构。很多企业由于生产经营的短期需求或者季节性需求，同时考虑到用人成本，需要使用临时性或非常规性人员作为人力资源的一种补充。这时候企业要和劳务派遣机构合作。

劳务派遣机构从事的是劳动力租赁业务。求职者与劳务派遣机构签订劳动合同，形成雇佣关系。劳动者和为之工作的企业之间并不存在劳动合同关系。使用劳务派遣人员的企业，根据约定需要向派遣机构支付劳动者薪酬福利。除此以外，还需要向派遣机构支付管理费。2012年修正的《中华人民共和国劳动合同法》，对劳务派遣用工的岗位范围做了严格的限制，明确要求只有临时性、辅助性、替代性的工作岗位才能使用劳务派遣人员；另外，还对劳务派遣人员的总量进行了控制。

（5）人才招募会。人才招募会是由各级政府部门、公共就业服务机构或私营就业服务机构在体育馆或展览馆等大型场所组织的有众多企业参与的现场人才招募会。比如围绕应届毕业生、退伍军人、残疾人组织季节性的招募集会。有用人需求的企业在现场设置摊位，提供职位的信息。求职者根据自己的条件和兴趣选择性地投递简历，或与现场的招募官沟通后再决定是否投递简历。之后招募官根据简历和现场交流的情况邀请求职者按照约定参加甄选环节。随着互联网、数字经济的发展，人才招募会的形式也更加灵活多样。

3. 招募替代方案

由于招募与甄选的成本较高，加上我国零工经济的发展，企业还可以运用招募替代方案来解决用工问题。目前较为适用的替代方案有：转包，即选择将相关工作转包给更专业或成本更低的另一家企业；应急工，即利用兼职工或临时工；租赁员工，类似于前文提到的劳务派遣机构的做法；以任务为导向的招募，零工经济条件下，职场变化大，很多新兴的工作方式可以按需定制，劳动者也可以按照需求进行组合。企业也可以顺势而为，进行以任务为导向的招募。

图4-1总结了企业可用的各类招募渠道。

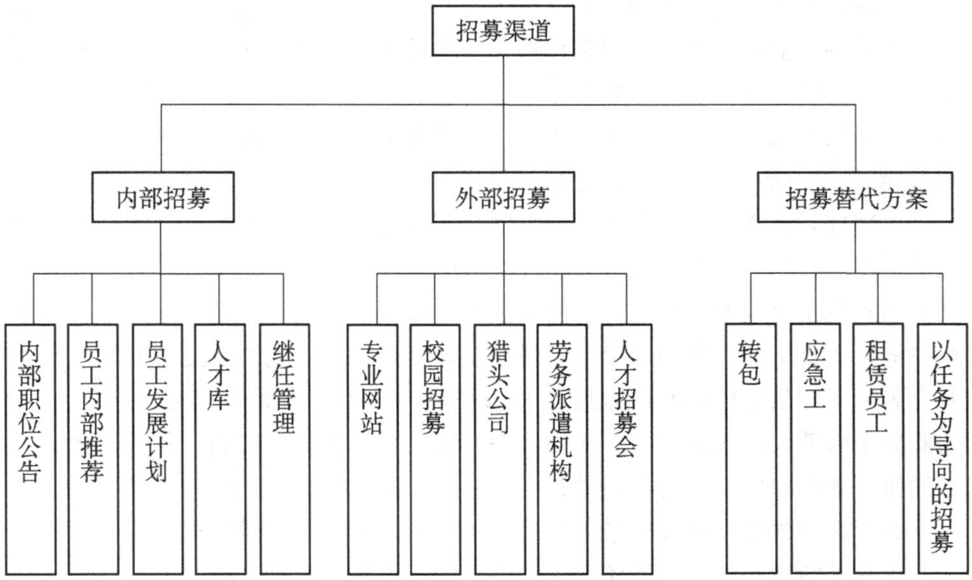

图 4－1　企业招募渠道

4.3　甄选管理

甄选管理是企业通过一系列科学的测试方法，对已经招募到的候选人的任职资格和职位胜任程度加以鉴别与考察的过程。甄选管理的关键在于企业需要在较短时间内，在信息不对称的情况下挑选出合格的任职者来履行职位职责和完成任务。候选人同时还需要和企业文化有兼容性。

在甄选管理中，甄选专家需要具有明确的目标，选择合理合法的测评方法，并通过设计流程和节点，物色能够有效履行职位职责的员工。甄选过程中，专家和决策者尤其要注意将候选人的能力态度和职位的职责价值进行比对，而不是简单地过度比较候选人之间的差异。甄选管理需要秉持人岗匹配原则。

4.3.1　甄选管理的影响因素

对企业甄选管理产生影响的因素包括内部因素和外部因素。

内部因素包括企业规模、招募渠道选择和技术更新速度等。企业规模大且空缺职位的数量足够多时，需要开发成本较高的甄选体系。但是，对于职位种类多但每个职位人数需求少的企业，投资开发较为昂贵的甄选体系是不划算的。总体来说，设计和实施甄选体系的成本较高，只有那些规模大且经济实力较强的企业才会选择建立复杂的甄选体系。此外，企业的招募渠道对甄选管理也有较大影响。例如，有的企业注重提拔内部人才，建立人才库和人才发展计划，其甄选体系就应该与培训体系、职业发展体系、绩效评估体系等进行有机结合。这样，企业甄选体系就会更具稳健性和内生性。而那些注重引进外部人才的企业，可能采用较为市场化的甄选体系，或者采用外包的方式来进行甄选活动。在这种情况下，企业的甄选体系更加主动和活跃。

随着新兴技术的运用，企业甄选体系会得到改良。目前的甄选大多是基于个体过去的成绩和经验。然而，过去并不一定和未来相关，而且个体潜力对企业未来的发展有明显的影响。因此，技术导向的测评技术会在企业甄选中发挥更大的作用，尤其能在预测、挖潜、再审视和人岗匹配等方面发挥更大的功能。

外部因素包括企业所在地区、经济发展水平和法律法规等。最直接的影响因素就是企业所在地区人力资源市场的规模、质量以及人才获得的便利性。经济发展水平也对甄选体系有影响。如果地区的发展速度快和水平高，失业率就低，这就意味着供小于求，企业的雇佣压力就大一些；反之，如果经济发展放缓，失业率提高，那么供大于求，企业的雇佣压力就小一些。针对上述情况，企业的甄选策略会有很大的不同。除此以外，不同国家对于企业甄选和雇佣决策中使用的工具和方法也有法律法规的要求。我国目前有关企业招募和甄选的法律法规还在建设过程中，仍具有改善空间。

4.3.2 甄选决策依据

无论企业采用什么样的甄选流程和工具，都需要基于特定的标准对求职者加以区分和排序，最终选择出与职位要求最匹配的候选人。一般情况下，企业会就候选人的知识、技能、工作经验与业绩、个性等方面进行综合评价。这些标准和职位要求或企业对求职者未来绩效的预判有关。

1. 教育背景和知识技能

企业一般对候选人的教育背景有明确要求，知识技能通常被认为与教育背景有关。例如完成高中教育的人被认为具备基本的读写能力、数学能力以及人际交往能力；完成本科教育的人被认为具备专业细分领域的专业知识；完成研究生教育的人被认为具备特定领域的研究能力。一些企业将毕业院校之间的差距等同于求职者能力、知识和态度的差距，并将之作为第一道筛选。但这种做法存在片面性。企业在考量是否录用候选人的过程中，也要注意在校成绩和企业需要的绩效是有差异的。在校成绩受到记忆能力、程序化知识掌握程度的影响，而企业绩效的获得和候选人的合作能力、解决问题的能力有关。另外，企业在甄选基层职位人员的时候，要警惕“高学历消费”的倾向。在经济发展放缓，劳动力市场供过于求的时候，不少企业倾向于选择学历超出职位职责需求的候选人。这样做的弊端是企业既要付出较高的薪酬，又会在后续管理中遭遇挑战和难题，而且如果管理不当，也会出现高学历员工较高的流失率。

2. 工作经验与以往业绩

求职者的工作经验和以往业绩是一个非常有用的甄选标准，因为通过它可以对求职者在类似工作上的表现有一个大致的了解，具有一定的参考价值。

然而并非所有过去的工作经验都能对求职者在特定职位上的未来绩效作出良好预测，尤其是企业从市场招募管理序列的“空降兵”时。有些在外资企业干得风生水起的高管，到民营企业任职以后，经常出现“水土不服”的状况。因为可能外资企业讲究规范，而民营企业需要速度。这种企业文化差异导致过往经验无法直接挪用。

基于此，不少企业在甄选经理人的时候，更多关注求职者的智力水平和认知水平，而不是工作经验。在数字经济时代，企业需要持续创新。但过度依赖过去经验的候选人，未必适应面向未来的创新的要求。这些都是企业在甄选管理中需要关注的新变化。

3. 个人特征与性格

个人特征指的是婚姻状况、性别、年龄等。在遵守法律法规且不采取歧视性行为的前提下，不同企业对不同个人特征的求职者有不同的偏好。例如，已婚者往往被认为比较稳定，流失率较低；单身者更容易接受差旅安排，更容易接受工作调动，往往也更有活力和创造力。依据人岗匹配原则，甄选员工的时候可注意将合适的人安排在合适的职位上。

除了个人特征，企业也会关注候选人的性格。尽管研究表明，性格本身并不直接和绩效挂钩，但企业在进行甄选的时候，还是会经常使用性格测评工具。比如，企业中的大客户销售职位一般会选择那些外向的、具有亲和力的候选人；而审计类职位则倾向于选择内向的、沉稳严谨的候选人。

需要注意的是，企业在将个人特征和性格作为甄选标准时，最需要考量的还是这些标准和绩效之间的因果关系。维特根斯坦（Wittgenstein）说过，因果关系是世界上最大的迷信。企业要进行足够的循环论证，证明上述标准对员工达成高绩效有显著的影响，否则就会浪费企业的资源，也有可能违反法律或者侵犯个人隐私。

4.3.3　甄选工具的信度和效度

甄选的目的是对求职者未来的表现进行预测，并将合适的人选拔到合适的职位上。在进行雇佣决策的时候，甄选工具的信度和效度非常重要。

信度是指测量工具能否稳定地获得目标数据。信度反映了测量中的随机误差大小，信度高，就意味着针对同一事物进行多次测量的结果是一致的，说明测量工具是可靠和稳定的。信度低，则意味着前后测量结果会出现不一致，说明测量工具有问题。效度指的是测量的有效性，即测量工具能否获得所要测量的内容。效度高，说明测量工具能够准确测量目标内容；效度低，则说明测量工具无法准确地获取真实特征的数据。

在考察甄选工具的信度时，要注意以下几点。首先，要注意测量过程的标准化。其次，所选择的样本要具有典型性和代表性。再次，要保持良好的测试环境，帮助候选人保持自然放松的状态。最后，要注意测试的难度和长度。测试太难或太容易都需要避免；测试时间也有讲究，不宜过长。

甄选工具对企业最大的帮助就在于它能够预测员工未来的工作表现。甄选员工的时候，企业运用某个工具获得一个结果。三个月、六个月或者一年以后，把员工的工作表现和之前的测试结果比较，则能够获得预测效度。

心理学家研究了大量的测量工具和方法。他们发现不同的测量工具的效度是不一样的，见表4-3。其中评价中心运用起来比较复杂，但相对来说效度较高。此外，结构化面试、认知能力测试的效度也较高。个性测验的效度较低。

表4-3 甄选工具和效度

甄选工具	效度
评价中心	0.41
结构化面试	0.29～0.6
工作样本测试	0.37～0.54
认知能力测试	0.5～0.6
个性测验	0.10～0.28
非结构化面试	0.31
推荐信	0.10～0.35

4.4 甄选方法和人才测评

4.4.1 甄选方法和技术

甄选过程需要采用不同的方法或技术。这里介绍以下几种方法：履历分析、笔试、面试、心理测试和评价中心。

1. 履历分析

这是根据履历记载的事实和信息，了解个人背景、成长历程和工作业绩，分析并判断其未来工作表现的甄选方法。一般而言，履历分析主要包含四个方面：基本信息，如姓名、学历；知识与工作能力，如受教育情况与职业培训情况；家庭和社会关系，如候选人的家庭背景；品德，主要依据过去的工作表现、奖惩情况。通过履历分析，首先需要确定候选人是否符合职位要求，尤其是能否达到职位的资格要求。其次评判候选人是否具备任职职位所需要的能力或特质。最后是洞察候选人是否存在履历造假问题。

2. 笔试

笔试主要用于测量候选人的基本知识、专业知识、管理知识以及综合分析能力、文字表达能力等方面的差异。笔试是在筛选候选人时应用很广的一种甄选方法。笔试和履历分析通常作为其他甄选方法的补充，或用于初步筛选。

3. 面试

面试是指由一人或多人发起的、以收集信息和评价候选人是否具备职位任职资格为目的的对话过程。面试的有效性取决于面试官是否胜任、如何实施面试、面试是否结构化等。面试是许多企业广泛使用的一种甄选方法，掌握面试技巧对于招募效果很重要。面试的实施过程中需要避免第一印象、强调负面信息、不妥当的非语言行为、刻板印象等误区。面试有以下几种形式：

（1）非结构化面试，又称随机面试。这是面试官可以与候选人自由讨论各种话题，或向候选人提出不同问题的一种面试形式，较为开放和随意。这种面试形式对面试官的经验和专业水平要求较高。好的面试官能够有效引导候选人展示自己的能力、态度和其他胜任力，不偏离面试的主要目的。但是不合格的面试官容易将对话带偏，并且找不准候选人和职位之间的联系。因此，这种面试形式经常被用作其他甄选方法的“前菜”或者补充。

（2）结构化面试，又称标准化面试。这是依据事先确定的内容、程序和评分标准来进行面试的形式。面试官根据职位分析提炼出来的信息，制作提纲来进行提问。面试过程中，面试官不能随意改变提纲，要求候选人一一作答。此外，企业还制作统一的标准表格，由面试官填写。结构化面试的优点很明显：第一，面试官的问题都和工作职责、胜任力要求有关，不会遗漏信息，具有较高的相关性。第二，面试官的主观态度不会影响固定的流程和问题，面试的公平性和准确性较高。第三，这种甄选方法的成本较低。但是，结构化面试也有弊端：面试官较难自由发挥，即使有疑问，也不方便当场细问。另外，面试过程过于程式化，会让参加面试的候选人感到不放松、不自然，可能影响其良好发挥。

（3）情境面试。情境面试是结构化面试的一种特殊形式，包含一系列与申请职位或工作相关联的场景问题，这些问题有预先确定的明确答案。面试官对所有候选人询问同样的问题，因此具有一致性、可比性和公正性等特点。

（4）以行为为基础的面试。以行为为基础的面试规定更为具体，比如询问候选人在过去工作中如何处理特定事件。具体问题有：在某项目中，你遇到的最大困难是什么？是如何处理的？在某项目中，你解决过哪些问题？哪一件事情令你自己最满意？事实上，以事件为基础或以行为为基础的面试，往往能获得能否做好某项工作的关键信息。

（5）小组面试。由一群面试官对候选人进行面试，不同的面试官从不同角度考察候选人的知识结构、能力、特点和态度等。小组面试能够更为全面、立体地了解候选人，以及其和职位之间的匹配程度。

（6）压力面试。这是将候选人置于一种紧张气氛中，让其回答带有挑衅性、争议性或者难度大的问题的面试形式。其目的在于考察候选人的应变能力、压力承受能力和情绪稳定性等。压力面试经常利用不友好的问题，让候选人在委屈和激愤中露出本色。合理运用这种压力发问，能使候选人激发潜力，展现面对难题时的应变能力和心理素质等。

4. 心理测试

在甄选管理中，心理测试包括个性测试、职业兴趣测试等。

（1）个性测试。个性指的是一个人对待外界反应的独特的、稳定的态度和方式。个性测试在西方心理学研究中有悠久的历史，一般有以下两种类型：一种是自我描述性测试，即让候选人提供关于自身性格的描述。常见的有大五人格测试、艾森克人格问卷、MBTI 测试、16PF 测试等。另一种是投射法测试，即运用图片、词语、物品等刺激物，要求候选人据此进行联想，并以此为线索探究其心理状态、态度、动机等个性特点。主要方法有罗夏克墨迹测验、主题理解测试和句子完成测试等。

企业可以通过购买版权、聘请外部咨询机构等方式获取这些测试资源，用于选拔候选人。下面介绍大五人格测试以及该工具在甄选中的应用。

在大五人格理论中，“大五”实际上指一个人在以下五个人格维度的表现，即外向性、宜人性、开放性、尽责性和情绪稳定性。这五个维度又可细分为 21 个子维度，见表 4-4。

表 4-4 大五人格的维度与子维度

大五人格维度	子维度
外向性	社交性、主导支配性、说服力、精力
宜人性	合作性、关心他人、交际手段
开放性	适应性、创新性、分析性思维、独立性
尽责性	成就动机、主动性、坚韧性、关注细节、可靠性、遵从规则
情绪稳定性	自我控制力、压力容忍度、自信、情绪的自我感知

外向性描述一个人和外部世界建立关系的方式。宜人性指的是个体和他人配合的倾向。开放性是指一个人对新奇事物的兴趣和热衷程度。尽责性是指一个人在不同场合表现出的一致性和可靠性。情绪稳定性和情商有关，主要指的是个人承受压力的能力。

研究表明，尽责性是所有工作都需要的个性特质。因此，企业在甄选人员的时候，应该测评候选人的尽责性，它是预测工作绩效较为合适的因素。在尽责性维度得分较高的候选人，在工作相关的知识水平维度得分可能也会较高，更高的知识水平又会和更高的工作绩效相联系。

在甄选过程中，企业需要注意的是，仅仅依赖个性本身区分和选拔候选人是不充分和不全面的。胜任力素质模型明确指出只有将胜任力素质模型中的各类要素综合在一起的时候，才能区分出企业中的绩效优秀员工和绩效平平员工。个性只是胜任力素质模型中的一个组成部分，因此在甄选过程中，个性或人格测试只能作为参考，而且需要谨慎运用。玛丽·福列特说过：不要过于计较人的个性，而是要学会有效工作。

(2) 职业兴趣测试。职业兴趣指的个体对具有不同特点的不同职业所显示出的偏好，以及个体从事某项或某些职业的愿望。它能够反映出候选人的职业偏好。事实上，候选人对职业的兴趣、态度和偏好，在很大程度上会影响其日后的工作绩效，也可能影响个体的离职倾向。

霍兰德职业兴趣测试是目前甄选管理中使用较为广泛的工具。它有六个测试维度：现实型（realistic）、研究型（investigative）、艺术型（artistic）、社会型（social）、企业型（entrprenering）和传统型（conventional）。霍兰德认为职业兴趣测试能够反映个体选择职业的大致方向，见图 4-2 和表 4-5。

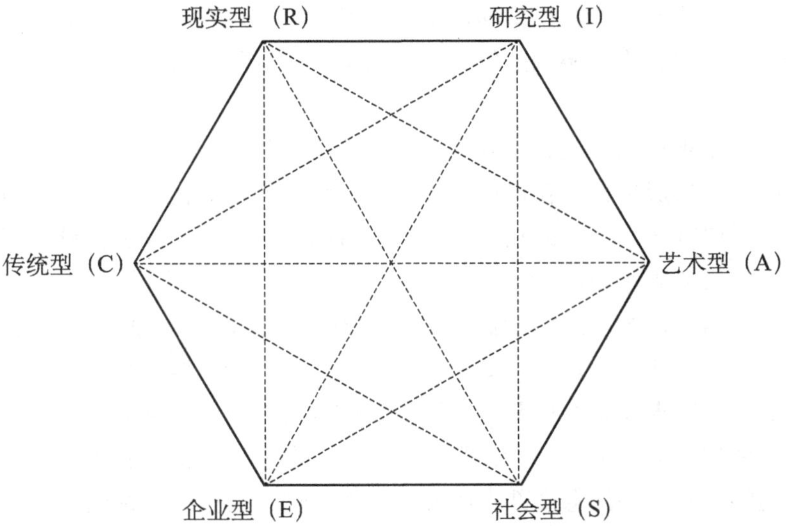

图 4-2　霍兰德职业兴趣六边形模型

表 4-5　霍兰德职业兴趣与职业类型的匹配

维度	相匹配的职业类型
现实型（R）	综合农业人员、企业管理人员、木工、电器技师、工程师、农场主等
研究型（I）	生物学家、化学家、工程师、地理学家、数学家、医学技术人员等
艺术型（A）	广告管理人员、艺术教师、艺术家、广播员、英语教师、室内装修员等
社会型（S）	汽车推销商、辅导咨询专家、家庭经济指导人员、精神健康工作者等
企业型（E）	综合农业企业管理人员、汽车推销员、工商管理人员、采购员、教师等
传统型（C）	会计、汽车推销员、银行职员、簿记员、工商管理人员、信贷管理人员等

在图 4-2 的六边形中，职业兴趣类型是按照一定顺序排列的。霍兰德认为无论哪种类型的职业兴趣占主导地位，个体都会想办法来应对自己所处的环境。在六边形中，位置相邻的两种职业兴趣是相似的，不相邻的则不相似。如果个体主导的职业兴趣和第二职业兴趣相似，则在换工作的时候相对容易一些；反之，则会困难很多。这也印证了法国哲学家卢梭所说的：强者并不是无所不能，而是集中于自己擅长的事情并以无与伦比的速度加以复制。

5. 评价中心

评价中心是高度情境化的测试技术，采用综合测试方法对候选人进行全面的观察和评价。这一技术主要用于考察求职者是否具有从事管理类职位所需要的个性特质、管理能力和人际关系能力等。此外，该技术还用于评价求职者在团队工作中的能力素质水平。这里常用的方法有：公文筐测试、无领导小组讨论和角色扮演。

（1）公文筐测试。这是评价中心最常用和有特色的工具之一，是对实际工作中管理人员捕捉、分析、提取有效信息能力的测试，也是对其在决策中能否对现象加以抽象和归纳的检验。在测试中，求职者会面对一系列的文档、邮件和报告，如人事会议纪要、政府法规文件、客户关系报告、媒体通稿等，要求在规定时间里和规则规定的条件下，对不同类型信息形成反馈并给出指导性意见。通过这一过程，考官能够观察和评估求职者抓主要矛盾的能力、沟通协调的能力、获取关键信息的能力、激励员工的能力和果断决策的能力等。

（2）无领导小组讨论。这种方法需要由一组求职者如5～7人组成临时工作小组，讨论给定的问题并形成决议。在讨论过程中，小组还会选出代表陈述小组讨论形成的观点，其他成员予以补充。其目的在于考察求职者的现场表现，以及在没有指定和任命领导者的情况下，谁能脱颖而出。

在无领导小组讨论中，采用的试题有几种不同的形式。一种是开放式问题，比如，如何看待中国式现代化对本企业的要求？数字经济下，什么样的企业领导者是好的？这类问题的目的是考察求职者的思路是否清晰、论点是否明确、论证是否严谨等。另一种是两难问题。例如，你认为管理者在管理过程中，是重视事情重要还是重视人重要？在设计这类问题的时候，要注意全部求职者在两者中进行选择的概率应大致相当，不能出现“一边倒”。两难问题的目的在于测试求职者的分析能力、整合能力和说服力。除此以外，还有多项选择问题、操作性问题等。

无领导小组讨论的技术性较强。为了确保信度和效度，企业在设计这一方法的时候要关注以下几点：第一，小组成员的角色必须是平等的。之所以称为“无领导”就是没有明确谁领导、谁被领导。只有成员地位平等，才能在讨论和争辩的过程中，考察出哪些人具有高潜力，也才能有利于进行成员间比较。第二，在进行问题设计的时候，要注意问题应该和目标职位的要求有关联性，最大限度地使模拟情境贴近真实情境。问题的答案应该包括多个角度，并有一定的难度和讨论空间。只有通过充分的讨论，才能帮助考官考察求职者的胜任力。第三是考官的参与性。考官拿到相应资料、问题的背景、职位要求和求职者相关信息以后，一般不要现场提问或者打断，而是需要冷静的观察和客观的记录。

在我国，目前无领导小组讨论方法在校园招募和公务员面试中广泛使用。这一方法的优势很明显：和笔试、面试等单一测试方法不同，它能够考察求职者的综合能力或胜任力，也能够考察求职者之间的互动和沟通，还能够在动态过程中考察求职者的团队协作能力、说服能力和个人魅力等。但是，这一方法的开发成本和使用成本较高，也需要专门培训主考官。

（3）角色扮演。它要求多个候选人共同参加一个具有管理特色的活动，让每个人扮演特定角色，模拟实际场景中的活动。例如，要求求职者合作，共同在规定时间完成某款新产品的推广和销售工作。这就要求小组分工合作，及时完成任务。这一甄选方法也能有效考察求职者的团队配合能力、协调能力、创造能力和出成果的能力。

总之，评价中心是比较理想的选拔管理人员的测评技术。

4.4.2 人才测评的发展趋势

人才测评是人力资源管理的基础性工作。它是为了特定目的，借助相对科学的手段和方法，对个体的生理、心理、态度和能力等方面进行综合的测量和评价。目前呈现以下发展趋势。

1. 在数字经济时代，以胜任力为基础的测评日益重要

传统的人才测评注重考察候选人过去的经验、知识和技能等。但在新发展阶段，尤其是企业越来越面临不确定性且日益要求创新的背景下，在招募与甄选环节，基于胜任力的测评方法日益普及。胜任力是复合性的，包含个体的知识、技能等显性要素，也包括自我概念、个性特征等隐性要素。胜任力素质模型能够为人才测评提供更有效的支持，也能更全面、立体和有针对性地为企业甄选人才。

2. 综合运用多种测评工具

随着经济社会的迅速发展，人才竞争日益激烈，企业需要更全面的方法来评价员工。企业也倾向于使用不同测评技术来进行人才的识别、区分和挖潜。人才测评实践不再局限于笔试、面试等单一的方法，很多企业会在内部建立专业的测评团队。在社会层面，也涌现出专职测评师和测评机构。还有一些人力资源专家兼职测评师。他们可以自己独立负责测评项目并根据实际需求外采或自己开发测评工具，包含线上和线下的测评。这些综合性的测评工具被运用于员工培训发展、招募选拔和内部竞聘等人力资源管理活动。线上测评有基层人员胜任力测评、职业性格测验、一线心理健康测评等，线下测评有案例分析、角色扮演、公文筐测试等。测评工具的综合使用有助于提升人员甄选和培养的效果。

3. 需要结合个人、团队和企业不同层面的需求开展测评

随着市场竞争加剧、职业类型增加等，企业越来越需要匹配员工个人价值观与企业文化，提升集体战斗力。基于胜任力的测评工具不仅考虑人岗匹配，还兼顾员工与团队的匹配。传统测评聚焦于个体，很少以团队或部门为单元。现在在招募与甄选过程中，企业越来越需要了解整个团队的风格，决定选择什么风格和特征的人员来激发团队活力和促进企业发展。

4. 测评工具需要与时俱进和创新优化

在数字经济时代，人才测评技术的创新引人注目。如今的在校大学生大多用手机或电脑来申请工作。在面向年轻求职者时，越来越多的企业为了提供更生动有趣的求职体验，逐渐采用创新的、符合当下趋势的测评工具，如基于游戏的测评、AI 测评、微表情分析等。这样做能直接提高求职者的参与度，并使企业脱颖而出，优化雇主品牌形象。

游戏测评就是让求职者玩一系列小游戏，从而测量求职者的快速反应、逻辑推理、专注度、风险偏好等能力。游戏形式能够创造一个令人身临其境的虚拟世界，增强参与者的个性化体验。同时，参与者能在游戏中作出最直接、最真实的反应。游戏是一个过程，而不是一个简单的结果；游戏能带来一种综合、全方位的体验，通过在专业的测评过程中添加适量游戏元素，企业能够收集求职者各种细微的差异数据点，如决策过程、反应时间、点击频率等，描绘出求职者真实的性格特征并转化为求职者与某一特定工作职位适配程度的有效建议，从而筛选出更符合企业要求的求职者。

随着 AI 技术的高速发展，人力资源管理领域出现了很多革新。将心理测评的模型人工智能化以后，就能通过语言识别、面部识别、社交大数据驱动，更精准有效地评估求职者。人工智能与人才测评的结合乃大势所趋。随着人工智能技术的迭代更新，人工智能在人才测评领域将会有突破性的进展。

5. 需要结合人才大数据提升招募与甄选的质量和效率

在传统的人力资源管理模式下，管理层作决策时容易受自身知识水平、背景、个人偏好等主观因素的影响。而借助大数据和数据分析，人才决策的质量会大大提升。基于不同来源的数据整合，管理者的决策依据更为全面客观，能够更好地分析员工的潜能和绩效，并将过程中产生的人力资源数据与系统数据加以综合，从而持续观察员工的行为变化和真实的绩效表现。管理者在人员培养发展、晋升转岗以及团队建设等方面获得更多的数据支持，能够大大提升用人决策的质量。

未来，企业越来越需要对人才资产进行科学的量化分析，并以此为基础开展人力资源管理工作。企业可以在人力资源规划、招募与甄选、培训与开发、绩效管理、薪酬与福利管理、员工关系管理等方面运用大数据思维与技术展开探索与实践，通过数据挖掘与建模分析，预测未来趋势，为人力资源决策提供辅助支持，从而体现大数据的价值。但目前很多企业的信息化系统建设不够完善，人力资源内部系统数据对接端口还未完全统一，因此企业人力资源管理的数字化变革至关重要。

本章小结

招募是企业采取多种措施吸引求职者应聘空缺职位的过程。甄选是企业采用特定方法对求职者进行评价的过程。招募和甄选既有联系又有区分，两者有机协同和整合才能为企业有效提供人才供给。

从人才供应链的角度来进行招募和甄选工作，有利于企业从总体上解决员工的数量、质量和结构问题，也有助于企业人力资源管理者从价值链角度思考过程管理，从整体视角优化招募甄选流程和提升效果。

招募渠道决定企业人才来源的范围。企业既要关注内部招募渠道，又要关注外部招募渠道。甄选方法和技术选择很多，人力资源管理者需要把握不同方法的优劣势，并结合本企业实际情况，做好招募甄选工作，做好人才储备。

随着新技术被应用于招募与甄选的实践，企业应积极拥抱新技术，创新招募甄选方法，以帮助企业实现价值创造和成果获得。

关键术语

招募管理	招募渠道	人才供应链	甄选管理
甄选方法	信度	效度	人才测评

思考题

1. 本章引导案例中猎头的人才招募过程对你有什么启发？
2. 招募与甄选的联系和区别是什么？
3. 企业的内外部招募渠道有哪些？

4. 企业有哪些常用的甄选工具？
5. 结构化面试有哪些注意事项？
6. 面试官在面试前、中、后有哪些主要工作？
7. 什么是人才供应链？
8. 人才测评的发展趋势有哪些？

讨论案例

谷歌：聚天下英才而用之

1. 谷歌公司概览

谷歌是当今世界上最出色的科技公司之一，成立于 1998 年 9 月，由拉里·佩奇和谢尔盖·布林共同创建。公司主要业务包括互联网搜索、云计算、广告技术和开发以及大量基于互联网的产品与服务，主要利润来自关键词广告等服务。

谷歌非常注重企业文化建设，其文化是吸引、保留优秀人才的重要工具。谷歌的企业文化有三大基石：使命、信息透明和发声的权利。

谷歌是全球人才向往的工作地，多次被评为全美最佳雇主，出色的人力资源管理是促使谷歌走向成功的重要一环。谷歌认为个体的绩效并不符合正态分布，而是符合幂律分布，因此它充分相信个体创造力的价值。谷歌人力资源管理的一条基本假设是：最优秀的、最有创造力的个体可以创造数百倍的商业价值。因此，公司的人力资源管理基于为个体服务的宗旨，试图让全球最优秀的个体可以在企业中自由合作，发挥最大创造力，这也是谷歌在商业上取得持续成功的根本保障。谷歌的人力资源部门称为“人力运营部”，人力资源管理的基本理念是“发现人才、培养人才、留住人才”。谷歌致力于招募优秀人才，潜心培养人才并打造独特的包容性企业文化。

2. 谷歌的招募与甄选管理

谷歌每年招募甄选上千名员工，这上千名员工要从上百万求职者中进行挑选。据估计，大约只有 0.25%的求职者能够得到职位，由此可见进入谷歌的难度之大。谷歌的招募甄选在理念、流程、具体实践等方面走在行业前列，具有重要参考价值，但是谷歌并不是在公司创立之初就做得非常好，而是经历了长时间的探索改进和数次迭代，才形成了一套成熟的人力资源管理体系。

（1）原则与理念。

1）招募顶尖人才。在谷歌看来，顶尖人才不是培训出来的，招募、甄选比培训更加重要，人才管理的核心在于投入前置，只招行业前 10%的顶尖人才。不过顶尖人才并不好招，因为绝大多数的顶尖人才都在自己现有职位上发光发热，转换工作的成本较高，换工作的意愿并不强烈。谷歌要想找到顶尖人才，就需要在招募甄选方面高投入，才有可能有高回报。

“聘用比你优秀的人”是谷歌非常重视的招募甄选原则之一，这一原则看似简单但实践起来很难。很多管理者担心，招募比自己优秀的人很有可能威胁到自己未来的发展，因此只愿招一些不如自己的人。长此以往，团队整体能力素质会被限制在一定水平，很难有更大的突破和发展。

2）加大“光圈”搜寻人才。在实践中，很多公司在招募时局限于在目标职位对应的专业领域内选择候选人，但事实证明，很多时候被一般标准排除在外的人可能是更佳人选。谷歌认为，一家公司的员工不应该千篇一律，要招募多样化人才，这就要求将视野放宽，在更大范围去搜寻人才，也就是要放大“光圈”。玛丽莎·迈尔（Marissa Mayer）创立的“谷歌助理产品经理项目”就体现了这一原则：从没有工作经验的应届毕业生中搜寻有潜力成为顶尖计算机科学家的人，并在项目中安排具有挑战性的职位。这一创举收获了不错的效果，谷歌第一任助理产品经理布莱恩·拉科夫斯基（Brian Rakowski）从斯坦福大学毕业后就被招到了谷歌，担任Gmail产品经理，表现非常出色。

3）全员参与。谷歌认为物色人才不仅仅是招募人员的事情，每个人都应该参与到招募工作中。谷歌采取一系列措施鼓励员工推荐人选，如设置推荐奖金以及将招募人才纳入每个员工的职责并进行评估（统计每个人推荐的人数和带来参加面试的求职者人数，记录员工参与招募与甄选活动的频率等）。但是，过低的内部推荐成功率也会打击员工的积极性。为了提高推荐成功率，谷歌也采取了一系列措施，如减少面试次数、为被推荐人提供优质服务等。

如今，除了内部推荐，谷歌的招贤纳士网站是其人才库的重要来源。此外，谷歌还建立了内部猎聘公司，通过内部研发的求职者数据库gHire，辅以多种强化工具对求职者进行筛选和跟踪，以此拓宽招募渠道和范围。据统计，谷歌每年聘用的人中超半数都是由内部猎聘公司找到的。

（2）甄选标准。

1）“优秀”的具象化表达。谷歌在招募甄选人才时遵循一系列准则，这些准则更清晰地勾勒了作为一名谷歌人应具备的特质，具象化了“优秀”在谷歌的界定：热爱学习、拥有激情、有韧性、善于合作、有潜力、坦诚……

在现代社会，根据信号理论，学历是快速筛选候选人的重要参考因素，这造成了一些企业在招募员工时唯学历论、唯成绩论。谷歌认为，不能够过于看重学校背景或过往成绩，最优秀的人才并不总是来自最好的学校，有些职位甚至不要求上过大学，关键是看候选人是否展现出卓越的能力。除此之外，谷歌更着眼于员工未来的发展潜力，而非仅仅关注当前的表现，这也是放大“光圈”的一种表现。

2）谷歌人员特质模型。除了一些基本指导原则和不成文的规定，谷歌还拥有更为成熟、明确的人才标准体系。谷歌通过分析在职员工的海量数据发现，优秀人才无论身处何种职位，都具备四个共同的特点。基于这四个特点，谷歌创建了自己用人标准的特质模型（见图4-3），以此为标准对候选人进行严格筛选。

人员特质模型包含以下四个维度：

● 一般认知能力：在工作中解决复杂问题的能力。面试官会提出一些开放式问题，来了解应聘者是如何处理和解决问题以及如何在实际问题解决过程中学习和提升的。

● 领导力：谷歌认为，一个人即使不是管理者也可以具备很强的领导力。其对领导力的定义范围较广，领导力不仅仅是管理他人、领导他人的能力，也包括影响他人的能力，比如工作积极主动、富有责任感、勇敢指出问题等。

图 4-3 谷歌人员特质模型

● 职位相关知识：与所从事职位相关的知识技能，根据职位的职级高低而有所差异。对于不同职位，公司考察的侧重点不同，关键在于了解应聘者如何将个人优势和经验与当前职位以及未来职位相结合从而产生积极的结果。

● 谷歌范儿：具体是指人们对工作中的是非以及行为好坏的判断标准，更多表现为行为特质，如上进心和抱负、团队精神、服务精神、倾听及沟通能力、行动力、效率、人际交往技巧、创造力及品行等。

(3) 招募与甄选工作的实施。谷歌通过分析大量数据后得出，招募与甄选流程必须满足 4E 标准，才能确保公司挑选到高质量的人才。4E 标准包括：流程要效率高（efficient）；流程要效果好（effective）；候选人在整个流程中要有良好的应聘体验（experience）；流程要做到公平公正无偏见（equitable）。为了达成上述标准，谷歌也采取了一系列举措，如设立甄选委员会、提高流程效率、持续优化面试环节。

1）设立甄选委员会。与传统模式（决定权掌握在用人部门经理手中）不同，谷歌的甄选结果由甄选委员会来定夺。在实践过程中，公司创始人逐渐意识到任何一个面试官不可能每次都作出正确的选择，甄选工作应由一个委员会完成。因此，拉里建议让高层管理者对录用的每位新人进行审核，这也是谷歌甄选委员会制度的缘起并沿用至今。

甄选委员会由不同部门的高管组成，在人员设置上突出观点的多样性，吸收资历背景和技能优势各不相同的人选。人力资源部门管理者虽然没有决定权，但是拥有一票否决权。并且，候选人最终录用需要经首席执行官审核，这让所有人看到了谷歌对招募与甄选的重视程度。通过这种设置，可以有效避免用人部门经理因为私心录用非最佳人选而破坏公正的情况，也避免了用人部门由于很长时间没有招到合适员工而降低标准的情况。

2）提高流程效率。在甄选过程中，简历筛选和面试是花费时间较多的两个环节，谷歌采取多种方式试图提升效率。在简历筛选环节，谷歌选用专业的、熟悉公司众多职位的工作人员进行简历筛选，以提高筛选速度和准确性。在面试环节，谷歌发现大部分时间是被浪费的，因为面试中 90%多的时间都是在验证面试官最初 10 秒钟的印象。并且，据调查研究，在 4 次面试后，面试官人数每增加 1 位，只能为面试决策准确度带来不到1%的提高。基于此，谷歌为了加快速度，对早期流程作出了重大调整，包括缩短面试时间、规定每位求职者最多只能接受5位面试官的面试、允许求职者跳过某些流程等。

此外，谷歌通过信息共享来进一步提高效率。谷歌在甄选过程中会形成“信息包”，这一信息包包含了公司对求职者进行层层面试过程中积累的所有信息，主要包括一份涵盖所有关键信息的摘要以及其他全面综合的支持性材料。摘要由硬性数据以及支持录用决策的具体证据构成，支持性材料主要包括面试报告、简历、之前的薪酬水平、推荐材料以及其他材料（大学成绩单、专利或奖项复印件、编程或编码样本）。信息包具有统一模板，格式简单明了，便于快速浏览，掌握最终决定权的甄选委员会能够在120秒内浏览完信息包的所有内容，极大缩短了用时。

3）持续优化面试环节。谷歌高度重视面试环节，努力提高面试的效率和效果，并不断改进应聘者的面试体验。具体举措有以下几个方面：

精心选择面试问题。谷歌采用结合行为与情境的结构化测试，因为预先设定好问题和评分标准可以有效减少偏见。此外，谷歌开发了名为qDroid的内部工具协助面试官进行面试。面试官可以选择应聘者职位，查看应该进行的测试，同时还会收到一封面试指导电子邮件，包含一些用于预测应聘者在该工作中未来表现的问题。

专业的面试人员。谷歌采用甄选委员会的模式，面试官需要经过精心筛选，不是所有人都可以加入甄选委员会。与此同时，面试官还需要接受一系列业绩指标的评判，包括主持面试的次数、可信度、反馈信息的质量以及给出回复的速度等。

独立客观的评估。谷歌面试官要对求职者的特质做评估，求职者的每一特质都至少需要两名独立的面试官做评估。并且，面试官要详细说明并记录求职者在每个环节的表现，除了评估结果还要具体呈现应聘者的表现过程，以便后续作出评估。每次面试结束后，甄选委员会的成员会聚在一起，汇总并仔细阅读每位面试官的书面报告，然后对照问题回复标准最终给出评估意见。此外，谷歌还采取了一些其他措施来提高公平性、客观性，如让下属参与面试，向求职者传递谷歌没有等级划分的信号；补充跨职能面试官，即与求职者竞聘的职位没有任何关联或关联很小的面试官，旨在推动公正评估。

多维度的面试反馈。面试过后，谷歌会用一种称作VoxPop的工具对每一位应聘者进行调查，根据他们的反馈意见来调整流程。面试官也会收到反馈，评价他们在预测某人是否应该被聘用方面的能力，具体可以查看过去自己的面试评分记录以及候选人是否被聘用，由此判定自己对潜在谷歌人的评估是否恰当。

资料来源：徐微、高琳为本书撰写。参考拉斯洛·博克．重新定义团队：谷歌如何工作．北京：中信出版社，2015；埃里克·施密特，乔纳森·罗森伯格，艾伦·伊格尔．重新定义公司：谷歌是如何运营的．2版．北京：中信出版社，2019。

讨论题：

1. 谷歌定义优秀人才的标准是什么？
2. 谷歌的招募原则和方法有什么特点？
3. 本案例给了你什么启发？

第5章

培训与开发管理

吾十有五而志于学，三十而立，四十而不惑，五十而知天命，六十而耳顺，七十而从心所欲，不逾矩。

——《论语·为政》

引导案例

我的人生我做主：大学生员工的成长之路

2020年6月的一天，中国邮政集团有限公司武汉市分公司（以下简称“武汉邮政”）公示栏上贴出这样一则公示：“经武汉市分公司党委研究：杨明等16名同志拟任武汉邮政四级副领导职务，现予以公示……”读罢，杨明不禁感到一阵激动，这些年的工作经历历历在目。

杨明，一名来自外地的90后大学生员工，普通院校本科毕业，工作8年，在公司大学生员工年晋升率不足10%的情况下脱颖而出，成为区分公司中层领导，他是如何做到的？

1. 初入职场——不想当将军的士兵不是好士兵

小杨1990年出生于湖南一个普通的农村家庭，父母务农。他自幼爱好音乐，高中毕业后考入当地一所普通本科院校，主修音乐学专业。大学期间，活泼开朗的小杨参加了很多学生会工作，锻炼了人际交往能力。2012年夏天，小杨临近毕业，湖南一家中学录用他为音乐教师，属于学校自主招募的合同工。他还以应届生身份被武汉邮政录取。小杨有些迷茫：选择哪一份工作呢？选择前者可以继续从事他热爱的音乐专业，但是工作不稳定；选择后者就是国有企业的正式工，发展空间大。深思熟虑后，小杨决定在稳定中谋发展，为家庭减轻负担。同时，他决定不放弃热爱的音乐，把它作为业余爱好坚持下去。于是他选择了后者，与邮政结缘。

小杨最初被分配到武汉邮区中心局轮岗。他了解到公司每年会提拔一定比例的大学生员工进入后备干部队伍，心中暗想："只要努力，我也一定能获得晋升。"怀揣这个目标，小杨在轮岗的过程中积极完成各生产单位领导分配的任务，还踊跃参加工会活动。他经常担任活动主持人，在大学生新员工演讲比赛中勇夺桂冠。轮岗结束，他被调到综合办公室，负责新闻宣传工作。在工作中，他带领一线单位的宣传干事撰写新闻稿，踊跃向《中国邮政报》《湖北集邮》等报纸投稿，他们团队的新闻经常见报。他的工作成效显著，所在中心局的新闻宣传工作位于全国七大中心局前列。三个月后，他被调入市邮政局团委，一年后，又被借调到省公司新闻中心锻炼。

2. 崭露头角——干一行爱一行

作为大家眼中的积极分子，小杨进入省公司新闻中心后发现，周围的同事都是重点大学本科毕业，有的还是硕士生甚至博士生。他感觉舞台更大了，压力也更大了。小杨深知自己在学历上没有优势，只能更加努力地工作。因为工作原因，他有机会接触到《中国邮政报》的编辑老师，其中有一个徐老师特别喜欢他。小杨谦虚好学，每次投稿后都恭敬地向徐老师请教，因此，徐老师也特别愿意将自己的专业知识倾囊相授。很快，小杨的新闻写作能力得到了显著提升。在此期间，小杨参加了团委的志愿者活动，到福利院做公益，组织联谊活动。

2014 年 11 月的一天，小杨生病身体不适，便向领导请假提前回家休息。刚踏入家门，直接领导李主任紧急来电："接到通知，文明城市申报材料需要在明天之前发给各区局，由于这个项目的整个申报过程是你经手的，还得麻烦你处理一下！"小杨想，这个时候换人来处理材料肯定不合适，于是他毫不犹豫地答应了。这天晚上，小杨强忍不适在办公室加班。当他最终把申报材料整理成册时，已经凌晨 4 点了。

一周后，小杨正埋头整理文明城市申报材料，突然接到徐老师的来电，他告诉小杨有个到北京邮政系统学习新闻写作的机会。放下电话，小杨心里有点纠结，一边是期待已久的学习机会，一边是未完成的工作。经过一个晚上的思考，小杨婉拒了徐老师的邀请。不久后，李主任得知此事，欣慰地对小杨说："上次你带病工作，这次又主动放弃宝贵的学习机会，真是难能可贵。以后有机会，企业会优先考虑你的。"

3. 急流勇退——到基层去

2016 年春节后，小杨工作越来越轻车熟路，但他越来越苦恼：虽然目前工作稳定，收入可观，但他觉得自己对基层业务并不了解，写出的稿件没有灵魂。同时，他认为金融是邮政的盈利增长点，更能为公司创造价值。经过一番激烈的思想斗争，他脑子里的一个念头越来越清晰：去基层锻炼。小杨向市局领导王局长说出了自己的想法。王局长点头道："你的申请我同意了，你回去准备一下吧。"小杨非常诧异："您怎么这么快就同意了？为什么同事小吴的申请您不同意，却答应我了呢？"王局长笑了笑说："你和小吴性格能力各异，发展路线肯定不一样。你开朗活泼，具有较强的协调能力，省公司绝对不会是你的职业终点，去基层锻炼对你有好处；小吴为人内敛，更适合在省公司从事稳定的工作。"听完王局长的肺腑之言，小杨感激不已。同年 4 月，小杨如愿被"下派"到 HS 区分公司 LX 支局从事邮政柜员工作。

“小杨，还没搞清楚吗？具体是哪个环节操作失误造成了200元的短款？”听到主管催促，小杨抱歉地回答：“不好意思，这钱我先垫着。”这已经是这个月第二次出现错账的情况，小杨有点沮丧。晚上，小杨闷闷不乐地回到家。第二天清早，和往常一样，小杨不得不五点半起床赶公交，从家里到单位需要两个小时的车程。一路上，他思绪万千：“主动放弃省公司的管理岗到基层来锻炼，不仅收入低，还看不到希望。我的选择正确吗？”

4. 大显身手——我的人生我做主

2017年夏天，小杨在柜员职位上工作一年多了。他开始担忧自己的前途，于是硬着头皮找到HS区分公司李局长。“我想换个职位，请企业给我机会。”小杨说明来意。“你再坚持一下，有合适的职位我们会优先考虑你。”李局长语重心长道。小杨缓缓地点了下头，沉默地离开了局长办公室。他下定决心，如果这次企业不给他调动职位，他就辞职。

小杨走后，李局长深感担忧，他觉得小杨是个好苗子，千万不能让这样的人才流失了，是该好好考虑调整他的职位了。一周后，小杨接到调令，被安排到HS区分公司渠道平台部担任电商经理，负责邮储开卡与农产品买卖分销等多项业务，干得好还可以获得提成。面对全新的职位，小杨又充满干劲，他自学市场知识，积极向同事请教，跑业务冲在第一线。不负众望，几个月下来，HS区电商的销售额就从原先全市第四跃居第一。一天下午，市局领导王局长来到HS区调研，他问小杨：“这个季度你们的业务收入排名全市第一，你们部门是怎么做到的？”小杨胸有成竹地回答：“我对区电商业务现状做了一个统计，我发现，在营业收入中，目前超过70%的销售额来源于存量客户，我们新渠道客户量的获得率过低。我们在巩固好存量客户基础上，需要加大对新客户的开发力度……”他说得头头是道，各类业务数据都脱口而出。“看来你对数据非常敏感，我觉得你更适合金融工作，不知道你有没有兴趣接受挑战？”王局长问。受到领导鼓励，小杨也想试试。搞金融虽然有业绩压力，但凭借自己敢闯敢干的决心和能力，一定能大有作为。此后，小杨向HS区分公司申请希望转到金融经营岗。于是，公司先将他调入一家金融网点跟班学习网点经营四个月，在他熟悉金融业务后，便让他全面主持HS区WX邮政所的工作。

WX邮政所是一块难啃的“硬骨头”，该网点的业绩一直不佳。小杨担任网点经理后，便开始思考如何改善经营。他突然想起李局长曾经提到的“窝边行”理念，即以邮政网点为“窝”，走进社区拓展业务。考虑到WX网点周边社区多、商户多的特点，小杨决定实施这个方案。

小杨利用自己的主持、唱歌、钢琴等特长，免费给社区居民上音乐课，还在国庆节、中秋节等社区晚会上担任主持人。这样一来，社区居民几乎都认识了他。小杨还与琴行、健身房、药店等商户开展异业联盟，共同走进社区，实现了网点与商户间的双向引流与合作共赢。不到两年时间，WX网点的综合资产就从全区倒数上升到第二名，余额规模也突破2亿元。这个时候，小杨的心态发生了变化，他的目标不再是追求晋升，而是把握当下，全力以赴做好本职工作。

2020年夏天，又有一批来自五湖四海的大学毕业生加入企业。在新员工入职仪式上，小杨应邀发言。他演讲的主题是“我的人生我做主”。他真诚地对台下的大学生说：“恭喜大家进入武汉邮政这个大家庭。希望大家明确自己的职业目标，积极主动，努力拼搏，未来可期！”

资料来源：中国管理案例共享中心，经作者施丹和该中心同意授权引用。

5.1 培训和培训管理

5.1.1 培训的内涵和价值

培训是企业为了战略落地、提高绩效和帮助员工成长所采取的有目的和有计划的培养训练活动。培训的目的在于帮助企业成员掌握职位职责要求的知识、能力、行为和应有的态度，并养成学习习惯，从而能够履行职责、完成任务、取得绩效和助力企业成功。

培训对企业的价值很大，主要表现为以下几点：

第一，促进员工认同企业文化和形成凝聚力。企业文化是对群体思维的加工，包含价值观、规范、仪式、英雄和故事等。新员工加入企业后，需要通过培训才能了解文化和学习文化。得到企业文化的熏陶以后，新员工才能更好地适应企业和职位的要求，并为后面完成职位任务和获得绩效打下基础。在我国企业实践中，新员工加入企业之初都要接受文化导入和培训，俗称“入模子”。这一企业社会化过程对新员工认同企业至关重要。更重要的是，企业中大量的工作需要协同，这些协同既需要有刚性的制度支撑，也需要柔性的文化来调节。通过培训，员工才能做到“刚柔并济”并形成企业行为，从而提高效率和产生绩效。

第二，提高员工执行力和企业适应新形势的能力。根据平衡计分卡原理，企业员工受到训练和持续学习，才能有效执行关键任务并满足客户需求。如在餐饮企业，员工训练有素，才能提供可口的饭菜和良好的服务，这样才能满足客户需求，使客户持续光顾，同时企业也因为口碑吸引到新客户。有了老客户的重复购买和持续增加的新客户，餐饮企业就能获得现金流和财务收入。培训作为起点，能够帮助企业打造胜任力强的员工队伍，以高效执行战略和服务客户。企业处于竞争和不确定的环境中，客户有新需求、技术有新发展、竞争有新对手，这些都对招募和培训提出了要求。

第三，提供平台和条件，引导员工将自我发展和企业发展有机结合。数字经济时代，企业组织结构越来越生态化和扁平化，员工的知识水平和综合素质越来越高。企业唯有创新才能立于不败之地。吸引、保留和激励员工的传统措施就像一张张“旧船票”，难以登上新时代企业这艘大船。企业需要提供发展空间和学习机会才能吸引知识型员工，做到企业和员工同步发展。越来越多的中国企业顺应形势发展的要求，建立培训中心或其他类型的学习机构，构建企业培训和开发管理体系，如内部讲师制、案例萃取制、线上学习平台、编写手册等。这些体系化的做法能够大大激发员工自我学习的动力，并有利于和企业建立共创共生的关系，为社会发展贡献力量。

5.1.2　培训和开发的关系

企业员工培训的目的是培养和运用员工技能，做好当下的工作；员工开发的目的是通过建立职业通道、设立辅导机制和反馈绩效等措施，挖掘员工潜力，服务于企业未来的发展。企业中较为重复性和操作性的工作，更多地是通过培训和培训管理来解决。企业中较为创新性和不确定性的工作，则需要用开发、共创的方式来解决。两者的共同目的都在于系统提升全体员工能力和激发员工动力，为企业打胜仗奠定基础。

5.1.3　培训管理

培训管理指的是企业基于战略要求，为培养、拓展员工能力而开展的有计划的各类活动。它包含培训前的调研分析、培训中的实施落地、培训后的复盘评估。培训管理既要和战略对齐，又要保持成本效益，还要激发员工活力和提高员工能力。

有效的培训管理需要做到以下几点：首先，在设计培训体系时，要有意识地聚焦战略并传递企业文化和价值观。其次，在培训体系设计过程中，要坚持以建设企业的组织能力为原则，帮助员工完成眼前工作，同时面向未来储备能力。再次，培训管理需要和其他人力资源管理活动，尤其是招募与甄选管理、任职资格管理和绩效管理等配套。最后，还要关注培训管理的效果。

不少企业也会采用培训外包方式，即与外部专业服务公司签订合同，由选中的外部公司代为提供培训管理解决方案。这样做的好处在于企业能够节约精力、成本和时间，将更多的精力集中在战略性和变革性的活动上。除此以外，专业的培训公司也能更为全面和精准地设计和实施培训方案，赋能企业提高环境适应性。

5.2　培训管理流程和方法

企业的培训管理流程由五大环节构成，即培训需求分析、培训方案设计、培训方案实施、培训成果转化和培训效果评估与反馈。人力资源管理者通过运营培训管理流程，明确责任主体，形成企业培训管理体系。

培训需求分析是培训管理的起点。在进行培训需求分析的时候，需要关注企业内外部的因素。其中外部因素包括技术进步、政府规定等；内部因素包括职位要求、人员需求以及企业要求等。

基于培训需求分析的结果，有针对性地进行培训方案设计。

培训方案实施尤其需要注意训战结合，在岗学习、反思学习、实地学习和行动学习等方法都能够帮助员工学以致用。

第四个环节是培训成果转化。培训的目的在于赋能员工掌握做好工作所需要的知识、能力和态度，并提高效率和改善产品服务。但是，培训环境和实际环境不同，人际关系类型不同，可能造成培训成果在实际应用中存在差距，这就需要企业营造成果转化的氛围并创造条件，尤其是受训者上级需要对这一环节加以重视，保障培训成果。

最后一个环节是培训效果评估与反馈。评估培训项目的方法有很多，如针对受训者表现加以评估，可以采用工作绩效、效率、服务质量提升等指标来加以评估。在企业层面，可以采用培训成本和收益之间的关系来评估。这一环节具有管理控制的性质，能够提供反馈给培训管理的组织者，并为企业未来培训工作的改进提供指导意见。

培训管理流程见图 5-1。

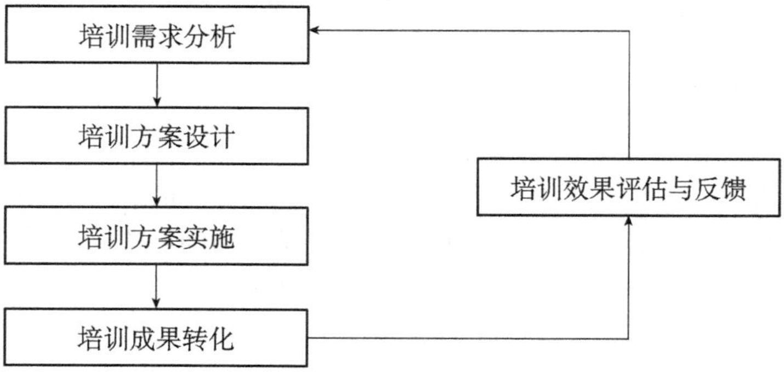

图 5-1　培训管理流程图

5.2.1　培训需求分析

培训需求分析是企业培训管理的起点。培训管理的责任主体首先要弄清楚企业是否需要进行培训以及培训什么内容等问题。培训需求分析从调研企业需求和员工需求入手。企业需求体现为战略调整、业务调整和干部队伍变化等。员工需求表现为员工是否胜任职位、是否达到绩效目标、个人是否有成长等。

在实践中，培训需求分析从三个层面展开，即企业层面、任务层面和员工层面。企业层面的培训需求分析从战略和竞争角度出发，总体判断培训管理对企业的价值和对员工的价值，并将人力资源管理现状和未来发展对人力资源管理的需求加以对比，从中挖掘出价值大、特色强和赋能程度高的培训需求。任务层面的培训需求分析确定员工需要完成哪些重要任务，并确定为了帮助员工完成这些任务，应当在培训中强调哪些知识、技能和行为，才能做到人岗匹配。员工层面的培训需求分析是通过对比绩效评估结果和员工实际能力水平，分析差异，为培训方案设计打下良好基础。

5.2.2　培训方案设计

通过不同层面的培训需求分析，企业设计培训方案和做好预算。在实践中，企业需要制订战略性培训方案和日常性培训方案。前者时间跨度较长，主要针对企业中高层，主要包含理念、未来方向和所需胜任力、培训制度和方法等。后者则表现为年度和单项培训方案，如当年培训活动安排和培训预算计划。

一般来说，培训方案包含以下内容：培训目的、培训方法、培训对象和讲师、时间地点、经费预算和效果评估标准等。培训方案设计的质量直接影响下一步培训方案实施的质量。

《企业工会工作条例》规定，企业工会支持企业依法行使经营管理权，动员和组织职工完成生产经营任务。督促企业按照有关规定，按职工工资总额的百分之一点五至百分之二点五、百分之一分别提取职工教育培训费用和劳动竞赛奖励经费，并严格管理和使用。企业在进行培训方案设计的时候，还需要统筹考虑企业承载国家使命。企业培训方案必须符合国家相关政策要求。应针对不同类型的员工设计不同培训方案，并创建平台来运营培训活动，如基础平台、管控平台、支撑平台和学习平台，这些平台的运营主体是人力资源部门或者企业培训中心。

5.2.3 培训方案实施

1. 方案实施

在实施培训方案时，企业需要关注培训对象特点、营造培训氛围和保证培训效果。实施过程中要做到：第一，做好动员沟通工作，帮助受训部门和培训对象了解培训目标、内容和方法等，落实责任制。第二，要注意培训内容的针对性、培训方法的合适性和培训场所的氛围感，并将培训体系化和常态化。第三，要做到学以致用。通过制度设计将培训内容和培训对象的职位职责密切挂钩。比如培训技术人员的时候，要注意职位职责和培训对象的能力、态度及知识挂钩；培训管理人员的时候，则需要在培训中纳入管理思维养成、带领团队能力、时间分配方式等内容；培训企业高管的时候，则要关注抽象思维能力，重点训练其定义现实的能力和预测未来的能力。第四，遵循“721法则”：70%的培训内容和职位学习、反思学习、复盘学习有关，当培训和培训对象的经验发生联系的时候，学习较容易发生；20%的培训内容需要设计具体的学习场景，比如实地参访、管理交换和私董会等；还有10%的培训内容与结构化知识有关。第五，在实施培训方案的时候，企业各级管理部门要担负责任，人力资源部门要做好交付和运营工作。

2. 培训方法

在企业培训管理中，培训方法总体分为两大类：传统培训方法和现代培训方法。传统培训方法包含课堂讲授法、在岗培训法、案例研究法、角色扮演法、视听法、线上学习等。现代培训方法包含行动学习法、教练法、师徒法等。这里主要介绍现代培训方法。

(1) 行动学习法。行动学习法是英国人瑞文斯（Revans）提出的。这种方法在我国又称为团队学习法或群策群力法。该方法倡导以5～7人为学习小组，从现实场景中萃取问题、分析问题和解决问题。该方法还包含反思学习、质疑学习、知识性学习等。在学习过程中，可以借助团队列名法、聚焦问题法、甘特图等工具帮助团队成员提高分析问题能力、解决问题能力和带领团队能力。

（2）教练法。在企业培训方案落地的时候，经常用到的教练工具是 GROW 模型。培训者或教练通过恰当的提问、共情性倾听和共创等方法，帮助培训对象理清目标、看清现实、找到方案以及解决问题。这一方法的本质在于帮助培训对象找到杠杆，开发自身的潜能。目前，我国企业在对新生代员工尤其是新生代知识型员工的培训过程中，应用比较普遍的是教练法，因为其针对性和有效性较强。

（3）师徒法。这是将传统方法现代化的培训方法，目的是当员工日常遇到困难的时候，能够快速找到帮其解决问题的人。“师傅”可以是企业内部资深且有利他情结的员工，也可以是企业聘请的外部顾问，还可以是企业培养的管理教练等。师徒法既可以是正式的，也可以是非正式的。它对于企业人才培训和开发管理具有较大的价值。

5.2.4 培训成果转化

培训成果转化是将在培训中学到的知识、技能和行为应用到实际工作中。这是培训管理中的重要环节。在成果转化过程中，企业需要注意以下几个方面：首先，需要赢得职能部门的支持，并将培训工作和职能部门绩效提升、服务优化建立联系。其次，企业要营造有利于成果转化的氛围。这里要注意战略引领、文化护航、方法支撑和沟通到位。最后，给培训对象一定的时间。如果是操作性培训，成果转化较为快速；如果是创新性培训或思维优化培训，则需要一定的时间积累才能看到培训成果。总体而言，培训成果转化可从业务同频共振、氛围塑造、高层支持和明确培训效果等方面加以统筹。在运行过程中还需要持续对培训成果转化情况进行记录和监测。

5.2.5 培训效果评估与反馈

培训效果评估对企业培训管理的价值是不言而喻的。它能够达到衡量培训管理质量、评估培训对象参与程度、明确培训效果等目的，而且有利于后续开展提高培训管理质量、建立培训档案、识别培训需求等方面的工作。在本章章末的讨论案例中，可以看到台山核电决定采取领先战略以后，其面向基层员工创新式的“三式学习”培训效果明显，不仅帮助员工获得参与感、荣誉感和成就感，还帮助企业解决了难题，赢得了口碑。

柯克帕特里克（Kirkpatrick）提出的四层次培训评估法（见表 5-1），至今对培训管理工作依然有指导作用。这四个层次是：评价培训对象对培训项目的反应（reaction），体现培训满意度；培训对象对学习（learning）的掌握程度，体现培训对象的收获；培训对象参加培训后的行为（behavior）改变，体现学以致用的程度；培训后的结果（result），是企业和员工层面的成果。

表 5-1　四层次培训评估法

评估层次	评估重点	评估方法	评估主体和时间
第一层次：反应	培训对象对培训内容、讲师和培训企业的反应或满意程度	问卷调查、面谈或座谈等	由培训部门在课程结束时评估

续表

评估层次	评估重点	评估方法	评估主体和时间
第二层次：学习	衡量培训对象对要求掌握的原理、技能、概念的吸收和掌握程度	提问、笔试、实操测试、角色扮演、心得报告等	由培训部门在课程结束时评估
第三层次：行为	衡量培训对象的工作行为因为参加培训项目而发生了多大程度的变化	问卷调查、访谈、绩效评估、管理能力测评、360度评估等	由直接主管每三个月或半年进行评估
第四层次：结果	衡量培训给公司氛围和业绩带来的变化	个人和企业绩效指标如离职率、生产率、流动率，客户与市场调查等	由公司主管每半年或一年进行评估

培训效果评估以后，要及时进行反馈。这一事后控制环节对企业下一轮培训项目的改善和培训体系的优化作用很大。

培训流程的稳定运行是流程落地的根本。企业需要协调多个利益相关方，如企业高层、人力资源部门、业务部门和培训对象等。高层对培训管理原则、方向、政策等予以指导；人力资源部门负责设计制度、提供资源和方法；业务部门予以支持和配合；培训对象积极参与。只有这样，培训流程才能顺利落地，达到预期培训效果。除此以外，企业也可以建立培训委员会，从治理层面保障培训流程的落地和培训工作的创新。

5.3 职业生涯和员工开发

5.3.1 职业生涯及其管理

职业生涯指的是人一生中经历的所有工作或职业经历的总和。从个人角度看，职业活动占据了人一生中很长的时间。

职业生涯管理指的是企业赋能支持员工制定职业生涯规划和做好职业发展的一系列活动。它是满足员工和企业需要的动态管理过程。从企业的角度看，职业生涯管理是企业战略落地和持续创新的重要管理措施。企业发起和实施各类系统性活动，管理员工的职业生涯，如帮助员工制定职业生涯规划、建立适合员工发展的职业通道、营造有助员工进步的企业氛围、建立健全员工职业发展的各项制度等。

从员工的角度看，职业生涯管理是员工在其整个职业生涯——从进入企业、轮岗升迁再到退出企业——所进行的职业规划、职业选择、职业切换和职业变动的一系列自我管理过程。这里包含为达到职业高度、企业要求的绩效标准而进行的个人努力，如积累知识、开发技能、明确使命等。在中国式管理情境下，儒家八目即“格物、致知、诚意、正心、修身、齐家、治国、平天下”也在个人的职业生涯管理中有用武之地。

职业生涯管理对企业和员工个人的价值很大。对于企业来说，它能促进企业优化人才配置和人才结构，提升员工能力水平、工作效率和灵活度，促进员工和企业同步发展。对于个人而言，通过职业生涯管理，能够了解自己的优势、兴趣和成果领域，提升自己在职场中的竞争力以及找到生活的方向、秩序和归属感。

5.3.2 职业生涯管理相关理论

1. 职业生涯认知理论

职业的自我认知是一个持续发展的过程。职业生涯认知理论揭示了职业生涯选择的动力机制。该理论认为个体职业目标源自个体的特点和兴趣。通过提升自我效能能有效激发职业兴趣，进而帮助个体形成职业目标。阅历和经验是影响个体自我效能和结果期待的关键。在该理论中，职业认同是关键概念。职业认同是主体基于职业开发目标和原则所进行的各种尝试，并对遭遇的矛盾加以整合的认知。比如在对职业关系进行处理的时候，职业主体需要看清职业背后的关系脉络，并能够应对和平衡。

2. 职业生涯发展阶段理论

舒柏（Super）将人的职业生涯划分为五个阶段：

（1）成长阶段（0～14 岁）：主要任务是个体通过家庭和学校的活动自我发展。个体通过学习扮演职业角色，发展爱好和兴趣，同时借助生活和学习，培养相应的职业能力。

（2）探索阶段（15～24 岁）：主要任务是对自我进行建构并探索和职业的关系。这一阶段又分为三个子阶段：第一是试验阶段，个体的兴趣、能力和对职业机会的感知处在幻想中，但已经开始进行思考和尝试。第二是转变阶段，个体已经正式进入职业，开始接受实际工作和训练。第三是尝试阶段，个体能够选择一类职业，并开始工作，为今后可能的职业发展目标做潜在的尝试。

（3）确立阶段（25～44 岁）：这一阶段已经能够选择在特定职业领域安身立命，积极努力站稳脚跟，或者尝试新的职业。这一阶段也包括三个子阶段：第一是试验阶段，对工作做更深入的探索。第二是稳定阶段，谋求在一个领域作出稳定贡献，并被他人认可，获得地位。第三是突破阶段，谋求更大的发展和成就。

（4）保持阶段（45～64 岁）：巩固职业地位、持续学习和寻求退休以后的人生新探索。

（5）退休阶段（65 岁及以上）：开始从参与者转变为观察者和教练者。

3. 人职匹配理论

该理论由“职业指导”创始人、波士顿大学教授帕森斯（Parsons）提出。该理论提出，首先要了解自己的优点与缺点并找出这些特征产生的具体原因。以此为基础，分析哪一类事情是自己最擅长的。其次是了解不同行业在不同环境下的优势与劣势。掌握不同行业、同一行业不同环境、同一行业不同层次的特征，从而把握不同层次间的特征差异。接着就是分析职业及其对人的要求，如职业性质、职业内容、工资待遇、工作条件、晋升空间以及对人心理、阅历、教育水平和能力等多方面的要求。最后是寻找到个人特征与职业特征间的逻辑关系，了解人与职业间的匹配程度。

人职匹配理论假设人的个性结构和能力结构存在差异。人要根据自己的个性特点和能力水平找到合适自己的职业，以达到人职业匹配的目的。人与职业是一对关联变量：

当我们进行职业选择时，职业也在对我们进行选择。在职业生涯管理过程中，进行人职匹配的统筹具有非常重要的价值。当人职匹配度高时，员工的工作绩效就会较好；反之则会较差，并会妨碍个人的职业发展和企业发展。

4. 职业锚理论

这一理论是由麻省理工大学教授沙因首先提出的。职业锚是指我们拥有了较为丰富的工作经验和阅历以后，挖掘出的真正愿意长期从事某种或某类职业的源动力。该理论认为职业锚产生于职业生涯早期，员工通过对工作经验进行反思和盘点，认识到自己较为稳定的职业贡献领域。

个体在开展实际工作和与人交往以前，是很难真正了解自己的能力、动机和价值观的。这些只有在和环境发生相互作用以后，才能涌现出来。这也是职业锚的由来。

职业锚不是通过各种测试测出来的能力或者个性，而是在工作实践和实际经历中基于自我觉察并得到外界证明的才能和态度。因此，职业锚是由人的工作经验和阅历决定的，而不仅仅取决于我们自以为的或潜在的才干和动机。职业锚可以大致分为八种：

（1）职能型：拥有职能型职业锚的人追求在技术/职能领域的成长和技能的持续提高。他们看重专业水平的精进以及同行的评价，不喜欢从事全面管理工作，甚至将和人打交道看作“政治”。

（2）管理型：拥有管理型职业锚的人追求并致力于职位晋升，偏好全面管理。他们善于承担全面责任，并喜欢和人打交道，乐于进行跨部门整合。具有管理型职业锚的人将技术/职能型工作看作通向更高和更全面管理层的手段，比较看重影响力。

（3）独立型：拥有独立型职业锚的人比较看重自主性，希望自由安排自己的工作方式和生活方式。他们追求能施展个人能力的工作环境，并渴望最大限度地摆脱企业的限制和制约。他们甚至宁愿放弃晋升或工作扩展机会，也不愿意放弃自身的自由与独立。

（4）稳定型：拥有稳定型职业锚的人追求工作中的安全感。他们会因为可以预测未来的稳定性而感到放松。他们关心财务安全，如退休金和退休计划。他们会对企业忠诚，及时完成上级交代的工作。他们倾向于认定企业及企业中的各种关系必须是结构性的、可预测的。

（5）创业型：拥有创业型职业锚的人希望使用自己的能力去创建属于自己的公司或创建完全属于自己的产品（或服务），而且愿意冒风险，并克服障碍。他们想向世界证明公司是靠自己的努力创建的。也许目前他们正在为别人打工，但只要时机成熟，他们便会离开去创建自己的事业。

（6）服务型：拥有服务型职业锚的人专注于追求自己认可的核心价值，如帮助他人、改善他人的安全或通过新产品消除疾病等。他们一直追求这种机会，即使这意味着变换公司。

（7）挑战型：拥有挑战型职业锚的人喜欢解决难题、战胜强硬对手。对他们而言，从事某种职业就是要战胜各种不可能的事情。新奇、变化和难题会令他们感到兴奋。如果事情总是重复性的或者容易解决，他们就会感到乏味。

（8）生活型：拥有生活型职业锚的人喜欢能平衡个人需要、家庭需要和职业需要的工作。他们希望将生活的各个主要方面整合为一个整体。正因为如此，他们需要一个能够提供足够的弹性以实现这一目标的职业环境。为达目标，他们甚至可以牺牲职业的某些方面或转换职业。他们并不将职业成功看作唯一的成功。

该理论还表明职业锚是个人稳定的职业贡献区和成长区，但这并不表明个人不会自我更新，出现职业变化和能力发展。反过来，我们可以职业锚为稳定源，拓展自身职业发展的宽度和深度，比如从种子选手朝着专家方向演变和发展。除此以外，个人的职业锚也可能变化。在企业中，也有员工在职业生涯的中后期，根据企业发展和期待，重新选定自己的职业锚，比如职能型职业锚的员工会朝着管理型职业锚的方向“转身”。

上述职业生涯管理理论对员工的职业发展和管理有很大的参考价值。它们能够在员工职业生涯的各个阶段提供帮助指引，使他们积极面对职业发展过程中的险境、恐惧和不知所措。在职业生涯发展过程中，员工既需要汲取过去的经验，又需要借助社会关系、新知识、能力转移等来应对未来。

5.3.3 管理职业生涯发展通道

1. 职业生涯发展通道

企业通过系统性措施来指导和引领员工职业生涯的发展。这里需要将员工的适应性、成长性和企业发展有机结合，帮助员工获得胜任力来履行职责。最常用的方法是为员工设计职业生涯发展通道。职业生涯发展通道的构成要素有：职位层次、晋升通道、职业路径、职位阶梯和流动方式。

职业生涯发展通道的设计和管理对员工实现职业目标和达成职业生涯发展有很大的价值。员工了解企业晋升条件和流程，能够更加明确目标。这一管理措施也能为企业带来价值：它能稳定员工对企业的预期，产生认同感；能促进员工获得能力，提升工作效率和业绩；更重要的是，还能降低人才流失率和促进企业成为学习型组织。

企业经常采用的职业生涯发展通道有：

（1）传统职业生涯发展通道。这是指纵向上员工在企业内部从一个职位转换到另一个职位的通道。这种通道将员工的发展限定在职能部门或特定事业部内，会受到员工资历、绩效等因素的影响。这类通道的价值在于发展路线清晰，易于了解晋升到下一个职位应具备的能力和素质。这类通道假设企业环境较稳定，受环境冲击不大。如果企业所处的环境较为动荡，这类通道就会暴露出灵活性不足的弊端。

（2）多重职业生涯发展通道。通过职业锚理论，我们了解到企业内部除了管理型职业锚，还有其他七类职业锚。在管理员工职业生涯发展的过程中，企业可以设置双重、三重或者多重通道。这样员工就能够找到适合自身需求和特长的发展空间和机会，将企业发展和自身发展相结合。这种通道设计有助于培养一人多能的员工，并降低员工的离职倾向。后疫情时代，很多企业鼓励员工内部创业，这也是多重职业生涯发展通道的一种。

（3）易变性职业生涯发展通道。在数字经济时代，客户需求、技术发展、新生代员工需求变化等都促使企业朝着平台化、网络化和共创化的方向演变。这也对企业人力资源管理模式和员工职业生涯管理产生了影响。易变性职业生涯发展通道指的就是以员工自身的能力、态度和价值观为基础，根据形势的变化而建立的新型职业生涯管理模式。它更注重员工自我效能开发和可雇佣能力。企业在进行通道设计时，不仅有纵向的晋升，还有横向的拓宽，即通过工作丰富化等方法来提供发展通道。

易变性职业生涯发展通道意味着员工对自己的职业生涯管理负主要责任。这里尤其需要注重三大影响因素。一是职业弹性，即处理工作问题的能力大小和应对新情况的灵活程度。二是职业洞察力，即员工要客观评估自己的兴趣、优势和不足，并将评估结果和自身发展进行结合。三是职业认同感，即认识和认同工作价值和个人价值有交叉。在易变性职业生涯发展通道中，员工需要提高创造性解决问题能力、社交能力、沟通能力、绩效管理能力以及可迁移能力。

了解职业生涯发展通道以后，企业可以借助共创、赋能、教练等方法，为员工提供自我认识的机会，同时通过培训管理、晋升管理、内部转岗管理等制度来为员工提供发展机遇。这样做的好处是使员工作出高水平的企业承诺、降低离职倾向和提高工作绩效水平。

2. 职业生涯发展通道管理

企业要根据战略目标、组织结构、薪酬体系和职位职责，对现有职位进行职族、职类的划分。例如，企业将职位划分为管理职族、营销职族、专业技术职族和生产职族等，每个职族又细分为不同的职类。完整的职业生涯发展通道体系，一般包括通道的设置、通道内部层级的划分、各层级职位数量或比例控制、各层级的任职资格标准、职业发展路径管理等内容。

以层级划分为例，可以通过同一职类从业人员承担责任的大小、所需知识的深度广度、技术掌握的熟练程度、素质和行为标准的高低，来体现同一职类中从业人员胜任力的差异。例如，某公司将市场营销职位发展通道划分为六个层级：初级营销员、营销员、助理营销师、营销师、资深营销师和高级营销师。

除此以外，企业还可以通过建立任职资格标准来明确员工能力提升的方向。实际上，任职资格标准也是员工实现职业化的标准，以及晋升和能力评价的重要依据。在企业中，每个职类每个等级都要建立相应的资格标准、素质标准和工作标准。目前，我国企业在职业生涯管理过程中，通过任职资格等级的认证和评估并结合员工的绩效表现和人岗匹配度等，为员工选择合适的职业生涯发展通道。

在上述分类、标准、体系建立起来以后，企业还需要对员工职业生涯进行动态管理。例如，通过绩效评估结果、观察员工行为来及时关注员工与职位的匹配度。管理者和员工需要共同探讨，找到人岗不匹配的原因并挖掘出员工在某类职业通道中的潜能。通过培训达到任职资格认证中必备的知识要求；通过任职资格体系牵引员工自主学习和持续学习。除此以外，企业还可以建立配套的激励制度，鼓励员工加强自我发展的能力，为企业作出贡献。

5.3.4 职业生涯开发步骤

对于不同企业，职业生涯管理的复杂性和专业性有所不同，但大多具有以下关键步骤。

（1）自我评估。这是职业生涯开发的第一步。自我评估的目的是帮助员工认识自己和了解自己。只有正确地认识到自己的长处和短处、时间管理能力、情绪管理能力，以及获取外界对自己的评价，员工才能合理规划自己的职业生涯。主要评估内容有：兴趣、个性、能力、职业锚、身体状况、学识水平、思维方式、价值观、情商以及潜能等。企业通过外购或自行设计心理测评问卷、职业倾向测评、辅导课程，来帮助员工进行自我评估。企业还需要帮助员工确立自身的志向或目标。

（2）现实审查。帮助员工评估环境对职业发展的影响。每一个人都处在一定的环境之中，离开了这个环境，便无法生存与成长。所以，个人在制定职业生涯规划时，要分析环境的特点、环境的发展变化情况、自己与环境的关系、自己在环境中的定位、环境对自己的要求，以及环境中的有利条件与不利条件等。只有对环境、企业、团队和职位等因素有充分了解，员工才能作出符合实际情况的职业生涯规划。

企业一般会安排员工的直接主管，通过定期的绩效面谈和反馈来与员工讨论其职业发展目标、路径和优劣势等。如果企业已经建立了较为完善的职业发展体系，就会有职业指导的专业人员和员工进行沟通。

（3）目标设定。目标包括短期、中期和长期的职业目标。在企业中，不同职类的员工有不同的发展目标。员工需要和企业中的人力资源专家或上级管理者讨论这些目标，形成书面报告，然后加以实施。

（4）制订和实施行动计划。行动计划是落实目标的具体措施，包括目标标准、具体措施、时间和资源要求等。企业需要基于员工的职业发展需要，提供资源支持，如课程、实践机会和沟通等。行动计划明确以后，还需要结合实际情况，对内容、方法、进度安排等进行评估与修正。

员工职业生涯开发步骤见图 5－2。

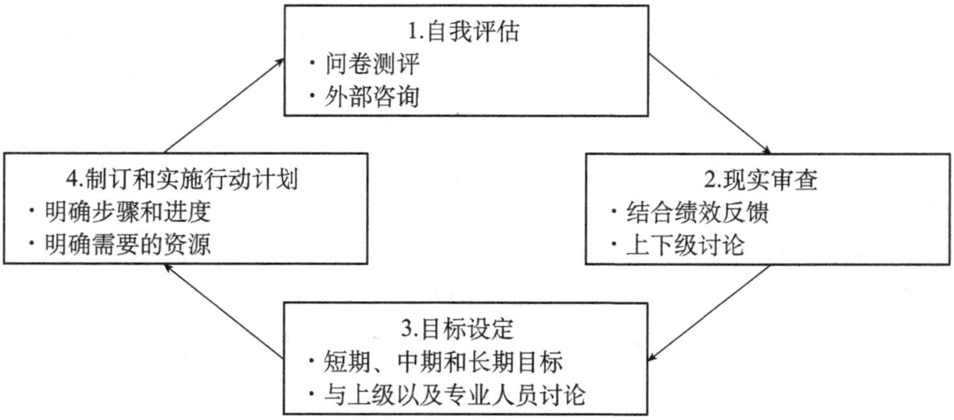

图 5－2　员工职业生涯开发步骤

5.3.5　不同阶段的职业生涯管理

企业在管理员工职业生涯的时候，要注意员工所处的职业生涯阶段，做好职业生涯初期、中期和后期的管理。

1. 职业生涯的初期管理

新员工进入企业以后，要经历三个过程：前期社会化；碰撞；改变和习得。在前期社会化过程中，新员工希望获得有关做好工作、适应环境和上下级关系等的信息。企业和员工之间要沟通清楚必要事项，达成一致目标，实现彼此的心理兼容。在碰撞过程中，员工的期望和企业现实之间有距离，会形成心理落差。企业要了解新员工对企业有哪些不切实际的期望，并采取措施来引导和舒缓。在改变和习得过程中，企业组织新员工培训，帮助员工了解企业文化和工作要求，并传授方法，赋能员工完成任务和解决问题。

总体来说，企业在初期管理中可以采取的策略有：第一，帮助新员工认识职场中的自我，学习制订初步职业生涯的发展计划。第二，要为新员工提供相关职业辅导和职位训练。比如设计导师制度，为新员工提供指导和答疑等。第三，帮助新员工了解早期职业困境、工作难题和绩效标准等，尽早认同企业。

2. 职业生涯的中期管理

这一阶段持续时间较长而且变化较多。有的员工在这一阶段获得职业成功，层层升级；有的员工却难以适应职位要求，或者处理不好工作关系甚至引发职业危机。同一个员工也可能在此期间存在不稳定的职业表现，时而顺利，时而不顺利。除此以外，处于职业生涯中期的员工，还可能遇到职业瓶颈。

基于这些现象和矛盾，企业在这一阶段可以采取以下管理策略：首先，寻求企业本身的转型和突破，为员工发展提供机遇、空间，创建更多的职业通道。其次，通过轮岗制度，激励员工升级自身能力，提升灵活度来适应企业发展的要求。再次，通过培训、工作丰富化和工作扩大化等办法帮助员工突破职业瓶颈。最后，提供学习平台，赋能员工学习新技能和新知识，帮助其适应形势变化。

3. 职业生涯的后期管理

这是职业生涯的后半场。在这一阶段，有的员工需要步入退休通道，有的员工尤其是专家型或知识型员工会开始寻找发展的第二曲线。对于计划退休的员工，企业要帮助其做好心理准备和工作交接，让其愉快地结束在本企业的职业生涯。对于知识型或专家型员工，企业根据经营需要、职位管理现状等将其安排在顾问、导师等职位上，继续运用他们的经验和持续学习的能力，激活企业内部人力资本存量。

5.3.6 职业生涯管理的注意事项

(1) 让员工知情和参与。企业需要正式和制度化地向员工传递有效信息，并让员工参与到相关制度的设计过程中。员工有了知情权和参与感以后，体验会大不相同。他们会焕发内在动力，主动协同自身职业发展和企业发展。企业的任职资格体系、职业生涯发展通道设置、不同类型的职业生涯管理办法，都需要通过宣贯、召开会议、网站公示让员工知晓、理解和引发共鸣。

(2) 建立渠道，定期为员工提供职业发展信息。企业职业生涯管理的信息包含：职位空缺信息、填补职位空缺的人员、来源和标准、专门的沟通渠道、沟通频率和相关案例等。

(3) 提供职业生涯的咨询等服务。在不少企业中，有专业人员为员工成长和发展提供评估、诊断、培训和专业指导，帮助员工解决职业发展中的种种问题。此外，提供较大的发展空间，让员工感受到有前景和奋斗的价值。企业还会通过公平公正的绩效考核制度、薪酬制度、文化宣导等改善企业氛围，吸引优秀员工和企业形成命运共同体。

总之，职业生涯管理是企业的责任，更是员工个人的责任。从企业人力资源管理的角度看，要注意基础体系，如职位管理体系、任职资格管理体系、基于胜任力开发的能力培养体系等的搭建。第 3 章的引导案例说明了有序的体系建设对于员工发展有重要价值。

从员工个人角度看，要了解企业内部的人员流动如调岗、轮岗是正常的企业行为。员工要学会做好心理调试，这包含寻找个人职业锚，在遭遇过渡危机和自我困顿的时候寻找新的平衡。职业生涯管理过程也是自我发现过程，这并非坦途，个体可能遭遇困难挑战，因此学习设定目标和作出取舍是至关重要的。

德鲁克就知识型员工的自我发展提出了很好的建议，他特别倡导要定期反思和复盘。反思过程中的问题对员工做好职业生涯管理很有参考价值。比如，在过去一年，我对自己负责的产品、服务、市场以及人员等有多少新的了解？和前几年相比，我取得进步了吗？过去一年里，人际关系有哪些新的改变？是否疏远了重要利益相关者？掌握了哪些新的技能？简历中又有哪些新增内容？等等。此外，德鲁克还特别建议知识型员工要通过真实的场景和权力格局，考察别人对自己是否信任。

5.4 学习型组织

5.4.1 学习型组织的内涵和价值

在知识经济和数字经济时代，只有当企业学习的速度超过环境变化的速度时，企业才能拥有持续创新的组织能力。这就要求企业员工具有学习知识、分享知识和运用知识的能力。学习型组织是指能够在员工行为学习、业务流程执行和客户需求满足之间建立有机联系的企业。基于员工学习能力和执行力，企业中的关键任务和流程才能落实到位，才能响应客户需求。给客户交付了产品和服务以后，客户才会满意，企业才会有绩效。

学习型组织的价值表现在三个方面：首先是对企业的价值。通过营造氛围、建章立制和选拔合适的员工，企业可以将自己打造成有适应性的开放系统，在形势变化的时候，就有动态能力来应对竞争。其次是对员工的价值。在学习型组织中，员工也能及时学习新知识、新技术、新能力，从而持续优化分析问题和解决问题的能力，有利于增加职业弹性。最后是对社会的价值。学习型组织和学习型员工增多，也会促进社会风气的改善。热爱学习、拥抱变化、理性系统的氛围一旦形成，社会也会更加和谐。

5.4.2　学习型组织和培训与开发的关系

在学习型组织中，培训与开发是战略驱动并有明确目的的。员工能力升级与企业战略部署和落地直接关联。比如华为基于不同阶段的发展战略，从选对人、建标准和发展人三大方面进行员工培训与开发管理。在员工能力管理过程中，公司高层领导带头，成为“全公司进步最快的人”。

在中国式现代化进程中，企业需要成为学习型组织。一方面要帮助员工提升能力和挖掘潜力；另一方面要通过团队学习和行动学习，将知识运用到企业产品优化和服务升级中。更重要的是，只有持续学习、突破和创新，企业才能在国际竞争中获胜，为国家发展作出应有的贡献。

5.4.3　学习型组织的建设

1990 年，彼得·圣吉（Peter Senge）在其著作《第五项修炼：学习型组织的艺术与实务》中指出，企业通过学习提升“群体智力”和持续创新能力。他提出学习型组织的建立要基于五大方面：系统思考、团队学习、共同愿景、自我超越和心智模式。企业如果能够建设成学习型组织，团队学习效率就会提高，这对于培训与开发管理的顺利开展也大有裨益。

1. 系统思考

系统思考是建设学习型组织的核心。系统思考，要求企业决策主体能够用整体的、动态的和多层次的思维模式代替碎片的、机械的和线性的思维方式。企业领导者或知识型员工只有学会从系统角度界定问题和分析问题，才能切实有效地解决问题。比如，一家企业人才流失率高，系统思考会提醒人力资源部门负责人和业务负责人从企业目标、发展空间、文化氛围、激励制度等多层次寻找真正原因，而不是依赖“头痛医头脚痛医脚”的惯性思维。

在员工培训与开发管理的过程中，企业会重点培训管理人员的系统思维或战略思维，旨在提升决策质量和带好队伍。企业中不同类型的员工面临的决策环境和职位职责各不相同，因此系统思考训练的侧重点也有所不同。对于高层领导者，大多从企业和环境的关系维度训练其概念化能力、预判能力、全局能力和矛盾平衡能力。对于中层管理者，则需要从管理效率角度，帮助其领会利益相关者关系协同、战略部署和落地、目标管理等内容，训练其系统思考和统筹能力，以便帮助团队提升效率。

2. 团队学习

企业中关键任务的完成经常需要团队作业或跨部门合作。这就要求进行大量的团队学习。团队学习有独特的学习方法，主要是行动学习法。这是一种以小组为单位、群策群力的学习方法。小组成员经过“干中学”和“学中干”来提升认知能力和解决问题的能力。通过团队学习或行动学习，一方面成员能够积极参与，另一方面有利于将成员个体头脑中的隐性知识外化为团队层面的显性知识。显性知识传播以后，能够为团队或企业更多的成员所用。

除此以外，以管理人员为主体的团队学习，有利于解决企业中的疑难问题、创新问题和变革问题。其学习成果还能够推广和扩散到其他团队中。通过传播团队学习的方法、技巧和成果，企业能培养出更多的学习型团队，进而推动建立学习型组织。比如华为在苏丹摸索出来的“铁三角”团队学习法，后经复盘和提炼，演变成企业层面的工作方法，并有力推动了公司的变革。

3. 共同愿景

建立共同愿景是企业规模扩大和复杂度提高以后必须完成的动作。企业的不同亚群体之间需要通过企业的意义体系和价值体系增进对企业的认同和忠诚。共同愿景表现为企业的使命愿景和核心价值观。在我国企业中，干部选拔的重要标准之一就是考察候选人对企业文化的认同。

通过组织学习，共同愿景能够被员工内化成自身的自觉追求。企业组织通过领导人讲话、会议制度、文件发放、视频讲座、优秀员工分享等多种形式，提炼、萃取、普及企业的核心价值观。这个过程既可以由上到下，又可以由下到上。我国企业大多通过人力资源管理制度来训练员工对文化的理解、对规范的遵守。比如通过招募与甄选过程，企业能够获得态度合适的员工；通过培训，新员工能够很快学习企业文化，并能够完成企业社会化过程。共同愿景有利于企业成员统一行动和达成企业目标。

4. 自我超越

自我超越指的是企业的扬弃能力和克服路径依赖的能力。一方面，通过顶层设计如战略管理和企业变革管理，企业能够主动创新或寻找二次曲线，并寻求可持续发展之道。另一方面，鼓励一线人员面向客户，主动拓展市场。基层员工的创新和超越集腋成裘，也能帮助企业实现突破。更重要的是，通过对员工年复一年的培训与开发，能够积累和传承企业知识。在已有企业知识的基础上，新员工、新干部既传承又丰富企业知识和组织能力，实现企业的自我超越和可持续发展。

5. 心智模式

心智模式是行动主体在长期记忆中储存的关于现实的心灵地图，它深植于我们心中，影响我们如何了解这个世界以及如何采取行动。企业在面向未来和面向不确定性的时候，需要管理者和员工优化心智模式。这是比较艰难的过程，一般通过学习、复盘、参访、讨论或者经历危机事件，企业才有可能打破集体固有的心智模式，并逐步培育新的心智模式。卡罗尔·德韦克（Carol Dweck）在《终身成长》一书中提出，成长型思维以及训练过程对企业改善群体心智模式大有裨益。微软公司第三任 CEO 萨提亚·纳德拉（Satya Nadella）在推动微软变革的时候，就倡导用“共情”和“成长型思维”来优化微软的心智模式，推动以客户为中心的价值理念，进而推动微软的产品变革和员工能力升级。

本章小结

培训、培训管理和开发管理是通过有针对性的培训设计来进行企业价值观输入、帮助战略落地的关键职能。借助这一职能，员工能够系统提高能力和工作效率。从价值链的角度看，培训与开发管理是企业价值创造的源头之一。

企业培训目标需要围绕企业战略要求，将培训计划、项目、方法和实施进行有机统合，才能获得培训成果和提高员工工作效率。

企业需要注重学习型组织的建设。作为培训与开发管理的升级，学习型组织既能动员员工深入了解企业文化和价值观，又能优化企业氛围，形成人人爱学习的风气，还能帮助员工更好地完成任务和满足客户需求。学习型组织对推动企业高质量发展至关重要。

关键术语

培训	开发	培训管理流程	培训方法
职业生涯	职业生涯管理	职业锚	员工开发管理
易变性职业生涯	学习型组织		

思考题

1. 什么是培训？什么是培训管理？
2. 培训和开发的关系是什么？
3. 培训管理流程有哪些环节？具体内容有哪些？
4. 成人学习的特点是什么？这对培训方案落地有什么价值？
5. 什么是职业生涯管理？
6. 职业生涯管理有哪些理论？
7. 员工个人如何进行有效的职业生涯管理？
8. 什么是学习型组织？
9. 通过学习本章内容，思考未来在职场上你的能力建设应该围绕哪些方面展开，才能成为企业不可或缺的人才。

讨论案例

台山核电和“三式学习”

台山核电合营有限公司（以下简称“台山核电”）成立于 2007 年，位于广东省台山市赤溪镇。该公司是由中国广核集团、法国电力集团和广东省能源集团共同创立的中法合资企业。台山核电规划建设六台压水堆核电机组。2018 年 6 月 29 日，台山核电站 1 号机组首次并网发电，成为全球首台并网发电的 EPR（欧洲先进压水堆）核电机组。中国国家主席习近平和法国总统马克龙在人民大会堂共同为台山核电站 1 号机组成为“EPR 全球首堆工程”揭牌。以此为标志，台山核电站 1 号机组获得同类机组中的首堆位置。

首堆的成功并非偶然。台山核电的干部员工深知其中的酸甜苦辣，这份成果来之不易。这是广大员工刻苦学习、勤奋钻研、开拓进取所取得的成功。公司基层员工创新和“三式学习”的方法论功不可没。

1. 从跟随到“首堆”的战略调整

我国在建设第一代和第二代核电站时，有国外成功范式做参考，在此基础上进行自主创新。但是第二代核电站的建设经验不足以支撑第三代核电站的建设，又无其他经验可借鉴，最后导致预计于2013年交工验收的台山EPR核电机组项目没有能够按期交付使用。眼前是一团迷雾，到底该何去何从困扰着施工建设组的所有人员。

工程延期、人心浮动、成本大增，台山核电陷入困境。经过慎重考虑，集团决定自力更生，把台山核电机组作为全球首堆工程来推动，率先处理全球EPR项目的建设难题，“杀出一条血路”。

2. 旧培训体系遭遇新课题

核电行业是一个非常特殊的行业，对一线运行员工的技能素质要求非常高，必须做到万无一失。因此一线员工的培训是台山核电培训体系的重中之重。台山核电的培训体系包括高层领导力培训、青年后备培训和一线运行员工培训。在一线运行员工培训中，又有反应堆运行人员培训、安全授权培训等。

原有的培训体系非常结构化和标准化，应用场景也很明确，但首堆建设要面对快速变化、不确定的环境，很多领域并没有可借鉴的经验。重重压力下，台山核电的人力资源部门开启了新体系的探索之路。在高管的带领下，公司管理层从红军长征中汲取智慧和勇气。经过学习和讨论，公司治理层下定决心要打造一支使命驱动、大局为先、智慧和勤劳并举、能够咬牙坚守、能扛事和有担当的“铁军”队伍。

领会高层的管理原则以后，人力资源部门开始了部署和落地工作。公司基层员工队伍平均年龄不到30岁，且受过良好的教育。人力资源部门和业务部门联合起来，决定在容易找到突破口的部门开始试验，鼓励基层员工积极创新，自我驱动来发现新问题和找到新解决方法。这一局部试验取得了成功和一些突破。这令人力资源管理专家和业务负责人很振奋。他们清醒地认识到基层员工中藏龙卧虎，如果管理行为得当，防范措施到位，鼓励基层或一线员工群策群力，定能解决问题。

公司高层和人力资源部门努力探求经验背后的规律，思考如何将首堆建设过程中积累的局部成功经验加以提炼，将隐性知识转化为显性知识，快速分享给其他团队，实现跨部门的分享与学习。

3. “三式学习”崭露头角

2014年9月，公司举办的“后备干部管理沙龙”活动给人力资源部门负责人带来了灵感和启发。这个活动以圆桌讨论方式进行，公司年轻的后备干部将过去成功的案例进行了总结，并在活动中分享，与会者参与讨论并反馈。圆桌讨论气氛热烈，与会者主动积极，大家群策群力，形成了对做好工作很有价值的结论。

又经过几次尝试，人力资源管理部门总结、提炼出台山核电首堆基层培训和学习的模式，即“分享（share）、体验（experience）和启发（arouse）”学习，简称“三式学习”（SEA）。“三式学习”是基于中国土壤和企业现状的行动学习法，也是可以在全体员工中复制、可延续的企业自学习模式。通过基于职位和实际问题的“干中学”和“学中干”，基层员工能极大发挥学习自驱力，进行跨场景和跨时空的学习、创新和整合。

4. “三式学习”的进一步完善

受 TED 演讲平台的启发，人力资源部门和其他部门负责人决定采用 30 分钟演讲的模式，让“三式学习”的主人公来进行分享。分享原则是“短、平、快”，并让企业全体员工共享。以此为基础，公司还通过建立微信交流群组、工具卡等方式，传播并加强学习内容在实际工作中的转化。

(1)“三式学习”的企业支撑（见图 5-3）。通过动员基层员工、公开演讲以及邀请高层领导现场助阵，“三式学习”在台山核电内部的推进取得了成效。人力资源部门乘势而为，又在组织结构优化、制度设计和领导力发挥方面及时采取行动，固化和优化了公司培训管理的创新举措。

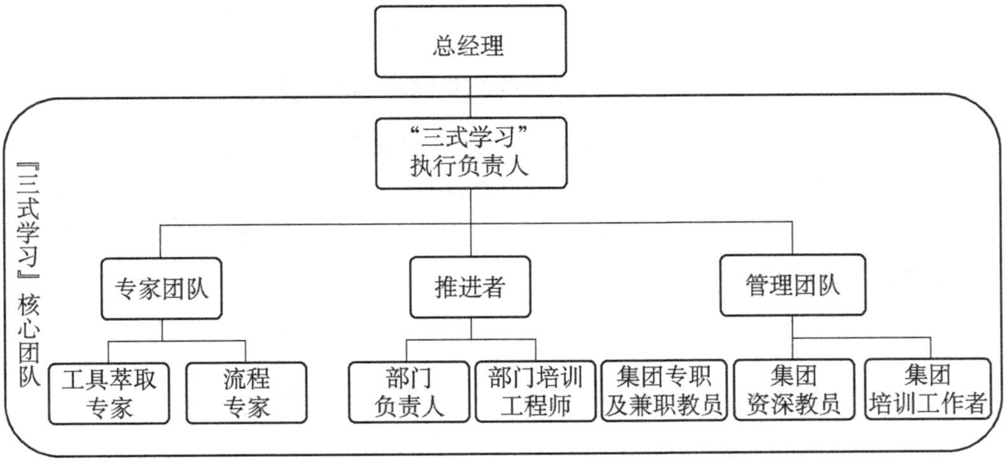

图 5-3 “三式学习”的企业支撑

第一，成立团队，负责“三式学习”机制的搭建与统筹实施。此外，还成立了专家催化工作室，负责培养提炼和归纳专家，实现“三式学习”的知识建构、传播和升级。

第二，每个部门组建“催化师”队伍，由培训工程师和部门级“三式学习”推进者负责本部门有价值的“三式学习”案例的收集、提炼、传播与实施。

第三，由跨部门、爱学习、有担当的管理者组成团队，利用业余时间帮助“三式学习”的主人公进行经验归纳、概念建构和举一反三，归纳形成成功案例。

(2)“三式学习”流程。“三式学习”的主要环节包括：案例筛选、可操作性概念的提炼和创造过程、实现路径及呈现形式。

1）案例筛选。首先，“三式学习”强调案例过程中遇到的问题和冲突，详细、完整还原案例背景。其次，明确事件中的目标和任务，如时间节点、限期完成率、遇到的问题、条件的不成熟之处或与实际情况的冲突、突破难点实现目标的过程以及结果与目标的对比情况。再次，案例主人公对案例初步进行经验总结和行为反思，以帮助管理者判断案例价值，掌握整个案例的脉络和可能的核心价值点，判断后续提炼和传播的意义。最后，经过复盘、引导、催化的“二次创造”，判断能否进行分享。

2）可操作性概念的提炼和创造过程（见图 5-4）。首先，整个团队围绕案例进行复盘，萃取出案例的成功经验。之后，通过引导和催化对经验进行提炼再聚合，实现从案例到可操作性概念的二次创造，最终形成案例。

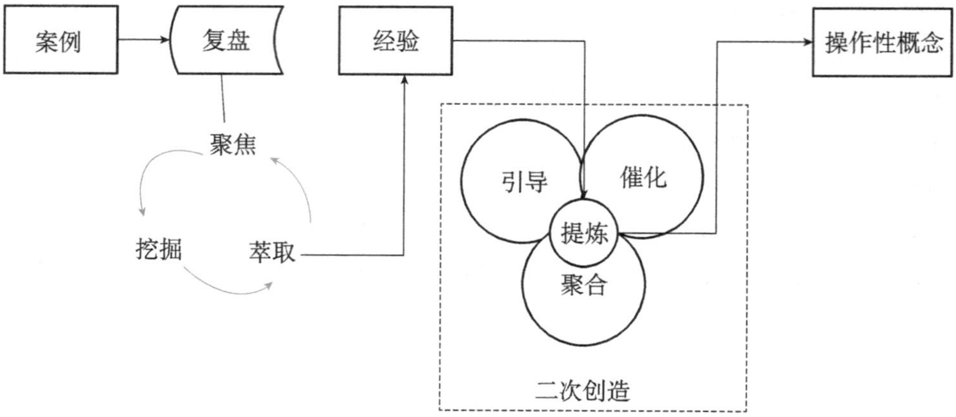

图 5-4　可操作性概念的提炼和创造过程

3）实现路径（见图 5-5）。“三式学习”的实现路径包含可操作性概念和情感两部分内容。除了从案例中提炼出的可操作性概念和关键细节，在分享的过程中还要考虑情感呈现，这部分能够直接打动人心，唤起听众自己的类似体验，进而触发后续行动，这是案例提炼过程中需要不断挖掘的内容。

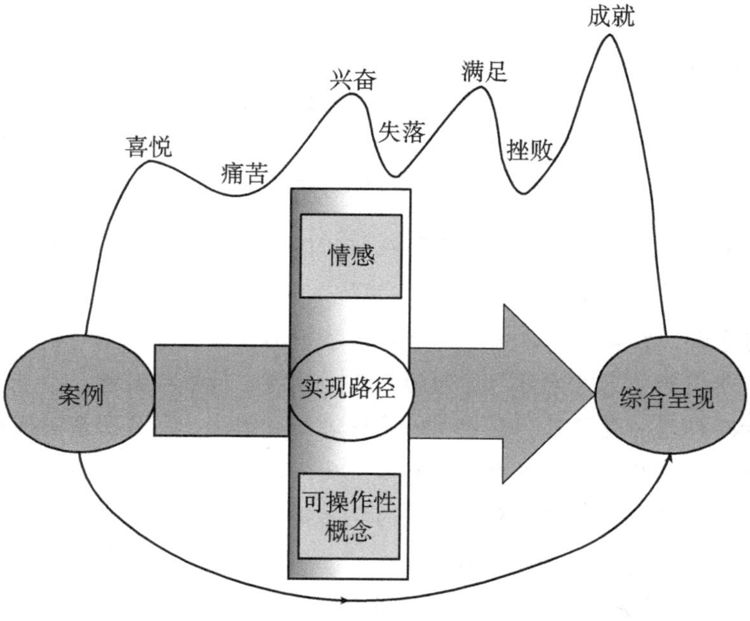

图 5-5　“三式学习”的实现路径

4）呈现形式。为了保证“三式学习”中产生的可操作性概念能够被使用者更清楚深刻地理解，更好地被使用和传播，需呈现出标准化的成果，包括：“三式学习”标准化准备流程视频、每个案例完整的分享展示视频、“三式学习”图书、案例及工具小册子。

（3）配套的认可和激励机制。完善的激励机制为“三式学习”的推广和应用提供了有效的保障，激励对象包括公司级分享者、推荐部门、工具应用者、支持团队、参与听众、相关工作人员等。激励措施包括专项奖励、应用与推广奖励、荣誉表彰奖励和总经理座谈。

5. “三式学习”的未来

首堆建设的成功，引起了全球的广泛关注。为了更好地实现“三式学习”的国际化共享，公司成立了“三式学习”国际化专项小组。该模式在中广核集团得到重视和广泛传播，集团成立了“三式学习”的专业管理团队，了解、学习并在集团内甚至集团外推广。如何让“三式学习”跨越文化和行业的界限，成为一种普适性的企业快速学习方法？台山核电人力资源部门将继续负重前行。

资料来源：中国人民大学商学院案例库，冯云霞、张霞等人实地采访和撰写。

讨论题：

1. 台山核电原有的培训体系面临什么挑战？公司人力资源部门是如何应对的？
2. “三式学习”的主要内容有哪些？其产生、形成和定型环节有什么特点？
3. 和传统培训管理相比，台山核电的培训管理有哪些创新？

第6章

绩效管理

射不主皮，为力不同科，古之道也。

——《论语·八佾》

引导案例

M公司战略导向的绩效管理

2013年，M公司还是一个积弱不振的企业：管理体制僵化，效率低下，根本无法抵御外部激烈竞争。2012年和2013年公司盈利率都在行业中排名较靠后。企业负责人痛定思痛，决定进行企业变革，导入新战略和配套落地措施。2014年，公司以平衡计分卡为抓手，启动战略导向的绩效管理变革。到了2015年，M公司盈利能力提升，成为行业领先企业。

(1) 财务方面。资本回报率从6%提高到16%，竞争力（利润率）排名从行业靠后升到第一名，销售量年增长率超出行业平均水平约2个百分点，现金支出降低20%，现金流从每年亏损5亿美元到每年盈利7亿美元。

(2) 客户方面。客户满意度连续3年提升。

(3) 内部流程方面。产品创新成效明显，公司推出的快速加油卡每年新增约100万用户；经销商服务质量连续4年提升；订单处理准确率连续4年提升；产品质量连续4年提升；生产能力大幅提升，年成品损失率降低70%；安全管理能力大幅提升，安全事故从每年150起降到30起；环境保护能力大幅提升，环境事故发生次数降幅达到63%。

(4) 学习与成长方面。员工战略认知度从20%提升至80%。

当时的公司副总裁说：“2017年，我们连续第三年取得行业第一的成绩，这对大型石油企业来说是史无前例的。平衡计分卡帮助公司获得较大的市场份额，全体员工都建立了很强的绩效意识。”

M 公司流传的一个真实故事生动地说明了公司绩效管理改革带来的变化。有一天，公司卡车司机老李在到公司旗下的某加油站送货时，看到现场情况后立即打电话给区域公司值班室：“这个加油站得赶快改进呀！如果公司‘神秘客户’到了这里，这个加油站肯定会上公司内部的‘黑名单’，尤其是‘愉悦客户’会得零分。这个加油站太差劲了，公司招牌破了，一半灯都坏掉了，厕所也很脏。我看了一下，便利店的面包已经过了保质期。这里的员工还对客户大喊大叫。这也太不符合我们公司倡导的‘快速和友好服务’的新要求了。”老李完全是自愿自觉反映这些问题的。公司每一位员工尤其是基层员工熟悉公司战略，员工战略认知度很高。在这样的公司中，绩效指标和战略认知度挂钩，驱使员工成为公司的市场监督者。再和文化配套，员工能够自觉自愿地传播和落地战略。当每个人理解公司战略、自觉维护公司利益以后，其行为也就能够和企业倡导的行为规范高度一致，这样战略落地效果好，企业绩效自然提升。

资料来源：赵欣艳为本书撰写。

6.1　绩效和绩效管理

6.1.1　绩效及其影响因素

在企业绩效管理实践中，有两类绩效：企业绩效和员工绩效。

1. 企业绩效和员工绩效

企业绩效指的是企业整体目标实现程度，常用指标如运营效率、财务回报率、市场份额、发展增速、客户满意度等。企业绩效需要分解为部门绩效并和员工绩效有机联结，才能落到实处。

员工绩效指的是员工履行职责并达到企业要求的工作标准或工作结果的完成情况。它既可以是行为导向的，也可以是结果导向的，还可以是两者兼具的。行为导向的绩效一方面和企业文化要求有关，另一方面和员工个人如其价值观、态度等有关。结果导向的绩效则表现为职责、责任、任务和生产量等。

总体而言，企业根据职位的差异来考量员工绩效的内涵。对于不同职位，员工绩效的内涵不同。企业一般会基于战略要求、职位职责和竞争情况来确定员工绩效标准。比如对于能够用结果定义的职位，如销售类职位等，则用结果来衡量绩效。对于较难用结果定义的职位，如研发类职位、客户服务体验类职位等，则用行为来评估业绩。对于有些职位，则需要同时关注结果和行为。在进行绩效管理的时候，企业需要向员工明确对其行为的期待和对结果的规定。

本书主要讨论员工的绩效管理。

2. 员工绩效的影响因素

在企业中，影响员工绩效的因素主要包括个人、企业和环境三个方面。

个人因素包括员工能力知识、角色意识、工作态度和动机等。企业要通过招募甄选、入职培训、职位培训、转岗培训、领导力培训等制度设计，帮助员工储备做好工作所需要的能力。同时需要通过绩效考核反馈、薪酬激励、权力责任配置等手段提升员工工作动力和积极性。根据期望理论，员工绩效的获得还要和知情、参与、交流沟通等进行有机结合。员工只有具备了企业目标和职位规定的能力、动力、态度和知识等，才能取得良好绩效。

企业对员工绩效的影响体现为：首先，需要将企业战略、文化规范等传递给员工，让他们理解战略、认同文化并能够执行战略；其次，需要明确职位职责和关键任务，通过职位说明书和职位规范书对员工加以训练；最后，战略调整需要同步传达给员工，比如在数字经济下，企业需要主动适应环境，这种适应是通过员工执行来体现的。

环境对员工绩效的影响也是不言而喻的。在当今数字经济和全媒体时代，企业和外部环境的边界越来越模糊。企业内部事件很容易“外溢”为社会事件。第 7 章的引导案例介绍了企业薪酬福利政策变化的社会影响。其他影响因素如竞争情况，也会对员工绩效标准产生影响。

基于上述种种情况，企业在进行员工绩效管理制度设计时，需要考虑形势变化，尤其是技术进步、劳动力市场供给、政府法规和政策等方面。

3. 员工、职位和绩效的关系

综合员工、职位和绩效三个方面的关系，吴春波提出了岗-人-绩三角模型（见图 6-1），从系统角度说明三者的关系。这一模型有助于我们更好地理解员工绩效的产生路径。

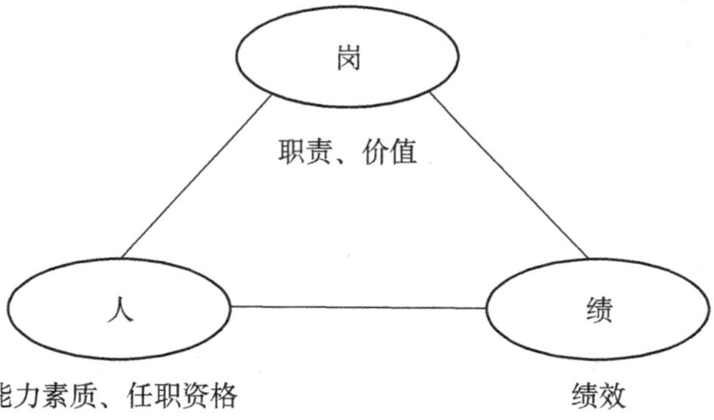

图 6-1　岗-人-绩三角模型

首先，企业需要对职位进行分析和评价，确定职位职责和价值。职责有助于明确员工做好事情所需要的能力、态度和知识等；价值则是对职位的“明码标价”，帮助员工明确付出的回报。其次，企业需要对人即潜在的任职者进行选拔和配置，使其与职位匹配。最后，将员工配置到相应的职位后，再看其绩效情况，如态度、行为、成果等方面的表现。通过和其他人力资源管理职能活动进行对接，企业能够更系统全面地处理好岗、人、绩三者的关系，引导和激励员工履行职位职责，并形成累计绩效。公司会根据员工绩效评估结果，对员工进行激励、留任、劝退等，建立战斗力强的员工队伍。

6.1.2　绩效管理和绩效评估

1. 绩效管理和绩效评估的内涵

绩效管理是以企业战略为依据，将员工工作与企业使命战略进行对齐和整合的管理过程。绩效管理是关键的人力资源管理活动，它以企业绩效和员工绩效为管理对象，进行管控衡量和持续改进。绩效管理包含绩效计划、绩效辅导、绩效评估以及绩效结果应用等环节。

绩效评估又称绩效考核，是指运用全面、科学的评估标准和方法，对员工的工作绩效进行定期考评以激发员工潜力，并牵引全体员工统一行动来确保战略落地的过程。绩效评估是绩效管理体系的重要环节，一方面检验绩效管理的计划是否有效，另一方面为员工任用、晋升和流动等决策提供依据。

2. 绩效管理和绩效评估的关系

绩效管理涵盖战略、战略解码、绩效分解、绩效过程管理以及和其他人力资源管理职能活动的配合等，是全过程和循环式的管理。绩效评估是绩效管理的一个重要环节，是衡量和记录员工或部门在过去一段时间内的工作结果或行为并加以评估的过程。

绩效管理也是一种指导思想，能够引导企业建立绩效导向的文化。绩效评估是一种手段，起到管理控制、监督激励的作用。绩效评估效果受到绩效管理体系的设计、运营和优化水平的影响。表 6－1 是对绩效管理和绩效评估的比较。

表 6－1　绩效管理和绩效评估的比较

	含义	内容	重点	目的
绩效管理	以企业战略为依据，将员工工作与企业使命战略进行对齐和整合的管理过程	涵盖战略、战略解码、绩效分解、绩效过程管理以及和其他人力资源管理职能活动的配合等	结果与过程并重，具有指导性、系统性和文化性	持续提升个人、部门和企业绩效
绩效评估	运用全面、科学的评估标准和方法，对员工的工作绩效进行定期考评以激发员工潜力，并牵引全体员工统一行动来确保战略落地的过程	接收与提取信息的手段，是绩效管理的一个环节	关注某个阶段员工工作态度和结果	引导员工工作方向，促进员工改进绩效

3. 绩效管理的价值

绩效管理的价值体现在三个方面：战略性价值、管理性价值和开发性价值。

（1）战略性价值。首先，绩效管理是进行战略落地的手段。在大型企业中，绩效管理委员会利用专家力量对企业战略进行解码，并通过平衡计分卡工具，从客户、内部流程、学习与成长、财务四大维度绘制战略地图。基于战略地图，跨部门研讨会共同挖掘出实现战略的关键成功因素以及彼此之间的因果联系。有了关键成功因素做支撑，专家小组和业务部门再讨论企业层面和部门层面的关键绩效指标（KPI）。在上述管理步骤的基础上，进行指标分解，和部门的业务行为、员工的日常管理行为有机结合。这一由上到下的管理体系巧妙地将战略之虚部署为目标行为之实，将哲学转变为科学，再通过绩效管理体系协同所有部门和员工聚焦战略落地，从而减少战略的损耗和避免偏离，做到力出一孔。

其次，借助合适的考核工具，定期衡量部门和员工是否达到了预期目标，如财务收益、市场份额、客户满意度、创新能力等方面的目标。以此控制战略实施进度，确保实现战略目标。

再次，作为闭环管理的系统，绩效管理还能够为优化战略目标提供反馈。通过年度间比较、部门间比较、员工间比较，能够区分绩效差异以及找到造成差异的原因。这样一方面能够对员工进行更有针对性的管理，另一方面能够提出绩效改进措施，有利于企业建立绩效文化，提升竞争力。

最后，帮助员工聚焦战略和提升战略认知度。在本章的引导案例中，M 公司的卡车司机在看到某一加油站脏乱差的情况以后，第一时间主动联系公司相关部门反映情况，并为职能部门提供信息，以便纠偏和改正。这说明通过绩效管理的牵引，员工能够提升战略认知度，并采取恰当行动来推动战略落地。

（2）管理性价值。企业需要对员工流动如转岗、晋升和流出作出决策。这些决策都需要可靠稳定和相对科学的依据支撑。员工绩效评估就能够提供相关信息作为决策依据。比如在提拔管理者的时候，要有其在原来职位上的绩效记录；在给员工发放奖金的时候，需要有清晰的绩效评估记录、透明的流程和公正的规则等。实际上，良好的绩效管理对薪酬管理决策十分重要。除此以外，作为绩效管理的关键环节，绩效评估结果也能检验员工招募和员工培训的效果，为企业提供更有效的培训内容和方法。更重要的是，借助绩效面谈和辅导，管理者能够改善和员工的关系，建立信任和改善工作氛围。

（3）开发性价值。首先，通过确立绩效标准，员工行为就有了方向。当员工朝着特定方向努力的时候，工作就会有成果，员工也能因此获得成就感。其次，通过绩效反馈和辅导，员工能够找到背后的原因，采取合适的方法和工具来改进和提升自我。同时员工也能获得知情权和参与感。最后，员工职业开发过程中，也需要借助绩效结果的反馈来促进反思，这样才能持续取得好的效果。绩效评估和反馈有利于员工正确认识自己，找到适合自己的职业通道和可持续发展之路。

6.2 绩效管理流程

绩效管理是一个连续的流程，包含 PDCA 四个环节，即绩效计划（P）、绩效辅导（D）、绩效评估（C）以及绩效结果应用（A）（见图 6-2）。其中，绩效计划是绩效管理的基础；绩效辅导保障绩效计划落地并促进上下级信任关系的建立；绩效评估是核心，没有考核，就没有管理；绩效结果应用能帮助员工形成对企业的稳定预期、产生效果和形成闭环。

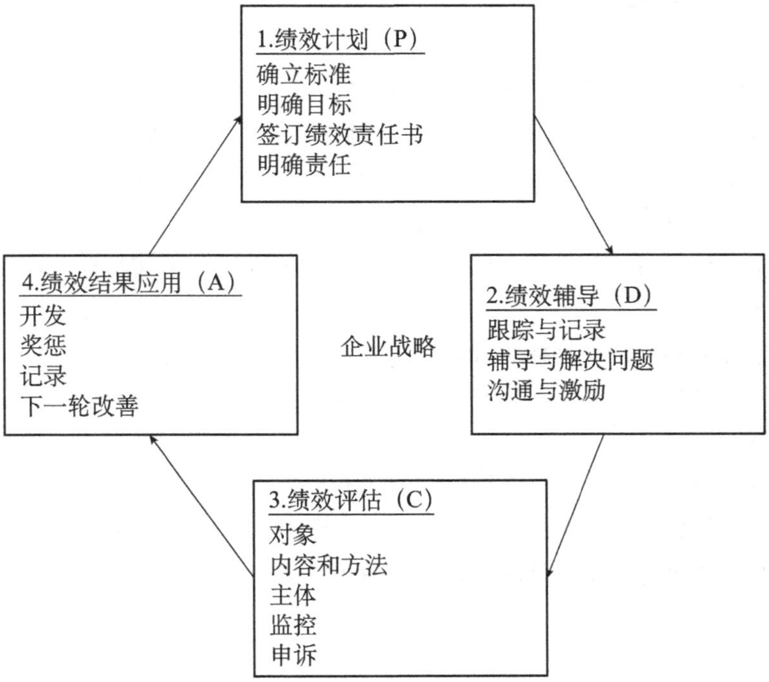

图 6-2　绩效管理流程

这一流程的完成需要多方合力。人力资源部门提供支持和资源；其他部门的负责人承担关键角色；公司高层指明方向。实施绩效管理之前，企业必须明确使命和战略目标，同时需要了解相关职位的职责和关键任务。

6.2.1　绩效计划

绩效计划是绩效管理流程的第一步。在这个环节，人力资源管理者要注意两个方面的问题：一是对企业目前发展战略的理解、部署和分解；二是对员工职位职责和任务的熟悉和把握。

基于对企业战略的把握，人力资源管理者和其他部门通过平衡计分卡或其他战略解码管理工具，将作用于战略落地的关键成功因素挖掘出来，并以此为基础设计企业层面的关键绩效指标（KPI）。接着将企业层面的绩效目标分解为部门层面的绩效目标，并和员工职位职责建立联系，形成员工层面的绩效目标。这是一个环环相扣的管理过程。

通过上述分解过程，再结合职位说明书的规范要求，人力资源管理者能够把握好职位涵盖的职责、任务以及与其他职位的关联等。这样员工绩效计划的制订就能够做到上联战略、下接职位，并具有完整客观的标准，上下级之间的沟通内容也很明晰。

员工绩效计划制订的结果通常用上下级之间签订绩效责任书或个人绩效承诺（personal business commitment，PBC）的形式进行确认，并作为执行任务和绩效评估的依据。

6.2.2 绩效辅导

在明确绩效计划之后，就要进入绩效辅导阶段。在绩效评估周期内，管理者对员工的工作进行持续性的跟踪、辅导、沟通和激励，确保员工能够按照计划高效地完成工作，并及时发现和解决问题。绩效辅导包括以下三个方面的内容：

（1）跟踪与记录，是指管理者通过各种方式（如例会、报告、检查等）监督员工的工作进度、质量和成果，并对员工的关键事件或数据进行记录和归档，以便后期进行绩效评估。

（2）辅导与解决问题，是指管理者通过与员工进行有效的沟通和反馈，帮助员工提高工作技能和积累知识，解决工作中遇到的困难和障碍，并根据实际情况对绩效计划进行必要的调整。

（3）沟通与激励，是指管理者通过与员工建立良好的信任关系，及时对员工的优秀表现给予认可和奖励，对员工的不足之处给予鼓励和支持，激发员工的内在动机和积极性。除此以外，公司还需要设计配套措施，保证管理者有动力和能力对员工绩效管理进行辅导和监督。

6.2.3 绩效评估

绩效评估又称为绩效评价、绩效考核或绩效考评等，是指评估者通过在绩效管理期间收集到的被评估者绩效表现的数据和信息，判断其绩效是否达到目标的过程。绩效评估是绩效管理的核心环节，也是技术性较强的一个环节。

绩效评估是企业建立的正式制度，具有规范性、周期性、稳定性和强制性等特点。企业决策管理者针对企业发展规划制定出一系列目标。通过分解目标，设计出评估指标对员工表现进行衡量。评估指标既有定性的也有定量的。同时，评估者和员工之间需要就绩效指标、评估过程、评估结果应用等进行沟通和辅导。通过系统和稳定的观察、记录及衡量，引导员工行为，实现个人目标和企业目标的对齐。

在进行绩效评估时，企业需要考虑五个方面的因素，即对象、内容和方法、主体、监控以及申诉。前三个方面在绩效计划阶段加以考虑。评估主体视企业具体情况来定，一般是由被评估者的直接上级来做这项工作。也有企业使用360度评估，即评估主体包含客户、同事、下级和员工自己等。

在具体操作过程中，评估者负责填写评估表格，并审核相关的数据和记录，保证绩效评估的严肃性和准确性，也为日后处理绩效纠纷和员工申诉提供依据。这一环节能够保证绩效评估制度落地的正式性、公正性和透明性。

6.2.4 绩效结果应用

这一环节指的是将绩效评估的结果反馈给被评估者，并根据结果制定相应的奖惩措施和改进方案。绩效评估结果的应用一般有两个方向：奖惩之用和员工发展之用。用于奖惩的时候，主要需要将评估结果和奖金发放、人员晋升或淘汰进行挂钩。在这种情况下，企业需要注意过程的透明性、公正性和公开性。在数字化水平高的企业，大量信息和数据有助于提升评估结果的客观性和可比性。用于员工发展的时候，需要主管了解员工绩效差异的产生原因，并及时反映给相关职能部门，制订有针对性的培训计划。在干部培养环节，绩效评估结果有助于企业对关键人才分类，并有助于人才盘点和人才队伍优化。

绩效结果应用是实现员工开发目的和提高员工满意度的重要环节，能够提高员工能力和素质。如果员工绩效评估结果好，则反馈比较容易；如果员工绩效评估结果不理想，则需要注意谈话技巧、平时记录以及人力资源部门的支持和帮助等。

总之，绩效管理的四个环节是循环往复的，也是持续改进和不断迭代的。在较为传统的企业，绩效评估经常是以年度、季度和月度的频次展开的。但是，在数字化水平高或新生代员工占主导的企业中，绩效管理的内容和方法有所不同。绩效评估结果可能需要及时反馈，而不是延迟几个月。因此，企业的绩效管理流程并非一成不变，而要与时俱进，动态更新。

6.3 绩效评估体系

绩效评估体系涉及五个方面，下面对这几个方面予以阐述（评估方法在下一节详细介绍）。

6.3.1 绩效目标和评估指标

1. 概述

绩效标准的设计和制定过程，就是企业关键绩效指标（key performance indicator，KPI）的设计和制定过程。首先要提炼企业有效运作的关键成功因素。然后借助平衡计分卡技术，将公司战略目标分解为部门目标和员工目标，形成具有内在联系的逻辑链条。这一过程能够保证公司目标、部门目标和员工目标具有一致性和协调性。

企业的评估指标需要具备以下特征：

（1）纵向一致性。绩效目标要在企业的不同层级之间形成逻辑链条，即上级的绩效目标要能分解为下级的绩效目标，下级的绩效目标要能支持上级的绩效目标。这样可以保证总体绩效目标的一致性、协调性和连贯性，避免遗漏、重复或偏离目标。

（2）横向协同性。绩效目标要在企业各个部门或团队之间形成一个协作网络，不同部门或团队的绩效目标要相互支持、相互配合，实现资源共享和优势互补。

（3）关键性。绩效目标要突出那些对企业战略实现有强影响力的关键因素。通过设置、取样、计算、分析企业内部的关键指标并根据其重要程度进行优先排序，能够量化绩效的完成情况。KPI强调那些与企业当前战略一致的关键目标，是对企业经营重点的反映，而不是对所有操作过程的反映。透过 KPI，管理者和员工都能够集中精力关注最能驱动公司业绩增长的关键因素。

（4）可衡量性。指标必须有明确的定义，有科学的计算方法、评分标准，易于采集。

（5）符合 SMART 原则。即绩效目标要明确具体（specific）、可衡量（measurable）、可达到/双方同意（attainable/agreed）、相关/现实（relevant/realistic）和有时间限制（time limited）。SMART 原则可以保证绩效目标的可操作性和可评估性，避免出现模糊或不切实际的目标。

（6）可控性。管理主体应该对主要指标拥有控制力，和员工沟通以后，能够采取行动来实现指标并推动战略落地。

表 6－2 为四个维度的战略问题、绩效目标、评估指标和行动之间关系的示例。

表 6－2　战略问题、绩效目标、评估指标和行动之间的关系

维度	战略问题	绩效目标	评估指标	目标值	计划采取的新行动
财务	股东如何看我们	改善成本结构	单位产品成本	一年内减少 5%	多方面削减成本
客户	客户如何看我们	提高知名度	品牌知名度	一年内提高 10%	使广告更有创意
内部流程	我们必须擅长什么	缩短新产品开发周期	新产品开发时间	第一年缩短为 3 个月	成立跨部门开发小组
学习与成长	我们能够继续提高和创造价值吗	转向顾问式营销	掌握该技巧客户代表的比例	半年内达到 100%	企业内部培训

2. 制定绩效目标的流程

制定员工绩效目标时，需要遵循以下几个步骤：明确职位职责、逐级分解公司目标、确定员工绩效目标和评估标准、与员工达成一致、签订绩效责任书等（见图 6－3）。

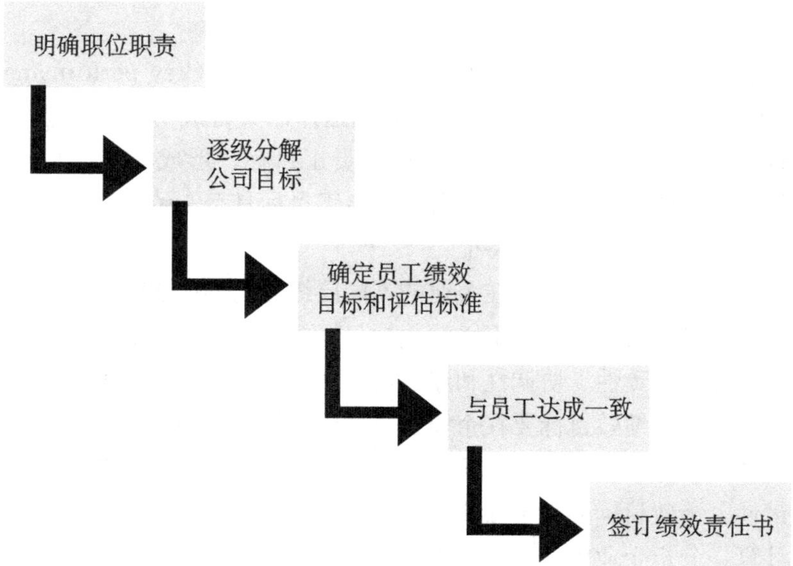

图 6－3　员工绩效目标制定流程

（1）明确职位职责。确定相关职位的职责、标准和流程的关系等，并以此作为确定员工绩效目标的依据之一。明确职位职责的关键问题有：该职位的主要职责是什么？承担该职位职责的能力要求是什么？关键任务有哪些？

（2）逐级分解公司目标。将公司战略规划分解为年度计划，再分解为部门年度目标，依此类推，再分解为员工工作目标，并形成具有内在联系的逻辑链条。在逐级分解公司目标的过程中，关键问题有：公司的战略目标和规划是什么？年度计划是什么？部门需要承担、完成哪些目标以保证公司目标的实现？部门目标是什么？员工需要完成哪些任务才能支撑部门目标的实现？客户（内部和外部）希望从部门得到哪些服务或产品？让客户满意的标准是什么？等等。具体见图 6-4。

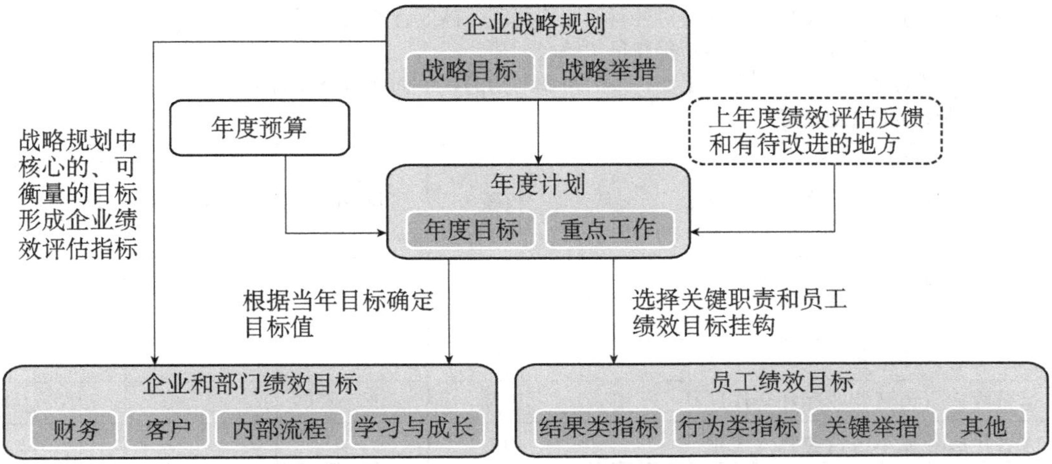

图 6-4 企业战略规划分解为员工绩效目标一览图

（3）确定员工绩效目标和评估标准。根据职位职责、部门计划和客户需求，为每个员工制定符合 SMART 原则的目标。以此为基础确定相应的评估标准和权重，以便于评价员工的工作绩效。这一环节的关键问题有：员工的绩效目标是什么？如何量化和细化？是否可达到和可操作？员工的绩效目标是否与企业战略和客户需求相关？有哪些时间限制？等等。

（4）与员工达成一致。企业必须培训评估者，使其掌握绩效管理和评估的能力，并能够与员工进行沟通和协商，帮助员工对自己的绩效目标和评估标准有清晰的认识和理解。沟通过程对提升员工对企业的认同感很重要，并能够提高员工的参与度和责任感，激发其积极性和主动性。这个环节的关键问题有：员工是否清楚自己的绩效目标和公司的评估标准？员工是否理解自己的绩效目标和评估标准背后的意义和价值？员工是否认同自己的绩效目标和评估标准？员工是否承诺自己会努力实现自己的绩效目标？

（5）签订绩效责任书。将员工的绩效目标和评估标准以及相应的奖惩措施等内容形成书面文件，由员工和其直接上级共同签署，作为员工绩效管理的正式依据和约束。这样做的目的是增强绩效目标的正式性和约束力，明确双方的权利和义务，避免目标随意变更或出现争议。这个环节的关键问题有：绩效责任书的内容是否完整和准确？绩效责任书的格式是否规范和统一？绩效责任书的签署是否及时和有效？绩效责任书的保存和管理是否安全？等等。表 6-3 为员工绩效责任书示例。

表 6-3　员工绩效责任书示例

<table>
<tr><td>员工姓名：×××
员工职位：市区营业部经理
员工工号：×××
员工级别：××</td><td>评估人姓名：×××
评估人职位：营销中心总经理
上级经理人姓名：×××
职位：××移动公司副总经理</td></tr>
<tr><td>单位：××移动
部门：营销中心</td><td>签署日期：××××年×月×日</td></tr>
<tr><td colspan="2">关键职责：
负责对外窗口业务受理、业务发展、规范服务等
即时传报、协调、处理营业工作的问题，全面落实各项规章制度，严格检查、整改、考核
加强基础管理，做好绩效考核与利益分配相结合工作
及时实施企业有关专项任务，保持对外营业工作优质、高效、安全、可靠
组织员工学习各类业务知识，不断提高员工综合素质
做好账务属地化、大客户服务等工作，及时协调与沟通，争创优秀服务品牌
完成领导交办的其他任务</td></tr>
</table>

<table>
<tr><td rowspan="2">第一部分：关键绩效指标</td><td rowspan="2">权重</td><td rowspan="2">目标指标</td><td rowspan="2">挑战指标</td><td colspan="3">实际执行结果评分</td></tr>
<tr><td>1</td><td>2</td><td>3</td></tr>
<tr><td>营业窗口改善程度</td><td>20%</td><td></td><td></td><td></td><td></td><td></td></tr>
<tr><td>新业务收入</td><td>15%</td><td></td><td></td><td></td><td></td><td></td></tr>
<tr><td>区级大客户净增数</td><td>10%</td><td></td><td></td><td></td><td></td><td></td></tr>
<tr><td>运营收入（市区营业厅和合作厅）</td><td>10%</td><td></td><td></td><td></td><td></td><td></td></tr>
<tr><td>大客户服务成本占营业收入比重</td><td>10%</td><td></td><td></td><td></td><td></td><td></td></tr>
<tr><td>新业务用户认知度</td><td>10%</td><td></td><td></td><td></td><td></td><td></td></tr>
<tr><td>新增用户数（市区营业厅和合作厅）</td><td>10%</td><td></td><td></td><td></td><td></td><td></td></tr>
<tr><td>内部流程建立和规范遵守情况</td><td>10%</td><td></td><td></td><td></td><td></td><td></td></tr>
<tr><td>销售人员的平均业务收入</td><td>5%</td><td></td><td></td><td></td><td></td><td></td></tr>
<tr><td colspan="7">A. 关键绩效指标完成评分</td></tr>
</table>

<table>
<tr><td rowspan="3">第二部分：工作目标</td><td rowspan="3">权重</td><td rowspan="3">工作目标完成情况
（由评估人根据实际完成情况填写）</td><td colspan="6">工作目标完成结果评估</td></tr>
<tr><td colspan="3">自评</td><td colspan="3">上级评估</td></tr>
<tr><td>1</td><td>2</td><td>3</td><td>1</td><td>2</td><td>3</td></tr>
<tr><td>××××年×月前完成营业部窗口所有业务受理相关流程的建立、更新或修改，获得中心领导的批准后于×月之前下达实施</td><td>20%</td><td></td><td></td><td></td><td></td><td></td><td></td><td></td></tr>
<tr><td>××××年×月前按照公司的要求完成直接下属人员的绩效考核和双向沟通工作，完成绩效指导谈话并将谈话反馈上交人力资源部</td><td>20%</td><td></td><td></td><td></td><td></td><td></td><td></td><td></td></tr>
<tr><td>××××年年底前，对公司下达的各种通信保障任务，按照要求按时积极配合完成，争取将部门协作满意度提高到 70%</td><td>60%</td><td></td><td></td><td></td><td></td><td></td><td></td><td></td></tr>
</table>

续表

<table>
<tr><td colspan="4">B. 工作目标完成效果评分</td></tr>
<tr><td>绩效评估总分
(A×60%+B×40%)</td><td></td><td>综合评估
意见</td><td></td></tr>
<tr><td colspan="4">第三部分：能力发展计划（此栏由评估人和被评估人在进行绩效计划的讨论后制订）</td></tr>
<tr><td>发展领域</td><td colspan="2">具体行动</td><td>期望结果</td></tr>
<tr><td>领导力</td><td colspan="2">于××××年×月参加公司人力资源部的培训课程；在实际工作中向相关同事和上级学习</td><td>获得结业证书；形成更强的团队凝聚力，提高部门的经营效率</td></tr>
<tr><td>沟通技巧</td><td colspan="2">于××××年×月参加公司人力资源部的培训课程；实际锻炼，如企业跨部门的活动和会议等</td><td>获得结业证书；形成更强的团队凝聚力，提高部门的经营效率</td></tr>
<tr><td>业务知识</td><td colspan="2">于××××年×月参加中心举办的移动通信相关业务培训</td><td>熟悉业务流程和新产品的特性及应用，并在工作中熟练运用</td></tr>
</table>

总之，管理者要注意目标分解和确定的本质是策略选择，而不是简单和机械的拆分。管理者需要系统思考、敏锐洞察和常态复盘。

6.3.2　绩效评估周期

一般而言，绩效评估周期是基于职位或职务特点、任务性质来确定的。操作类员工的绩效较容易观察，一般一个月或一个季度评估一次；管理类员工的绩效通常每半年或一年进行一次评估。在特色项目中，员工绩效评估周期和项目进度以及外部利益相关方的要求有关。

评估周期的确定还和员工花多少时间能够达到阶段性绩效目标有关。它对员工行为影响很大，因为员工会依据评估周期来进行时间管理和确定任务优先级。

6.3.3　绩效评估主体

1. 评估主体

绩效评估主体是指谁应该负责对员工工作绩效进行评价。评估主体对员工态度、行为和工作结果都会产生不同的影响。评估主体主要有以下几类：

（1）直接上级。员工的直接上级比较了解员工表现和绩效信息。通过和上级的沟通，员工能够了解工作行为标准和方法。我国多数企业中，员工绩效都是由其直接上级来评估的。在评估过程中，需要监督部门把关评估过程和结果，保证评估的公允性。直接上级在评估员工绩效的时候，要避免感情用事和裙带关系。企业应该采取相应的培训和监督方式，保证绩效评估的公正性。

（2）同级同事。同级同事的评估能够有效反映被评估者的人际能力、沟通能力和团队合作能力等。企业一般采用问卷或访谈的方式来收集同事的意见。同级同事评估的优点是可以从多个角度反映员工的工作表现，避免单一评估者的主观偏差，提高评估的全面性。但是，如果评估结果事关提拔和加薪，出于竞争和嫉妒，同级同事在评估时可能掺杂私心，导致评估不公正。

（3）下级。下级评估指由管理者的直接下属或下级部门的员工对其进行评估。企业通常采用匿名或保密的方式收集下级的反馈和意见。下级评估的结果有助于提高管理者的领导力和管理水平，增强管理者对下级的关注和支持，促进企业内部形成民主化氛围。下级评估的优点是能够从下级角度反映管理者的领导风格、人际关系和影响力，并帮助企业高层发现内部潜在的人事问题。下级评估的缺点是存在因怕得罪人而不敢如实评估被评估者的情况。此外，如果下级把握不好评估尺度，容易出现歪曲事实的情况。

（4）员工自己。自我评估是指由员工自己对自己的工作绩效进行自我描述、自我反思和自我改进。自我评估通常采用自我报告或自我总结等方式记录员工自己对工作目标、过程和结果的认识和感受。自我评估的作用是提高员工的自主性和责任感，增强员工对自己工作水平和发展方向的认识和掌握，促进员工与上级或其他评估者之间的沟通和协调。自我评估的优点是可以充分发挥员工的主体作用，激发员工积极参与绩效管理过程，提高员工对绩效结果的认同感和满意度。自我评估的缺点是可能受到员工自身的认知偏差、心理防御或自我欺骗等因素的影响，降低评估的真实性和有效性。

（5）外部客户。企业通常采用满意度调查或服务质量评估等方式收集外部客户的反馈和建议。客户评估的目的在于帮助企业提高服务意识和强化客户导向，增强员工对客户需求和期望的了解，提升企业与客户之间的沟通水平。客户评估的优点是可以从客户的角度反映员工的服务质量、服务态度和服务效果等，避免内部评估者的主观偏好或因利益冲突引发的矛盾，提高评估的真实性和相关性。客户评估的缺点在于，如果客户存在认知偏差、情绪波动或满意度感知差异，则会降低评估的稳定性、准确性和可比性。

（6）绩效评估委员会。绩效评估委员会是由企业内部中高层组成的小组，负责对企业内部重要职位或关键人才进行绩效评估，并据此作出奖惩和其他人事决策。绩效评估委员会的好处在于能减小个人偏好或利益冲突对绩效评估的影响，提高评估的公正性和权威性，促进企业内部的人才梯队建设和人才流动。此外，还能够充分利用委员会成员的专业知识和管理经验，对员工的工作绩效进行深入分析和全面考量，提高评估反馈的有效性。这一方法的缺点是会增加企业的管理成本和时间成本，增加评估过程的复杂性。

（7）社交媒体。这是指由员工在社交媒体平台上发布或接收的与工作相关的信息。企业通常采用数据挖掘或文本分析的方法，来收集和处理社交媒体上的数据和信息。社交媒体评估可以提高员工的创新能力，有利于员工传播和维护企业及品牌形象，促进企业与社会之间的互动和共享。社交媒体评估的优点是可以从大量、多样和实时的数据及信息中了解员工的工作表现、工作态度和工作成果等，避免传统评估方法的局限性和滞后性。社交媒体评估的缺点是可能受到社交媒体平台的可靠性、安全性或合法性等因素的影响，导致评估不可信或不合规。

上述评估主体的评估角度和重点各有不同。企业一般会综合不同评估主体的评估结果，保证绩效评估结果和过程的公正性、一致性、准确性。

2. 评估主体误差

绩效评估的效果一方面取决于所选评估方法和工具的相关性和可靠性，另一方面受到评估主体的影响。评估主体的评估技能、态度、对员工发展的责任心等都会影响绩效评估系统的有效运行。研究表明，实践中存在以下几类评估主体误差：

（1）晕轮误差。评估主体对被评估者单一方面的工作表现看得过重，而没有从整体角度进行评估，就容易造成晕轮误差。比如有些被评估者口才很好，但其他职责履行得不好，评估结果得分却很高。这就是以偏概全造成的晕轮误差。

（2）近因误差。这是指在绩效评估的临近阶段，被评估者拼命表现并给评估主体留下深刻印象而造成的误差。评估主体以此为主要信息来源，忽略整个周期的表现，尤其是对较远的事情或者事件记得不清楚，不做通盘评估。这样就容易导致员工看重短期行为，并给企业目标实现造成不良影响。

（3）分布误差。评估主体限定用评估等级中的部分等级来评估所有被评估者的时候，会导致整体评估结果过于集中且难以区分员工绩效差异。有的评估主体过于宽松，则会造成“虚假繁荣”，使得难以识别企业中绩效差的员工。有的评估主体过于严厉或苛责，容易低估员工贡献并破坏团队氛围，导致人人自危。

（4）个人偏见误差。评估主体由于对性别、代际、区域、教育背景、价值观等方面持有偏见，评估员工绩效时带有主观立场，导致评估结果不客观、不公正。

3. 避免评估主体误差的方法

调查表明，评估主体误差的产生原因是企业在绩效评估过程中的投入不足。从企业的角度看，必须给予评估主体足够的培训、辅导帮助其从经验中复盘，这样才能更好地纠正误差，使得评估过程更为公正、合理和有效。具体来说，可以采取以下方法：

（1）通过训战结合，如角色扮演等方法，帮助评估主体把握绩效管理和评估的本质、绩效评估流程和绩效管理价值等。同时，还需要让其认识到评估误差造成的后果。最重要的是，要令其端正态度，履行好评估责任。

（2）选择合适的评估方法，并通过培训帮助评估主体了解不同方法的优缺点。借助工具、流程和人力资源部门的专业力量，帮助评估主体克服误差。比如采用强制分布法，帮助遏制评估过于宽松导致的误差。

（3）加强对评估主体的评价。在企业绩效管理体系中，将评估主体评估的有效性、沟通能力等纳入评估主体的考评体系。通过正式的制度，规范评估主体的评估行为，形成企业内部公正、客观、透明和绩效“算数”的良好氛围。

（4）建立正式的员工绩效申诉制度，允许被评估者在对评估结果或过程感到不满或质疑的时候，能够向相关部门或负责人提出申诉。企业申诉制度的建立，一方面能够系统性减少评估主体误差，提升评估效果，另一方面可以防止有偏差的绩效评估结果影响其他人力资源职能活动。更重要的是，申诉制度能给员工吃定心丸：能够有机会通过沟通、汇报、谈话的方式处理心中的不满和疑问，保护自己的权益。企业通过疏导而不是压制的方式优化氛围，能够促进评估主体和被评估者之间和谐关系的建立，并激发员工动力和认同企业。

6.3.4 绩效评估结果应用

绩效评价结果应用是很关键的环节，也是企业管理“算数”的体现。这种“算数”能够提升员工对企业的信任感和认同感。与此同时，人力资源管理体系借助绩效管理这一枢纽，能够使各个人力资源管理职能之间建立联系，从而提高企业人力资源管理的针对性和有效性。

员工绩效评估结果有两大用途：一是直接和员工的薪酬挂钩，即和激励奖惩以及员工发展有关的决策。二是为其他人力资源管理活动提供决策参考。

1. 应用于激励奖惩和员工发展决策

首先，将绩效评估结果和员工绩效工资挂钩。绩效工资是以评估结果为依据来计算的。通过对员工绩效评估设置强制分布要求，员工会处于特定的评估等级中，每一个等级对应不同的奖金系数。其次，企业还将绩效评估结果和工资调整挂钩。最后，绩效评估结果也和员工荣誉评定以及个人发展紧密联系在一起，是员工调岗、晋升等的依据。

2. 应用于企业中的其他人事决策

通过对绩效评估结果进行年度间比较，企业能够分析出影响员工绩效和企业绩效的关键因素。基于此，企业能够更好地进行下一年度的人力资源规划，也能设计出更有针对性的培训项目来补齐员工能力的短板。可以通过改善招募活动，将认同公司文化的员工甄选出来并进行更好的人岗匹配，提升企业效率。

以绩效评估结果应用于管理者任命为例（见图 6－5）。在企业中，根据绩效水平和态度能力两大维度，可以将管理者区分为超级明星、中坚力量、表现尚可者、业绩不佳者和失败者几类。再运用强制分布法，规定超级明星的比例为 10%～15%、中坚力量的比例为 25%～30%、表现尚可者的比例为 25%～40%、业绩不佳者的比例为 15%～25%、失败者的比例为 5%～10%。这样，企业能够对不同类别的管理者实施不同的发展计划和职级调整，提升管理效果。

		绩效水平		
		高	中	低
态度能力	高	**超级明星** 规划多重快速发展步骤 确保有吸引力的薪酬	**中坚力量** 提供发展机会 提供特殊指导	**业绩不佳者** 给予警告 提供针对性的发展支持
	中	**中坚力量** 提供发展机会 提供特殊指导	**表现尚可者** 考虑发展	**业绩不佳者** 给予警告 提供针对性的发展支持
	低	**表现尚可者** 保留原位	**表现尚可者** 保留原位	**失败者** 淘汰出局

图 6－5 绩效评估结果应用示例

6.4 绩效评估方法

6.4.1 一般的绩效评估方法

1. 排序评价法

排序评价法的目的是帮助企业建立一个排行榜。按照排行榜的规则，企业按照分值将员工从高到低进行排名。有的企业也会基于职位职责来分项打分进行排序，再求出平均值作为绩效评估的最终结果。

排序评价法有两类：一种是客观排序法，即将量化的财务、生产统计等客观数据作为排序依据。另一种是主观排序法，将上级、同级或者评价小组的评价等主观判断作为排序依据。

这一方法适用于组织结构较稳定且人数较少的企业。

2. 配对比较法

这一方法面向企业所有成员进行比较，将每一位员工按照所有的评估要素进行评估，再和其他员工进行比较。具体做法如下：首先绘制一个表格。其次标明所有需要被评估员工的名字和评估维度。再次，将所有员工依据某一维度进行配对比较。这里用"+"和"−"进行标注。最后，将每一位员工获得的"+"数量进行相加。这样就能够得到企业的员工排名。这一方法的工作量较大。适合人数较少和类似职位间的比较。示例如表6-4所示。

表6-4 配对比较法示例（比较维度：创新次数）

员工	对比人					"+"的个数
	A	B	C	D	E	
A		−	−	+	+	2
B	+		+	+	+	4
C	+	−		+	+	3
D	−	−	−		−	0
E	−	−	−	+		1

3. 图解评价法

这一方法又称为业绩评定表法。首先需要分析职位性质和特点，选择和绩效相关的评估要素，包含：特质类要素，如适应性、主动性、责任感等；行为类要素，如合作精神等；结果类要素，如工作质量、完成度等。其次，以评估要素为基础，确定具体的评估指标，并将每个项目分成5个或者7个等级，并用1、2、3、4、5这样的等级尺度加以说明。最后，制作评估表供评估者使用。评估者可以在等级尺度上做标注并进行统计，得出评估结果。

这一方法可以涵盖员工特质、行为和工作结果，适应性较好，而且通用性也强。缺点是受制于评估者的能力，比较容易产生晕轮效应或集中趋势等偏差。

4. 360 度评估法

360 度评估法又称全方位评估法或多源评估法，指从与被评估者发生工作关系的多方主体那里获得信息，以对被评估者进行全方位、多维度的绩效评估的过程。评估信息的来源包括：上级监督者自上而下的反馈；下属自下而上的反馈；平级同事的反馈；企业内部的支持部门和供应部门的反馈；公司内部和外部客户的反馈；本人的反馈。

该方法适用场景包括：协作性和流程性强的企业；中层干部和职能服务部门的业绩考核；员工能力素质培养。优点是提高评估的全面性、公正性，员工参与感强，强调对内外部客户的服务，提升企业运行效率，对员工的能力素质进行全面考核。缺点是考核成本高，容易流于形式。

5. 强制分布法

强制分布法是企业根据员工表现优劣通常呈现正态分布的规律进行等级划分，并明确每个等级的员工数量占比。再按照每个员工的绩效和能力情况，强制按照比例列入某个等级。

例如，某公司要对员工进行年度绩效考核，将员工分为五个等级：A（优秀）、B（良好）、C（合格）、D（待改进）、E（不合格），并规定各等级在总人数中的比例为：A（10%）、B（20%）、C（40%）、D（20%）、E（10%）。然后，每个部门的主管根据员工的工作业绩和能力，按照这个比例对员工进行评定，并给出相应的奖惩措施。例如，A 级员工可以获得高额奖金和晋升机会，B 级员工可以获得适当奖金和培训机会，C 级员工可以保持现状，D 级员工需要接受辅导和改进计划，E 级员工会被淘汰或调岗。

这种方法比较适合引入淘汰机制的企业，因为它有一定的激励和鞭策作用。其优点在于操作简单，等级清晰；奖惩关联，刺激性强；执行严格，强制区分。其局限性也很明显：如果员工的业绩和能力不符合企业预期的正态分布规律，这种方法就容易受到员工的排斥，导致评估的客观性和准确度大打折扣。另外，强制分布法只能把员工分成有限的几类，有可能限制员工的主动性和创新性。

6.4.2 战略导向的绩效评估方法

1. 目标管理法

目标管理（management by objectives，MBO）是德鲁克提出的。他认为：从老板到工厂领班或高级职员，每位管理者都需要有明确的目标；高效能的企业管理者必须将公司所有管理者的愿景和努力导向一致的方向；企业规模越大，高层管理团队就越应将工作重心放在目标设定上；企业的职能部门和层级分割容易造成各部门各自为政，因此目标管理必须投注大量心力。

目标管理法的要求有：

（1）每一个部门的目标必须和企业整体目标保持一致；每一位员工的绩效目标应该和其部门目标保持一致。只有这样，企业成员才能做到力出一孔，保证企业目标的实现。

（2）目标必须符合 SMART 原则。

（3）目标需要由管理者和员工双方共同讨论决定。

（4）目标管理和自我控制是一体两面的。德鲁克强调企业管理原则是能让员工个人充分发挥特长，凝聚共同的愿景和一致的努力方向，建立团队合作，协调个人目标和共同福祉。因此必须以更严格、更精确和更有效的内部控制取代外部控制，即目标管理和自我控制是密不可分的。目标管理法最主要的贡献之一就在于能够以自我控制的管理方式取代强制式管理。

（5）管理人员需要在绩效评估的整个周期内提供客观反馈，监控员工目标实现情况，并帮助其加强自我修炼和修正自身行为。

企业在使用目标管理法的时候，还需要注意其局限性：这一方法侧重于短期目标，可能对长期目标考量不足；目标如果难以选定或量化，在实施中会有困难。

2. 平衡计分卡

平衡计分卡（balance score card，BSC）是绩效管理和评估的系统性方法。它从多方面、全方位来评估企业的绩效水平。平衡计分卡的出现源自两个问题：一是只关注财务绩效，企业会有什么问题？二是企业应当废除财务指标衡量方法吗？为了回答上述问题，哈佛商学院教授罗伯特·卡普兰（Robert Kaplan）与戴维·诺顿（David Norton）在 1990 年对 12 家企业进行了为期一年的研究，探索如何在评估企业绩效时既保证真实客观，又有利于企业的长期发展。

平衡计分卡的核心思想是以战略为中心，从四个关键维度——财务、客户、内部流程、学习与成长——来牵引、评估和运营企业绩效。“平衡”体现在几个方面：短期目标与长期目标的平衡；财务指标与非财务指标的平衡；结果性指标与动因性指标的平衡；企业内部群体与外部群体的平衡；领先指标与滞后指标的平衡以及指标间的平衡。平衡计分卡示意图见图 6-6。

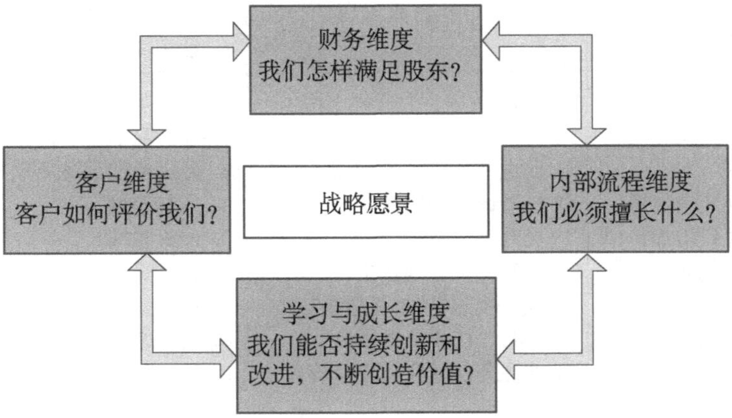

图 6-6　平衡计分卡示意图

平衡计分卡的四个维度应当被看作样板，不同企业可以根据自己的实际需要进行调整和增减，如对于化工企业，可能需要增加一个环境与社区维度。

平衡计分卡很好地优化了传统绩效评估方法。一方面，后者过于依赖财务指标，如收入、利润、回报率等，容易造成急功近利、在短期业绩方面投入过多、忽视长期价值创造等。另一方面，并非所有的公司都能够把质量和客户满意度的提高转变为财务上的最终结果。因此，定期的财务指标分析必须继续起重要作用，但不能成为唯一的评估维度。平衡计分卡从四个维度进行思考、联系和平衡，较好地解决了传统绩效评估方法存在的问题。

企业或部门使用平衡计分卡进行绩效评估时需要遵循以下步骤：第一是评估竞争环境；第二是了解客户喜好与细分客户群；第三是部署和制定能够带来突破性财务绩效的增长战略；第四是明确描述增长战略与生产力战略之间的平衡关系；第五是确定目标客户群的价值定位；第六是深入了解满足客户多快好省需求的内部流程和关键业务活动，或者确定哪些是能够支持目标客户价值的关键内部流程；第七也是非常重要的是持续开发优化内部流程，并建立企业员工需要的能力组合、激励机制以及配套的其他人力资源管理措施。

表 6－5 给出了一个应用平衡计分卡进行绩效评估的示例。

表 6－5　应用平衡计分卡进行绩效评估示例

维度	战略主题	战略目标	评估指标
财务	收入增长 生产力提高	F1 提高已动用资本回报率 F2 提高现有资产利用率 F3 提高利润率 F4 成为行业内成本管理领先者 F5 良性增长	1. 资本回报率 2. 现金流 3. 行业内净利润排名 4. 每升成本 5. 销售量增长幅度与行业平均水平的比较 6. 高档汽油销售占比 7. 非汽油类产品收入和利润
客户	为客户提供愉悦的消费体验 建立双赢的经销合作关系	C1 持续为目标客户提供愉悦的消费体验 C2 建立与经销商双赢的合作关系	1. 目标客户市场份额 2. 神秘客户评分 3. 经销商利润增长幅度 4. 经销商满意度
内部流程	建立经销优势 为客户增加价值 建立优秀的运营体系 履行社会责任	I1 促进产品与服务创新 I2 打造最佳经销商团队 I3 提升生产水平 I4 提升存货管理水平 I5 成为行业内成本管理领先者 I6 及时、按要求送货 I7 加强环保健康和安全管理	1. 新产品的投资回报率 2. 新产品的接受度 3. 经销商的服务质量排名 4. 产量差额 5. 停机时间 6. 存货量 7. 动态成本与竞争对手的比较 8. 断货率 9. 订单处理准确率 10. 环境事故次数 11. 因事故耽误的工作日
学习与成长	打造训练有素且士气高昂的员工队伍	L1 营造良好的工作氛围 L2 提高战略认知度 L3 及时掌握战略性信息	1. 员工满意度 2. 个人计分卡达标率 3. 战略性能力准备度 4. 战略性信息系统准备度

3. 目标与关键结果

（1）目标与关键结果的来源、内涵和优点。近年来，目标与关键结果（objectives and key results，OKR）绩效评估方法在我国不少企业得到运用。这是对传统绩效评估方法加以优化以后，主要针对知识型员工的较为现代的绩效沟通和管理工具。OKR 源于 MBO，由目标和关键结果两个部分组成。目标意味着方向明确；关键结果表明如何通过评估关键结果，帮助员工实现目标。

这一方法通过设定少而精的目标，牵引员工聚焦于企业中最重要的事情。同时，还可以通过自上而下和自下而上相结合的方式，保持企业各层级间目标的一致性。除此以外，通过定期跟踪检查关键结果，监控目标的完成情况和进展速度。

OKR 具有以下优点：让每个职位都能明确工作重心，而不是设置大量的 KPI；实现对全员的公开透明。OKR 方法运营得当，能够调动员工的积极性和主动性，让职位工作内容更加丰富灵活，也有利于强化企业整体的创新和活力。

（2）目标与关键结果的操作步骤。

第一步，制定公司战略和整体目标。这是 OKR 方法的起点，需要高层管理者根据公司的愿景、使命和价值观，确定公司的长期战略和整体目标，并将其明确地传达给全体员工。这样，员工可以了解公司的发展方向和期望，增强认同感和参与感。

第二步，制定年度 OKR。这是 OKR 方法的第一层，需要高层管理者根据公司的整体战略目标制定年度 OKR，即在一年内要实现的目标和关键结果。这样，可以将公司的整体目标细化为具体的行动计划，并按照时间顺序进行安排和分配。

第三步，制定季度 OKR。这是 OKR 方法的第二层，需要各个业务单元和职能单元的负责人根据年度 OKR 制定季度 OKR，即在每个季度要实现的目标和关键结果，并将其分解为个人 OKR，即每个员工要实现的目标和关键结果。这样，可以将各个单元的业务目标落实到每个员工的工作内容中，并按照职责和能力进行分工、协作。

第四步，目标分解与协同。这是 OKR 方法的关键环节，需要各个层级之间进行沟通和协调，确保目标的对齐和一致，避免重复和冲突。同时，需要各个部门之间进行合作和支持，确保资源的共享和优化。这样，可以形成一个有机的作战团体，共同推进目标的实现。

第五步，周例会跟踪。这是 OKR 方法的常规活动，通过每周一次的例会检查各个层级的 OKR 进展情况，发现问题和障碍，并及时采取措施解决或调整。这样，可以及时监控目标的完成情况和进展速度，根据实际情况进行灵活应对。

第六步，季度中期回顾。这是 OKR 方法的重要节点，在每个季度中期进行一次回顾，评估各个层级的 OKR 完成情况，分析原因和影响，并根据实际情况进行修正或补充。这样，可以及时发现并纠正偏差或不足，并根据市场变化或客户需求进行适当调整。

第七步，季度回顾。这是 OKR 方法的总结阶段，在每个季度结束时进行一次回顾，总结各个层级的 OKR 达成情况，给出得分和反馈，并根据经验和教训进行改进或创新。这样，可以客观地评价自己的绩效和贡献，并根据收获和失误进行反思和提升。

第八步，年度回顾。这是 OKR 方法的闭环环节，在每年结束时进行回顾，汇总各个层级的OKR成果和贡献，并根据公司的战略和整体目标进行评估和调整。这样，可以检验自己是否达到了预期的效果，并根据公司的发展方向和期望进行规划和设定。

(3) 目标与关键结果的价值。目标管理是一种工作方法，强调设定挑战性目标、自我管理和作出贡献。OKR方法不是绩效评估的替代品，而是一种补充和辅助。OKR方法鼓励设定高难度但有价值的目标，并不要求必须100%达成。一般来说，1是完美评分，得分在0.6～0.7是较好的。

OKR方法需要有信息技术平台的支撑。信息技术平台是OKR方法顺利实施的媒介，有助于全员或参与人员随时随地获取、查看、更新和分享目标，并提高工作效率和透明度。企业需要选择适合自身的OKR软件平台，如Asana、Perdoo、Workboard等。

OKR和KPI是可以交叉使用的绩效管理工具。当企业面向创新业务或所处环境不确定性较高的时候，OKR方法较合适。一旦创新业务摸索成功，并实现从0到1的突破以后，企业可以将业务变得可复制。达到一定规模后，企业又可以采用KPI方法来对相关部门和人员进行绩效评估。

总之，OKR方法是一种能够提升企业和员工执行力的工作方式。它需要全员的理解、认同和参与，以及领导层的引领和支持。只有这样，OKR方法才能够发挥出最大的效果，帮助企业和个人实现更高的目标和更好的成果。约翰·杜尔（John Doerr）在《这就是OKR》中写道："OKR并不是万能的，它不能代替正确的判断、强有力的领导和创造性的企业文化，但是，如果这些基本要素能够到位的话，OKR就能够引导个人和团队走向顶峰。"

6.5 员工绩效沟通和辅导

基于企业管理实践，可以了解到当企业形成绩效评估技术方案以后，绩效管理工作是否有效，70%取决于绩效沟通和辅导，30%取决于绩效评估方法的选择、评估主体是否胜任以及评估结果的合理使用等。本节主要介绍员工绩效沟通和辅导。

6.5.1 绩效沟通方法

1. 评估前的协同性沟通

企业在对员工展开正式的绩效评估以前，一般要做好绩效计划，包括确定目标、明确指标、确定评估周期等。绩效计划在发布以前，邀请员工参与进行协同性沟通能使后面的评估过程顺畅很多。比如某公司设计了协同性沟通流程，让员工有机会参与绩效计划的制订。其流程如下：首先是管理者和员工就公司目标、部门目标、职位目标和个人绩效目标等进行沟通。通过协同性沟通，员工"认领"半年度的绩效目标和指标，并和部门签订绩效责任书。两个月以后，管理者又和员工沟通，检查员工绩效完成过程，发现他们需要信息、资源的支持才能顺利完成任务。同时，管理者也会将过去两个月公司和部门方面的相关信息和员工进行通报。再过两个月又会有一轮评估者和被评估者之间的沟通。经过评估前的协同性沟通，员工成为知情、受尊重和参与感强的企业成员。这一互动过程对其完成绩效目标有很大的促进作用。

公司在员工绩效沟通和辅导的过程中，为了督促直接上级有动力和员工有效沟通，专门设计了两套表格对评估者进行监督，评估其沟通能力和领导力。公司人力资源部门邀请员工匿名填写后，直接提交人力资源部门。这样的机制有利于促进评估者及时、有效、建设性地做好绩效沟通和辅导工作，真正做到赋能员工。

2. 评估中的调节性沟通

在绩效管理和评估过程中，除了正式沟通，管理者和员工还可以展开非正式沟通，互诉心声、了解想法、捕捉痛点和难点。通过这种调节性沟通，被评估者能够随时获取支持和信息，源自企业和评估者的帮助、支持和关心使员工体会到整体感和安全感。此外，外部环境的变化可能也会带来业务重点的调整。通过调节性沟通，评估者有机会告知员工并考量这些变化和关键评估标准是否有联系。

3. 评估后的反馈性沟通

在评估结果出来以后，评估者需要就绩效差异和分布情况向员工进行通报和传达。反馈性沟通对于员工很重要。及时反馈不仅能让员工知情，还能让员工明确下一步努力的方向，同时让员工知道自己在同类员工中的表现，激发动力来做好工作和获得绩效。更重要的是，通过了解自己在企业中的真实表现，反思自己的优缺点，员工能够制订出符合自身特点和企业需求的职业发展计划。

6.5.2 教练式沟通

现在许多企业都是采用教练式沟通和辅导模式。和传统的告知、命令或者灌输式的沟通方式不同，这是通过富有技巧性的提问和结构清晰的沟通流程帮助员工释放潜能，提升自我认识并承担责任和产出绩效的沟通模式。

这一沟通模式的使用场景较多，尤其适合善于独立思考和需要解决问题的知识型员工。在教练式沟通过程中，“听”“问”“说”是三个关键点，即深度倾听、有力提问和正面反馈。

深度倾听又称为移情式倾听，它是教练式沟通的基础。它是指站在对方的立场去理解对方的想法、感受和需求的沟通过程。它向对方表明：你对我很重要，我想真正了解你的想法，无论我赞同与否。主要目的是让对方感受到被尊重。

有力提问是采用开放式、未来导向和“如何”类等问题形式，帮助对方面向目标并引导其更加全面深入地思考，从而能够有效地解决问题。

正面反馈是面向未来以便促进进步和改进。反馈可以为员工提供动力并付诸行动。

常见的教练式沟通方法是GROW模型（见图6-7）。其中，目标（goal）是绩效目标的制定以及对目标的讨论；现实（reality）是对现实现状的梳理以及员工自己对现实情况的理解；选择（option）是为实现目标而提出的选择方案；意愿（will）是被辅导者自愿承诺去执行绩效行动计划。

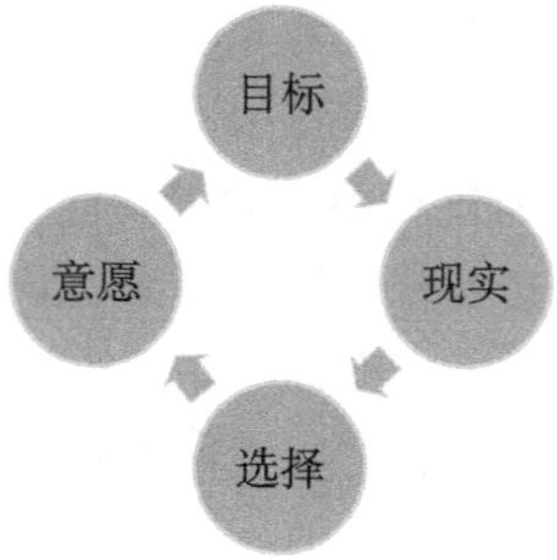

图 6-7　教练式沟通：GROW 模型

1. 关于设定绩效目标的沟通

这个环节的沟通重点在于帮助员工明确绩效目标。管理者通过提出问题引导员工梳理出目标，目的在于将员工的注意力集中于目标，使其焕发积极状态。同时，辅导者还需要引导员工明确长期目标与短期目标的关系。

在绩效目标沟通过程中，辅导者可以参考以下问题：近半年内，你认为的绩效目标有哪些？你想要达成什么目标？你想何时达成目标？你希望发生而现在还没有发生的事是什么？你的长期目标是什么？为什么这个目标对你很重要？身边优秀的同事在做什么？他们是如何做的？他们的做法对你有什么启发和借鉴？

2. 梳理现实情况并和绩效目标挂钩

明确绩效目标以后，辅导者通过合适的提问来引导员工分析现状。一般情况下，如果没有绩效目标的指引，现状的讨论就容易过于宽泛而没有聚焦。有了绩效目标以后，辅导者就可以帮助员工围绕绩效目标的达成来分析现状。

依托引导和提问，辅导者可以帮助下属对现状形成更切合实际的看法。在这一过程中，辅导者本人不要做假设，而是要通过提问和倾听帮助员工思考和理清事实。辅导者需要鼓励员工描述现状、提供具体事例而不是依据主观判断。

辅导者可以参考以下问题：现在的情况如何？真正的问题是什么？到目前为止你做了什么？效果如何？如果事情进展不顺利，对他人有何影响，对你有何影响？你认为主要困难是什么？什么妨碍你做好工作？我们的绩效目标是否还有效？

3. 就可供选择的方案进行沟通

明确目标、理清现状后，员工可能摸索到解决问题的方向。辅导者这个时候就可以进一步引导员工打破思维的局限，探索所有可能的方案。可选方案越多，找到最终可以付诸行动的优质方案的可能性就越大。还可以引导员工对解决方案进行分析和筛选，据此制定具体的行动方案，开展实际行动，推动问题的解决和绩效的达成。

辅导者可以参考以下问题：为改变目前的这种情况，你能做些什么？有哪些方案可供选择？这些方案的优点和缺点分别是什么？如果你能够重新开始，什么地方会做得和以前不一样？你还需要我给出哪些建议？

4. 激发员工内生动力

在这个阶段，要注意员工自愿承诺去执行行动计划时，行动才最有可能成功。辅导者在这个过程中起的是辅助作用，而不是将自己的意志强加于人。

辅导者可以参考以下问题：这些可选方案中，你首选哪个？它可行吗？它能否达到你的目标？下一步你准备怎么做？你可能面临什么障碍？你如何克服？你需要什么资源和支持？你将如何获得这些资源和支持？谁可能对此提供帮助？

本章小结

绩效管理流程包含绩效计划、绩效辅导、绩效评估和绩效结果应用四个环节。这四个环节需要紧紧围绕企业战略，分解落实战略目标和职位职责，推动员工完成任务和实现绩效，从而形成组织绩效，推动组织发展。

在实践层面，管理者的主要职责之一就是通过目标设定、过程跟踪、方法使用和反馈沟通来协调员工行为，进行战略落地和促进企业绩效的达成。在绩效管理和评估过程中，尤其需要关注建立合理有效的绩效指标、选择合适的绩效评估方法和做好绩效沟通工作。

绩效管理要做到：关注未来、确保个人目标和企业目标相一致、沟通反馈持续贯穿整个过程。事实上，好的员工绩效是通过管理和创新生成的。

关键术语

企业绩效	员工绩效	绩效管理	绩效管理流程
绩效指标	绩效沟通	绩效评估方法	目标管理
平衡计分卡	目标与关键结果		

思考题

1. 什么是绩效管理？什么是绩效评估？两者的关系是什么？
2. 绩效管理流程包括哪些环节？
3. 绩效评估方法有哪些？
4. 绩效评估结果有哪些应用？
5. 绩效评估主体应具备哪些能力？
6. 战略导向的绩效评估方法有哪些？
7. 什么是教练式沟通？主要方法有哪些？
8. 绩效管理和其他人力资源管理职能的关系是什么？
9. 请说明 KPI 方法和 OKR 方法各自的使用场景。

讨论案例

OKR 方法：Z 公司项目部绩效管理的一次新尝试

随着全面深化改革步伐的加快，所有行业都面临着新的经营模式变革需求，竞争形势严峻。作为我国国民经济发展重要支撑的建筑业，已不再处于引领经济发展的龙头地位，传统行业里的传统企业如果不能正视自己的问题，不能完成管理理念的转变，就注定会被淘汰。

Z 公司是一家位于吉林省的建筑施工企业，近两年公司业绩不佳，人力资源部的李经理经常需要处理员工频繁离职、项目部人手不足的问题，员工年度评优、劳动合同续签等也没有确切的依据。Z公司的绩效管理到底出了什么问题?

1. Z公司及项目部简介

Z公司是中国TD建筑集团的子公司，成立于2012年3月。公司位于吉林省长春市，注册资本3亿元，现有员工947人。发展至今拥有能满足工程建设要求的现代工程机械（套）588台，机械化施工水平达82%，年施工能力超过40亿元。公司具有市政公用、建筑工程、公路工程等多项施工总承包资质和专业承包资质，具备跨地区、跨行业的施工能力。

项目部在整个施工生产周期中，对项目的成本、进度、质量、安全等方面负总责，项目部根据生产需求设定相应的管理部门。Z公司下属项目部采用三级管理模式，项目部直接管理施工队伍，但施工队伍中的施工人员并不属于项目部管理序列。项目部包括项目经理及支部书记、总工程师、现场副经理、常务副经理；设多个职能部门，具体包括工程管理部、物资设备部、计划合同部、综合办公室。项目部的组织结构图见图6-8。

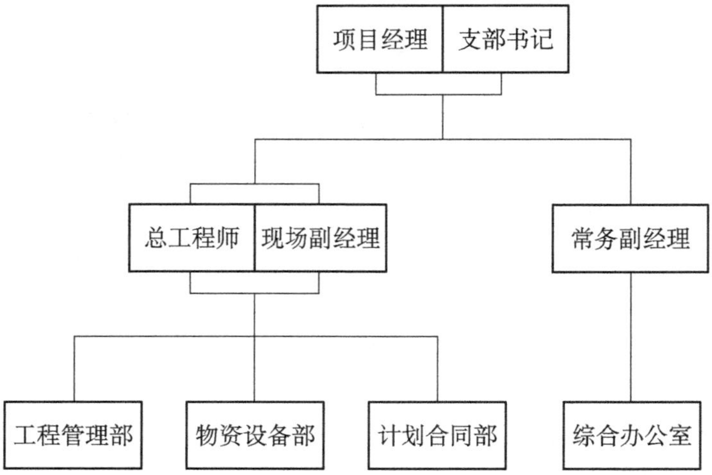

图6-8 Z公司项目部组织结构图

2. 墨守成规还是革故鼎新?

Z公司项目部的领导班子对项目负主要责任，公司总部通过制定KPI对项目部领导班子进行绩效评估，并且项目部成员按照公司现行的绩效管理办法，对下属部门所有成员进行绩效管理。

从目前情况来看，Z公司的绩效评估指标过于笼统，具有相当大的主观性，也没有明确的沟通反馈申诉制度。“这样的绩效制度，怎么可能让员工满意?”拥有多年人力资源工作经验的李经理，深知一个公司应该具备完整的绩效管理体系，而不能只有绩效评估，绩效评估不等于绩效管理，而且绩效管理工作应该应用科学的管理方法。公司目前的绩效管理问题亟须解决，于是李部长决定找公司张总经理请示如何解决这一问题。

“最近几年建筑行业不太景气，公司的业绩你也清楚，希望你能顶住压力。”Z公司总经理办公室内，张总经理与正在向自己诉苦的李经理说道。李经理无奈地回复说：“项目部员工得不到足够的激励，这才是现在人力资源出现问题的根本原因，可巧妇难为无米之炊，目前公司的绩效管理制度存在很多问题。”张总经理说：“公司像人一样，也需要不断学习进步，可我们的绩效管理制度已经原地踏步太久了，公司的绩效管理需要一次真正的革新。至于绩效管理工具，也许可以考虑采用OKR方法。”

OKR方法鼓励公司、团队和成员个人制定具有挑战性的目标和达成目标所要实现的关键成果。除此以外，不同层级的目标与关键成果应该公开透明，并将目标管理贯彻落实到企业中的每个职位上。

不同于KPI方法更多关注结果，OKR方法通过关注过程来促进目标的实现。OKR中的目标和关键成果都可以包括一些绩效指标，但指标的作用是为了帮助员工检查目标完成情况，而不是为了决定对员工的奖惩。这样员工就能够将工作重心转移到最终目标的完成上，而不仅仅是疲于应付阶段性的绩效指标。

李经理回答道：“OKR我听说过，高科技行业和互联网行业确实有应用，可我们公司属于传统行业，真的适合吗?”张总经理解释道：“对于项目基层员工，传统KPI方法更合适，不过对于项目部成员，OKR方法能够有效地管理绩效，而且更能激发员工工作活力。OKR方法比较适用于管理阶段性的工作任务，通常是在特定阶段需要完成特定的工作内容，而并非之前工作内容的重复循环。比如项目部整体进行某个项目时，可以采用OKR方法对整个项目完成目标的情况进行管理。OKR方法可以让项目部更加轻松地工作，并能有效地提升团队的工作效率。OKR方法更适合那些要求更高的灵活性的工作，OKR方法的优点之一就是可以让员工有更多的自由，也可以让他们有更多的创意，当团队面临各种情况和项目时，OKR方法可以更好地激发他们的创造力，从而让他们有更多的机会去执行。项目部对员工的适应性要求很高，所以适合采用OKR进行绩效管理。另外，在OKR方法的指导下，为了实现一个阶段性的工程，需要密切配合的团队可以更好地进行交流和协作。”

李经理说：“如此看来OKR方法确实适合我们，我认为可以结合使用OKR方法和KPI方法，重建公司绩效管理体系。作为传统行业中对固定工作内容的员工的考核方法，KPI方法已经实行多年，而将这种比较先进的OKR方法引入建筑行业会是一次全新的尝试。”在得到总经理的批准后，Z公司成立了绩效管理改革委员会，李经理具体负责工作。之前经常因为公司人力问题而烦恼的李经理，如今心中对这次公司的绩效管理改革工作充满了信心，自此，Z公司绩效管理改革工作正式开始了。

3. 员工座谈会

绩效管理改革将给项目部带来很大的改变，OKR方法对于建筑行业来说较为陌生，李经理担心项目部对OKR方法的接受程度。为了探明项目部成员对现有绩效管理制度的态度，他决定召开项目部绩效管理座谈会，为OKR方法的推行做好铺垫。

李经理代表委员会召集项目部领导班子成员以及项目多名员工代表开展绩效管理座谈会，会上大家畅所欲言，各抒己见。参会人员纷纷表达了自己对公司现有绩效管理制度的意见，反映了绩效指标设定不科学、绩效考核反馈机制不健全、绩效结果应用不足等问题。李经理看到大家发表的意见，更觉得这次绩效管理改革工作势在必行，于是李经理顺势向大家介绍了OKR方法。

李经理说：“这次开会的目的，就是带大家解决问题，公司的绩效管理目前确实存在不足，对于项目部的基层员工，KPI 指标会重新制定，并且一定会建立反馈渠道，大家的晋升评优标准也会有更加实际的依据。而对于项目部的领导成员，不仅要对所领导的员工负责，还要对项目的成果负责，KPI 只强调关键指标，无法充分激发大家的进取精神，所以我们建议公司对项目部班子成员的绩效管理工作采用 OKR。”

李经理在投影屏上展示了项目班子总体目标，其中包括：计价工作合格；工期按规定履约；上交款足额。然后他展示了他简单制定的项目班子在这一季度的 OKR。项目部的季度目标（O）共有 3 个，下面分别列有对应的关键结果（KR）。

O1：计价工作合格。

KR1：季度末关键节点项目已完工产值计价指标率达到 100%；

KR2：二次经营指标率达已完工产值 5%；

KR3：专职分管领导设置人数≥2。

O2：工期按规定履约。

KR1：项目部及时按业主要求报送周进度计划 12 次；

KR2：本季度完成月度计划指标率≥100%；

KR3：5 月底完成薪酬管理体系更新，总结形成制度文档。

O3：上交款足额。

KR1：应交上级管理费对上计价为基数 5%以内；

KR2：季度利润净结余上交额≥50%。

李经理还向大家强调了两个要点。第一，制定的目标必须符合 SMART 原则。第二，关键结果必须是可量化、可操作和过程性的。比如，“计价工作合格”就是个不可量化的概念，是不可以作为关键结果的，但“季度末关键节点项目已完工产值计价指标率”就具备了可量化、可操作、过程性的特点，这是一个合格的关键结果。随后李经理在会议上向大家展示了 OKR 的含义、作用以及特点。

“相信各位已经对 OKR 有了一些了解，OKR 方法在建筑行业的应用较少，这是一次新的尝试，对大家来说也是一次挑战，但我相信对于项目部成员的绩效管理工作，OKR 方法比 KPI 方法更合适。”项目部常务副经理说：“项目部作为一个团队，OKR 方法也会增强我们的团队协作能力，我们项目领导班子成员的日常工作并没有具体任务安排，关键指标考核确实不合适，我认为项目的收益以及年度项目管控情况可以作为我们的目标，然后设置相应的关键结果，项目进行中经常会有不同的突发情况，用目标而不是计划当作考核标准确实是更合适的。”会议上大家对 OKR 方法积极讨论，李经理看到大家都对 OKR 方法表示接受，更增强了实施 OKR 方法的信心。

4. 尾声

两个月后，Z 公司绩效管理改革方案即将编制完成，具体的绩效评估指标也在多轮的调查讨论后重新制定，并得到了员工的一致认可。李经理回想起近几个月以来的历程，这次改革不仅是公司绩效管理之路的再出发，也代表了传统行业突破自我、大胆创新的一次新尝试。新方案实施的相关培训工作也逐渐开展了，方案能否帮助公司扭转颓势？面对如今激烈的市场竞争环境，Z 公司未来的路依然艰辛。

资料来源：中国案例中心，已得到案例中心和作者授权。

讨论题：

1. 为什么说绩效评估不等于绩效管理？Z 公司绩效管理出了什么问题？

2. OKR 方法和 KPI 方法各自有什么特点？为什么 OKR 方法更适合 Z 公司项目部成员的绩效评估？

3. 请针对 Z 公司绩效管理存在的问题提出解决对策。

第7章

薪酬与福利管理

放于利而行，多怨。

——《论语·里仁》

引导案例

京东物流员工薪酬管理

2019年4月，一则京东物流调整快递员薪酬的消息搅动了整个快递行业。社会对此事颇为关注。处在风口浪尖的京东物流做了紧急回应：第一，部分地区取消快递员底薪是业务发展的需要；第二，京东物流为快递员缴纳五险一金，公积金缴存比例调整后仍处于行业中位数水平；第三，将继续提供10 000个快递员职位。具体回应内容如下：

(1) 过去，在京东物流业务模式相对单一（主要为京东商城派单）的情况下，为了保障快递员的基本收益，薪酬结构主要设计为“底薪+提成”的模式。但如今京东物流独立运营之后，不仅服务京东商城自身的订单，还有大量外部订单业务、大客户业务以及个人快递的揽件业务等，原来的薪酬结构不适应新的模式，无法对绩效优秀的员工体现出足够的激励。因此，京东在部分地区试点将底薪转变成更有激励性的业务提成，同时为确保平稳过渡，各区域制定了4～6个月的员工薪酬保护政策。目前，在华南地区试点的一些二三线城市，很多快递员的平均工资超过了8 000元/月。京东会继续不断观察调整，用更科学的薪酬结构来保障快递员多劳多得。

(2) 京东物流是率先为全员缴纳五险一金的物流公司，京东快递员始终享受着具有行业竞争力的薪酬，仅去年京东物流为基层员工缴纳的五险一金就超过数十亿元。今年以来，综合考虑到基层员工实际需求，在广泛征询员工意见后，京东按照住房公积金缴存政策规定，结合员工诉求和各地实际情况，在政策允许的范围内，依法合规对员工公积金缴存比例进行调整。调整后，京东物流员工公积金缴存比例仍处于行业中位数水平。

(3) 京东每年都会收到大量希望到京东物流工作的申请，今年随着京东物流全面开放，服务更多行业客户，预计会释放出超过 10 000 个职位。京东一如既往地欢迎各地的一线从业者前来求职应聘，并会继续为他们提供具有行业竞争力的福利待遇和工作环境，以保障全行业最优的服务体验。

京东物流这次薪酬调整，是京东物流从过去第一方物流转身为第三方物流的一个配套措施，是京东物流独立运营带来的自然反应和变化。在这个变化中，京东物流设置了一定的保护政策来保障平稳过渡，并在公积金的调整上充分听取了员工的建议和意见。除此以外，京东物流也明确向外界表明：公司并不是因为业务发展受限而进行薪酬制度调整，而是基于业务持续发展的需要才进行相关政策的优化。

事实上，2019 年京东物流向社会提供了 10 000 个就业职位。截至 2023 年 6 月底，京东物流员工超过 43 万人，其中一线员工超过 41 万人。一线员工的薪酬支出高达 260 亿元，同比增长 26.1%。从这些事实可以看出，京东物流薪酬制度的优化和调整是企业发展过程中的战略性动作。这一调整和其他管理制度的优化有效支撑了京东物流的可持续发展。

那么，为什么京东物流员工薪酬管理政策调整的内部事件引发了外界如此大的关注呢？这是因为随着电商业务在我国的蓬勃发展，快递业务也飞速发展。快递员、外卖员成为一个庞大的群体。根据第九次全国职工队伍状况调查的研究报告，我国目前已有超过 8 400 万人从事外卖员、快递员等新就业形态工作。他们已经成为庞大的社会力量。他们的就业、薪酬等关系到成千上万个家庭的安康。除此以外，这一庞大群体也为我国社会发展和稳定作出贡献，而且是电商行业兴旺发展的重要力量。正因如此，企业内部的制度调整才会外溢为社会事件，引发全面关注和讨论。

此外，京东物流在我国物流行业中属于领先企业。在这个行业中，较为普遍的情况是公司并不给员工设置底薪，也不为员工缴纳五险一金。这背后的原因和电商企业之间的价格战有关。快递的价格和快递员的收入水平之间存在内在联系。因为快递员在物流公司中属于占比很高的员工类型，其薪酬支出和五险一金会给物流公司带来巨大的成本，降低公司利润水平。因此京东物流快递员的薪酬水平和结构也就成为该行业的风向标，引发同行和公众、政府的关注。

与众不同的是，在目前形势下，京东物流一方面能够积极响应国家有关企业承担解决就业等社会责任的要求，另一方面也借着战略转型的机会，制定出较为有竞争力的薪酬政策，稳定员工队伍，为公司未来的可持续发展打下基础。

从京东物流和快递行业的员工薪酬管理的敏感度可以看出，薪酬对于员工来说，是养家糊口的关键来源；对于企业组织来说，是维护自身形象和提升竞争力的必要手段；对于社会来说，是维持稳定和保证公平的载体。因此，企业的薪酬和福利管理制度变化对于不同相关方来说，都是重要且有价值的。

资料来源：邢艳平为本书撰写。参考 https://www.jdl.com/news/3272/content01340。

7.1 薪酬和薪酬管理

7.1.1 薪酬的含义和影响因素

1. 薪酬的含义

薪酬是指员工因向企业提供劳动或劳务而获得的各种形式的酬劳或回报。在企业中，薪酬有经济性薪酬（或外在薪酬）和非经济性薪酬（或内在薪酬）。经济性薪酬包括基本薪酬、绩效薪酬、津贴和福利；非经济性薪酬包括认可、绩效改进、发展空间和工作生活平衡等。

2000年，美国薪酬协会提出全面薪酬管理的理念和模型。全面薪酬管理包含薪酬、福利和工作体验三方面。2005年，该协会优化了总薪酬的构成要素，包含薪酬、福利、工作生活平衡、绩效与认可以及职业发展机会五方面。2015年，该协会又推出薪酬管理过程中关键要素间的逻辑链条，为企业薪酬管理提供指南。2019年，该协会再次发布优化后的全面薪酬管理模型。结合我国企业的薪酬实践和该协会的模型，本书提出全面薪酬管理模型（见图7-1）。

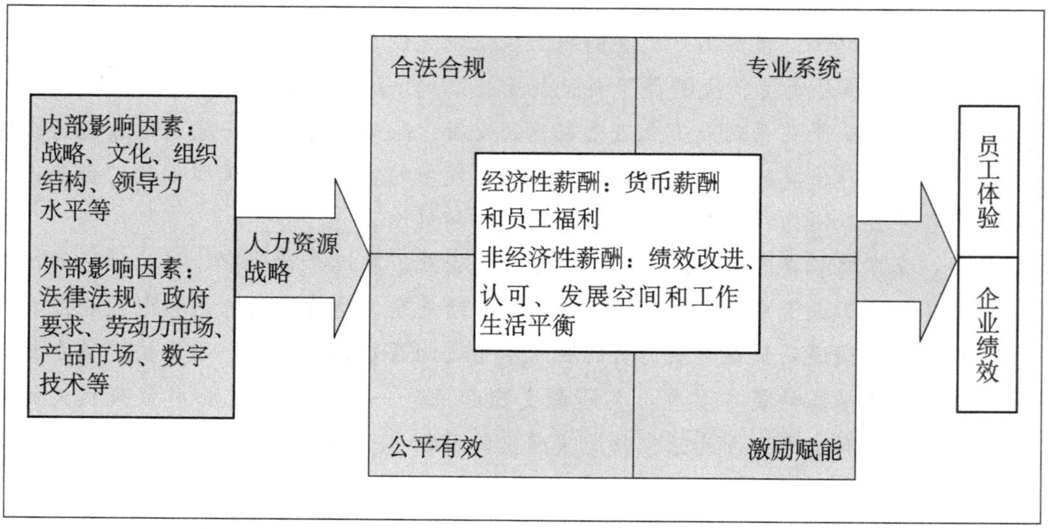

图7-1 全面薪酬管理模型

在全面薪酬管理体系中，有以下六类薪酬形式：货币薪酬、员工福利、绩效改进、认可、发展空间和工作生活平衡。货币薪酬包括基本工资、奖金、津贴、利润分享、股票期权等；员工福利是企业补充给员工的经济性薪酬项目，如福利设施、医疗保险、带薪年假等。这两类薪酬形式是经济性的，有助于员工和企业间建立经济契约关系，对员工心理起到保健性作用。

其余四类薪酬属于非经济性的。其中认可是基于绩效评估结果对员工和团队优秀行为的表彰和肯定；绩效改进是帮助员工基于绩效评估结果有针对性地改进绩效；发展空间是企业提供给员工的进修发展机会；工作生活平衡是企业通过制度引导以及具体项目的落实，赋能员工保持工作生活的平衡，提升其体验感和对企业的认同感。这四类薪酬形式有助于建立员工和企业间的心理契约关系，起到激励性作用。

在设计全面薪酬管理体系的时候，企业需要关注合法合规、专业系统、激励赋能和公平有效。同时，还需要注意持续改进和迭代，将全面薪酬管理和其他人力资源管理职能活动配套，实现企业和员工共赢。

近年来，我国企业越来越重视全面薪酬管理的理念和做法，并积极进行制度设计来提升员工体验，促进员工和企业的同步发展。

2. 影响薪酬水平的因素

影响员工薪酬水平的因素包括环境因素、企业因素和员工因素。

（1）环境因素。首先是国家相关法律法规。这是企业进行薪酬管理的重要依据。比如国务院批准的《关于工资总额组成的规定》，国家关于最低工资、加班工资、带薪假期、病假和产假、社会保险等方面的强制规定，都是企业需要遵守和执行的，对员工薪酬水平有影响。其次是企业所在地区的行业工资水平、劳动力市场的供求情况等。再次是物价水平。它对薪酬水平有直接影响：薪酬水平增长率高于物价增长率的时候，实际薪酬水平高；反之则低。最后是竞争对手的薪酬水平。企业和竞争对手的薪酬水平对比在一定程度上影响人才流动方向。

（2）企业因素。首先是企业的竞争战略，因为薪酬战略要与之相匹配。如果企业奉行的是低成本战略，那么重点是进行成本控制，而薪酬水平与人力成本直接相关。如果企业选择以客户价值为中心的战略，重视创新和产品差异化，那么企业就会侧重于吸引、保留和激励高绩效员工，并据此来考虑薪酬水平。

其次是企业的盈利能力和支付能力。企业的薪酬总额需要控制在其能够承受的范围以内，即员工薪酬总额的增速和企业经济效益的增长以及劳动效率的提升需要同步，否则企业管理过程成本过高、效率低下，会影响企业的可持续发展。

最后需要考量企业所处的发展阶段，如初创期、快速成长期、系统成长期和二次创业期。不同发展阶段的薪酬水平有所不同。比如在快速成长期，企业需要迅速扩大市场规模，营销人员的薪酬水平需要高于劳动力市场平均水平。在二次创业期，企业需要寻找二次曲线。这个阶段可以考虑提高科研人员的薪酬水平，并发出清晰的信号给市场，招贤纳才，帮助提升企业的创新能力。

其他企业因素还包括企业的人力资源战略和文化导向等。

（3）员工因素。首先是员工从事职位的价值。在企业中，由于不同职位承担的经营责任大小不同、对解决问题能力的要求不同、需要掌握的专业知识的复杂度不同，职位价值应有所不同。对于战略性职位或相对价值较高的职位，需要支付较高水平的薪酬，这样才能为企业吸引、激励和留住人才。

其次，员工绩效贡献的大小影响薪酬水平。通过绩效评估结果，可以将员工进行分类。企业据此采用不同的薪酬结构和水平。这样做能够提升员工生产效率，激发企业活力并提高整体效率。

最后，员工能力素质、在企业中的工作年限等也会影响薪酬水平。比如在日本企业中，员工会根据掌握的多样技能以及在企业工作的时间获得不同的薪酬。这样做的目的也是激励员工，并提升企业整体作战能力。

总之，个体层面影响薪酬水平的主要因素是个体承载和对企业有用的“价值”：职位价值、绩效价值和能力价值。职位价值体现薪酬水平的公平性，表现为基础薪酬；绩效价值体现薪酬水平的差异性，表现为可变薪酬；能力价值体现企业以人为本的薪酬水平，表现为技能薪酬制度。

7.1.2 薪酬管理

1. 薪酬管理的含义、价值和要求

薪酬管理是企业在战略指导下，根据自身经营情况以及全体员工提供的服务和价值，对薪酬的支付原则和标准、支付水平和结构等进行设计、分配、运营和优化的管理过程。薪酬管理包括确立薪酬原则和战略、制定薪酬管理制度和实施薪酬管理等几个层次的管理活动。薪酬管理应该能够支撑企业战略落地、体现管理意图、引导和激励员工行为以及合法合规。

薪酬管理的价值体现在三个方面：

（1）对员工的价值。首先是补偿价值。员工付出体力、脑力和时间，希望从企业交换到薪酬来维持生活，并获得自身人力资本可持续的再投入。其次是激励价值。货币薪酬中的可变薪酬和员工绩效评估结果直接挂钩，这对提高员工动力水平和激发自身潜能有促进作用，对员工努力的强度和耐力有很大影响。最后是信号价值。比如在华为公司，高绩效和高收入是强因果关系。这体现出企业的高绩效文化，以及对表现卓越员工的能力和成果的认可，这也成为区分员工贡献和个人价值的重要信号。借助这一信号，企业能够吸引人才，也能将员工的注意力引导到较为重要的企业任务上去，做到力出一孔和统一行动，助力战略落地。

（2）对企业的价值。薪酬管理是企业中很关键的管理活动。首先，它具有风向标般的指引功能，引导员工关注企业重视的方面。企业通过薪酬管理制度设计来整合员工力量，朝着战略方向统一行动。作为风向标，薪酬也能反映劳动力市场人才供给和需求的关系。其次，薪酬管理能够强化企业文化。企业文化提倡的价值观需要和薪酬管理制度配套使用，才能有助于员工将文化内化于心。同理，如果薪酬管理制度和文化导向矛盾，则会引发无序的员工行为，且不利于企业氛围的优化。最后，企业需要综合考量员工薪酬增幅和企业营收、利润及收入增幅之间的内在关系，以便合理控制用人成本，提高人效，帮助企业获得竞争优势。

（3）对社会的价值。首先，企业薪酬和劳动力市场人才的供需情况密不可分。双方共同作用，决定整个社会人才流动的方向，对社会劳动力资源进行更合理的配置。除此以外，薪酬作为载体，也能调节社会成员择业和就业的方向。更重要的是，企业层面的薪酬管理制度做到合法合规，能够促进内部公平和公正，为和谐社会贡献力量。

薪酬管理对个人、企业和社会的价值以及相互作用见图 7－2。

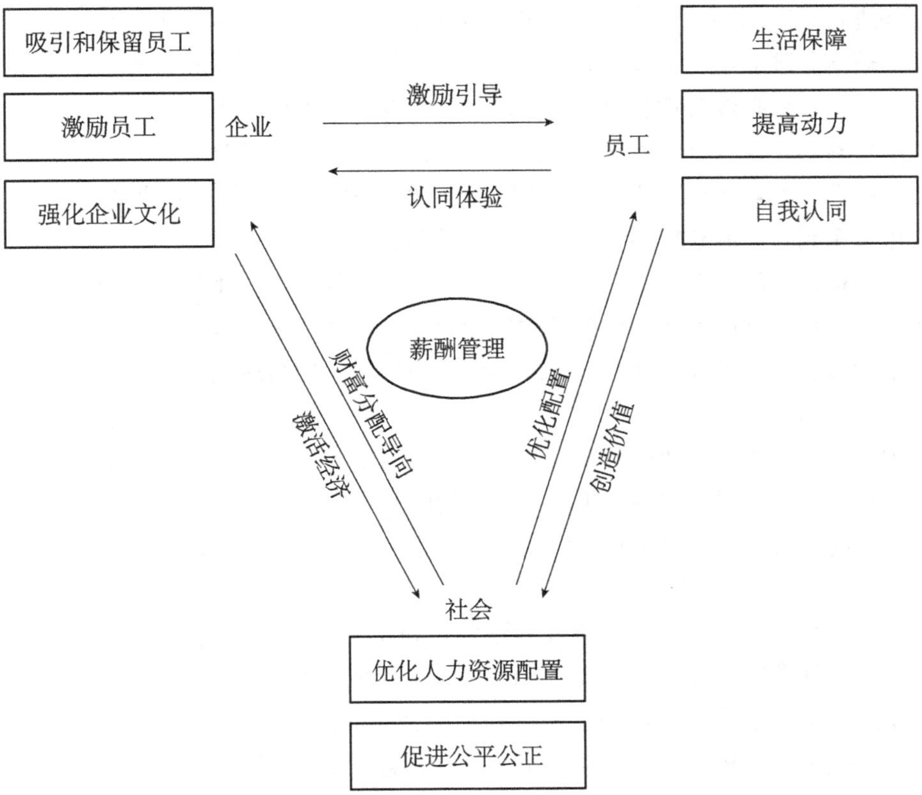

图 7-2　薪酬管理的价值

薪酬管理的基本要求有以下三点：

(1) 公平性。指的是员工在薪酬管理过程中感知到的公平和公正。员工倾向于将自己的薪酬和同事的薪酬或其他企业类似职位的薪酬加以比较。这种比较会引发其对于公平公正的感知。企业在进行薪酬管理的时候，通过薪酬沟通、直接主管带头、公开薪酬管理制度等来提高公平性。

(2) 有效性。指的是企业进行系统的薪酬管理以后，能够提高企业战略落地效率、凝聚员工队伍和强化企业文化等，通过和其他管理措施配套实施，能够促进企业实现经营目标。

(3) 合法性。指的是企业的薪酬管理制度和政策必须符合国家的法律法规。比如要遵守最低工资标准、同工同酬等要求。

2. 薪酬管理的内容

薪酬管理围绕目标、制度和实施三个层次来展开。

(1) 薪酬管理目标。薪酬管理目标即薪酬战略，必须以企业战略为依托，以职位价值为基础，同时关注政府相关规定并综合考量劳动力市场和竞争对手等有关信息，来确定企业的用人成本和支付逻辑。

薪酬战略是以人力资源战略为依据，合理配置资源、赋能激励员工的策略和体系并加以实施的系列管理行为。它为薪酬管理制度的制定提供思路和方向，也是企业进行合理的人才配置、激励和发展的关键。此外，薪酬战略需要联系市场和开放的环境，根据外部形势进行动态的调整、优化和升级，帮助企业提升效率和整体作战能力。

(2) 薪酬管理制度。薪酬战略需要通过薪酬管理制度来部署和落实。这就要求设计薪酬管理制度，包括经济性薪酬、薪酬结构和薪酬水平的确定等。

经济性薪酬，包含基本薪酬、绩效薪酬、津贴和福利四部分。企业需要通盘考虑这四部分经济性薪酬，同时又需要明确每个部分的具体方案以及其在薪资总额中的比例等。这里关系到企业的薪酬预算和人工成本控制。

薪酬结构，指的是在企业内部，有多少基本薪酬等级以及相邻的薪酬等级之间的差距。薪酬结构相关制度旨在通过调整薪酬构成部分以及比重来落地薪酬战略。企业内部的薪酬结构有固定和可变（绩效）薪酬结构、短期和长期薪酬结构以及经济性和非经济性薪酬结构。

薪酬水平，指的是企业内各职位和人员平均薪酬水平的高低。它对企业薪酬的外部竞争性有直接影响。制定薪酬水平相关制度的时候，需要基于企业的战略要求并通过比较外部市场的“行情”来确定自身的定位，通常有领先型、跟随型、滞后型和混合型等类型。

(3) 薪酬管理实施。薪酬策略和薪酬制度确立以后，要注意制度的落地和日常运营。薪酬管理日常工作有薪酬定级、薪酬变动、薪酬支付等。除此以外，还需要定期对企业的薪酬体系加以检讨和诊断，做好薪酬满意度调查、外部薪酬调研等。更重要的是，还需要就企业的薪酬理念、原则和制度等定期和员工进行沟通，让员工感知到企业薪酬管理体系的公平公正，从而认同企业和有动力做好职位工作。

7.1.3 常用的薪酬管理模式

1. 基于职位的薪酬管理模式

基于职位的薪酬管理（job-based pay，JBP）模式属于确定员工基础薪酬的常规制度。这是基于员工承担的职位职责来决定薪酬的方法。以职位等级为基础的薪酬标准和等级，鼓励同工同酬和彰显内部公平。在采用这种模式的时候，需要评估职位价值，并以统一的标准对企业内部所有职位的价值进行定量评估。在此基础上对职位进行分类和分级，确定各个职位的相对价值和薪酬标准。企业做到内部平衡和一致以后，再结合市场薪酬水平来进行相应的调整匹配。

JBP 模式背后的假设是：员工创造的价值主要由其承担的职责和任务来决定。这一模式操作简便，管理成本相对较低，且可以调动员工争取职位晋升机会的积极性。但它不重视员工技能水平差异对薪酬的影响，也不考虑业绩因素对薪酬水平的影响，会出现相同职位、不同技能、不同绩效的员工薪酬水平相同的状况，没有综合考量企业目标、职位因素和人的因素之间的关系。一般情况下，企业仅仅依靠职位来确定薪酬难以满足经营环境对企业适应性的要求。除此以外，这一薪酬管理模式也不利于及时激励员工。

2. 基于技能的薪酬管理模式

基于技能的薪酬管理（skill-based pay，SBP）模式是按照员工达到的技能等级标准来确定薪酬等级，并按照企业确定的薪酬等级标准来支付薪酬的模式。和 JBP 模式相比，这一模式是以人为导向的。另外，JBP模式通常采用多等级和多标准的窄带薪酬结构，SBP模式则更多采用宽带薪酬结构。

企业在采用这一模式的时候，要确定技能块和技能等级以及每一等级对应的薪酬标准。技能块是按照薪酬设计原则从所要完成的工作中提炼出来的。技能块必须能够为企业利益相关方所理解和接受。在每一个技能块内部，可以划分不同的技能等级。除此以外，企业还需要组织技能的培训和认证。

3. 基于绩效的薪酬管理模式

基于绩效的薪酬管理（performance-based pay，PBP）模式是企业按照不同员工的贡献和责任，结合企业当期的经济效益和成本控制情况，来决定员工薪酬水平。绩效薪酬属于经济性薪酬中的可变且灵活的部分。绩效薪酬既有团队层面的，也有员工个人层面的。比如公司某一部门绩效优异，企业会拿出一部分当期收益和该部门分享，作为团队奖金。员工绩效薪酬则是企业根据员工之间的业绩差异，来决定其灵活的或可变的薪酬部分。企业选择差异化和创新战略时，往往会用此类薪酬管理模式来调控和引导员工行为。同时，企业需要创造其他条件如赛马机制，使得员工能够通过自身的努力达到企业的绩效标准，并及时得到认可和激励。

为了保证PBP模式取得良好的效果，企业需要选择合适的绩效评估方法、培训评估者、把握职位间的差异以及绩效产生时间点等。除此以外，企业还需要清楚PBP模式只是全面薪酬管理体系的一个部分，必须和其他薪酬管理模式有机结合，才能调动员工积极性，并助推企业战略落地。

企业往往会结合使用上述三类模式，形成综合性的薪酬管理方案和体系。比如对于重复性或标准化的职位，采用JBP模式来保证效率和内部公平。对于创新要求高的职位，则采用SBP模式激励员工一人多能，解决企业面临的不确定性问题。在企业快速成长阶段，对于营销类职位会采用PBP模式，如采用上不封顶的奖金制度，激发员工潜力和吸引精英加入公司，将公司业绩推向新高。当然，综合性的薪酬管理体系设计对专业能力要求较高，对企业平衡不同薪酬模式的能力要求也很高。为实现良好的薪酬管理，企业还需要借助企业文化建设、人才队伍建设和雇主品牌建设等配套措施。

7.2 薪酬管理体系

薪酬管理体系需要企业组织好专门且专业的团队，在明确企业战略和人力资源战略的基础上，明确企业薪酬战略和策略、薪酬制度，保障具体实施（见图7-3）。薪酬管理体系是企业进行利益分配的依据，也是牵动和引导员工行为的风向标。员工通过这一管理体系得以感知和体验到企业制度的可靠性和理性，从而建立对企业的信任。全面薪酬管理体系既能够在员工和企业之间建立稳定的经济关系，又能够建立心理契约。双向奔赴才能使员工有效和持续地为企业创造价值并推动企业的可持续发展。

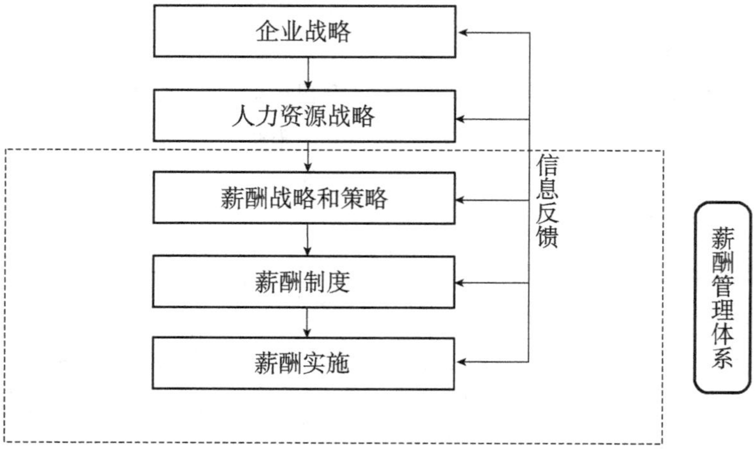

图 7-3　薪酬管理体系

7.2.1　薪酬战略和策略

1. 制定薪酬战略

薪酬战略为企业薪酬设计、管理和实施提供方向与指导。制定薪酬战略时需要综合考量市场、竞争对手、政府监管等外部因素和企业战略、企业文化、人力资源战略等内部因素。

企业战略是制定薪酬战略的依据。不同类型的企业战略强调的内容不同，对应的薪酬战略应有不同的重点。企业的竞争战略可分为成本领先战略、差异化战略和聚集战略。上述三类战略对应的薪酬战略的内容有所不同。表 7-1 为企业竞争战略和薪酬战略的对应内容。

表 7-1　竞争战略和薪酬战略

竞争战略	薪酬战略
成本领先战略	注重成本控制，关注竞争对手的人力成本变化和结构 薪酬水平根据成本和竞争对手的影响而调整 薪酬和生产运营效率提升、成本降低关系密切 薪酬管理方式较为集权和统一
差异化战略	注重人才的吸引、培养、开发和保留 薪酬水平可以高于或等于市场水平或竞争对手 浮动薪酬更注重生产运营中的创新和研发结果 薪酬管理通常可以有一定的放权和灵活性
聚集战略	注重专业技术人才的激励和保留 核心人才的薪酬水平应当高于市场水平或竞争对手 浮动薪酬更注重顾客评价和满意度 薪酬管理需要有一定的放权和灵活性

除此以外，企业发展阶段不同，组织的战略内涵不同，薪酬战略也有所不同。初创

期企业的目标是生存，薪酬战略需要为战略目标服务，因此需要重经营和重市场，薪酬结构应该增强弹性，并注重员工的个人激励。例如小米公司在初创期，其创业团队成员的薪酬结构就是固定薪酬比例低，期权比例高。

在快速成长期，企业的目标是快速扩张和扩大市场规模。薪酬战略应该考量内外因素并将个人激励和团队激励相结合。在这个阶段，企业营销队伍建设和人才到位是企业发展的关键。因此企业比较重视员工的绩效激励和福利。企业开始对不同类型的员工探索采取不同的薪酬结构和薪酬水平。比如对于一线营销团队，设计承包、利润分享等短期利益机制来激发员工活力。与此同时，企业提倡“高压力、高绩效和高收入”的三高文化。

处于成熟期的企业，发展方式系统，发展速度稳健，薪酬战略开始注重内部公平，并倡导个人激励和团队激励的有机结合。在短期激励方式上，企业采用利润分享；在长期激励方式上，则开始实施员工持股计划。

处于二次创业期的企业，需要在存量和增量、创新和守成之间找到平衡。公司需要根据财务状况来重构企业的薪酬战略。企业需要在特定时间内，找到新的业绩增长点和增量业务，否则企业的付酬能力就会面临严峻的考验。在这一阶段，企业选择适应变化的薪酬战略，注重薪酬成本的控制和核心人员的保留与激励。

2. 确定薪酬策略

薪酬策略为战略性薪酬问题提供解决方案。企业的薪酬策略是一揽子解决方案，它包含四个环节：第一，通过职位评估来确定企业的薪酬结构，达到内部一致性和帮助员工获得公平感。第二，通过市场定位和调研来确定企业的薪酬水平并优化薪酬结构，以获得外部竞争性，从而吸引和留住人才。第三，通过制度设计，尤其是激励性、差异性和浮动性绩效薪酬制度的设计，让贡献大、绩效好的员工得到及时和满意的激励。第四，通过 PDCA 过程管理，将薪酬战略落实到位并循环优化。具体来说，薪酬策略的类型有：薪酬水平策略和薪酬结构策略等。

（1）薪酬水平策略。企业薪酬水平策略包含领先型、跟随型、滞后型和混合型四种。

领先型薪酬水平策略是基于企业建立一流人才队伍的人力资源战略。这种策略是在开放的人才市场和高度竞争的行业环境中，以超过竞争对手的薪酬水平吸引和保留绩优员工。同时，这一策略还需要持续引导员工或团队的高绩效表现。实行这一薪酬水平策略的企业大多在行业领先并坚持创新，企业的市场机会和成长空间大，对优秀人才的需求多。除此以外，这类企业具备较强的付酬能力。

跟随型薪酬水平策略是基于竞争对手的战略而制定策略。出于对自身付酬能力的考量，企业的薪酬水平在同行中并不是位于前列，但也有一定的竞争力。企业通过给员工提供发展空间和成长机会，在质量、技术或特色方面与其他企业进行错位竞争。

滞后型薪酬水平策略是基于成本导向的。实行该策略的公司的薪酬战略注重成本控制。企业会采用窄带薪酬和短期激励方式。该策略还注重核心员工的稳定性，有时候会考量长期激励计划。

混合型薪酬水平策略是针对不同部门、不同职位序列和不同职位等级的员工采取不同的薪酬水平策略。比如对绩效好且在战略性职位上的员工采用领先型薪酬水平策略；

对通用类员工采用跟随型薪酬水平策略；对规模化的外包类员工则采用滞后型薪酬水平策略。

（2）薪酬结构策略。薪酬结构是指企业内部不同职位或不同技能员工的薪酬水平的排列形式，它强调薪酬等级的多少、不同等级之间的级差大小、决定薪酬级差的标准、同一薪酬等级的分配结构等。

按照企业的内部价值体现和外部市场价值，薪酬结构是在职位排序的基础上建立起来的。不同的薪酬结构策略反映了企业对不同职位和能力的重要性及价值的重视程度。薪酬结构由薪酬等级和分配结构组成。薪酬等级通常是基于职位级别制定的，包括薪酬等级数量、每一薪酬等级对应的薪酬变动范围（最高值、中位值以及最低值）、相邻薪酬等级间的交叉与重叠关系。薪酬结构主要指不同薪酬要素的比例关系，又称固浮比（即固定薪酬和浮动薪酬之间的比例），如图 7－4 所示。

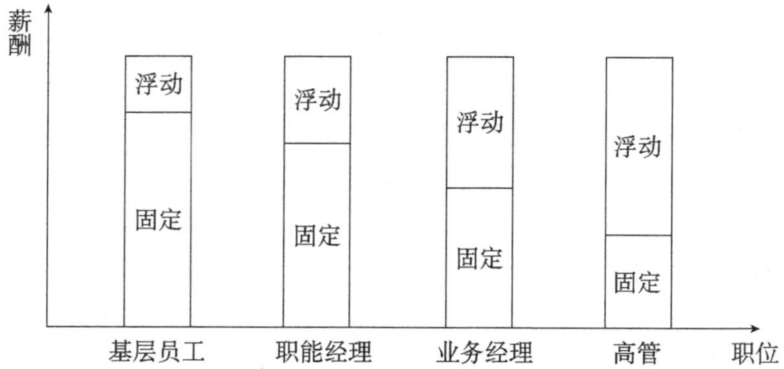

图 7－4　薪酬固浮比示意图

7.2.2　薪酬结构设计

1. 薪酬结构的含义和类型

薪酬结构指的是在一个企业内部一共有多少个基本薪酬等级，相邻薪酬等级之间的差距大小。它一般是指固定的基础薪酬部分的等级数量和等级差距，又称为薪资结构。

薪酬结构的设计包含以下环节：明确原则和目标、确定企业内的付酬因素和制定薪酬结构。过程中尤其需要考量：不同职级职位的薪酬构成、付酬因素的权重以及特殊职位薪酬结构的再设计等。薪酬结构一般由薪酬等级、分配结构两部分组成。

在我国企业薪酬管理实践中，有以下几种典型的薪酬结构：弹性薪酬结构、稳定薪酬结构和平衡薪酬结构。弹性薪酬结构的特点是浮动薪酬占比大，固定部分占比小；稳定薪酬结构的特点是固定部分占比大，浮动部分占比小；平衡薪酬结构则是固浮比相当。

薪酬结构使得职位与职位之间有了可比性。其具有的相对科学性、稳定性和可比性能够给员工带来公平感。在设计和使用过程中，还需要关注外部市场薪酬情况，酌情优化和调整，尤其需要密切关注企业内部核心人员和绩优人员的薪酬结构，防止竞争对手“挖人”。

2. 影响薪酬结构的因素

薪酬结构首先要符合企业战略。不同的竞争战略要求不同的支撑战略落地的薪酬制度。在成本领先战略下，企业以高效率、标准化来获得优势，薪酬战略就需要注重成本控制和维护员工队伍稳定，薪酬结构适合稳定薪酬结构，薪酬级差较小，以发挥薪酬的保障功能。在创新战略下，企业薪酬战略应更强调激励性、差异性，薪酬结构适合弹性薪酬结构。创新性职位的员工甚至能够参与薪酬制度的设计。宽带薪酬结构较适合创新战略的落地。

其次，薪酬结构也需要符合企业发展阶段的要求。比如在快速成长期，企业的战略任务是迅速打开市场，形成规模效应。对于一些特殊职位，如一线销售职位的薪酬结构设计，要采用弹性薪酬结构，提高浮动薪酬的比例。对于战略性职位，可以采用较为长期的激励方式，推动企业快速成长。此外，薪酬结构还会受到企业实际支付能力、专业人员的设计水平和外部市场变化等因素的影响。

3. 薪酬等级的设计

薪酬等级的设计通常是基于职位级别的，包括薪酬等级数量、薪酬区间（最高值、中位值以及最低值）、相邻薪酬等级间的交叉与重叠关系。在薪酬等级的设计中，需要关注以下内容：首先是薪酬等级差异的设计。薪酬等级是基于职位级别建立起来的基本框架：根据职位评价结果，划分不同的层级，将价值相近的职位归入一个层级。通常根据企业规模大小来决定职位等级数量，规模越大，等级数量越多，一般会划分为 5～9 个等级。每一等级内部涵盖的评估得分范围可以采用等差、递增或递减三种方式。不管采用哪种方式，都需要充分考虑企业内部的层级因素。必须将同一层级的职位划分到同一职位等级中，保证内部一致性。

例如，某一公司职位评估得分范围为 0～1 000，公司将划分 8 个薪酬等级，使用等差、递增或递减的划分方式，具体见表 7－2。

表 7－2　薪酬等级和职位评估分数对应关系（示例）

薪酬等级	对应职位评估得分		
	等差	递增	递减
1 级	0～125	0～28	0～224
2 级	126～250	29～84	225～420
3 级	251～375	85～168	421～588
4 级	376～500	169～280	589～728
5 级	501～625	281～420	729～840
6 级	626～750	421～588	841～924
7 级	751～875	589～784	925～980
8 级	876～1 000	785～1 000	981～1 000

其次是明确每一等级的薪酬区间跨度。薪酬区间跨度是指每一薪酬等级的最低薪酬水平与最高薪酬水平之间的差距，它反映同一职位等级的不同人员获得不同工资的范围。每一薪酬等级建立一个薪酬区间，使企业的薪酬结构有一定的弹性。这样做也能够根据员工绩效和能力的差异来调节，在内部一致性的基础上体现员工的差异性，以便更

好地激励员工。

确定薪酬区间跨度的主要依据是薪酬调查的结果，即市场参考。市场工资水平决定薪酬范围的中位值，而薪酬区间跨度的选择有赖于“带宽”的选择。带宽表示某一薪酬等级最高薪酬和最低薪酬之间相差的比例。同层级带宽的差异受企业所处行业的性质、企业文化导向、该层级所包含职位的典型特征、员工绩效差异等因素的影响。根据带宽、薪酬中位值可以计算出该等级的最高和最低薪酬。计算公式如下：

带宽＝(最高薪酬－最低薪酬)/最低薪酬

最低薪酬＝中点薪酬/(1＋1/2×带宽)

最高薪酬＝最低薪酬×(1＋带宽)

4. 宽带薪酬结构

这一薪酬结构始于20世纪80年代，这与当时工业企业中知识型员工的比例越来越高有关，也与企业流程再造和组织结构扁平化等管理实践相关。企业需要更多地依赖提高员工能力、学习速度和绩效，才能更好地应对变化的商业环境和消费升级的需求。

宽带薪酬是用浮动范围大、薪酬等级数量少的薪酬范围来取代浮动范围小、薪酬等级数量多的窄带薪酬。借助于宽带薪酬结构，企业能够对员工薪酬进行适当的上调和下调，而不需要对已有的薪酬结构“大动干戈”。窄带或传统的薪酬结构主要以职位评估结果作为薪酬增加的依据，而宽带薪酬结构中的薪酬增加更直接地和员工能力以及绩效差异联系起来。两者的对比如图 7-5 所示。

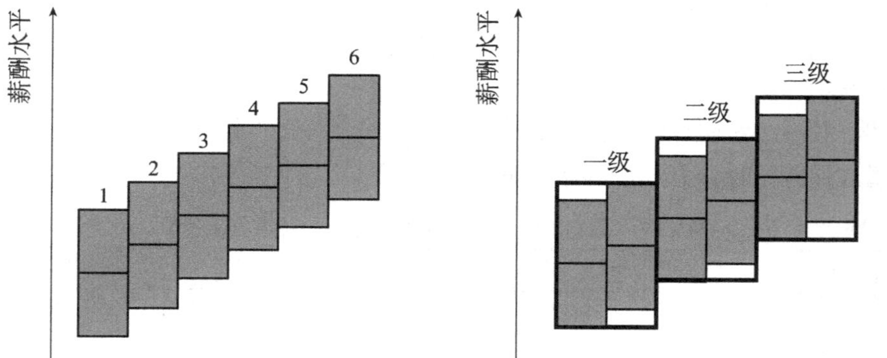

图 7-5 窄带薪酬和宽带薪酬对比图

在设计宽带薪酬结构的时候，要注意以下环节：首先，明确宽带的数量。这里的关键是要将薪酬对应的职位层级合并。合并的主要逻辑依据是职位中关键的工作活动和工作角色。区分带宽的依据是技能要求差异较大或者需要跨界技能的领域。其次，确定宽带薪酬级差。这需要确定不同薪酬等级之间薪酬差距的幅度。实际上，职位价值的区别就决定了薪酬级差：不同职位之间的价值差距越大，薪酬级差也就越大。最后，明确带宽的薪酬区间。宽带薪酬发明的初衷就是加大员工收入的浮动范围。从企业管理实践角度看，薪酬等级的最高值和最低值之间的带宽为200%上下。此外，不同等级之间还可以有一定的交叠。

宽带薪酬结构有以下价值：首先，这一制度通过合并薪酬等级，拉大每个等级的薪酬浮动幅度，一定程度上消除了传统职位等级较为严苛限制薪酬变动的弊端。在职位级别保持不变的情况下，薪酬水平可以有较大变化，绩效表现出色的员工薪酬可以超过职位级别高于自己的员工的薪酬。其次，实施宽带薪酬结构可降低薪酬与职位的关联度，使员工的薪酬与其绩效和能力联系得更密切。公司员工将注意力从彼此之间的攀比转移到如何提升自己的绩效上。这种关注重点的转移，能够帮助企业提升效率并尽可能节约薪酬成本。再次，宽带薪酬结构使得企业的薪酬水平更加适应劳动力市场的变化。最后，宽带薪酬结构更支持多重职业生涯发展通道，鼓励员工在企业内部流动。更重要的是，它能够从制度上保障绩优专业人员获得与管理人员同样甚至更高的薪酬，赋能员工在适合自身能力特长的职业生涯发展通道上更有效率地为企业作出贡献。

7.2.3 薪酬水平设计

薪酬水平设计的重要环节是薪酬调查。薪酬调查是企业组织通过调查研究和收集信息来判断其他企业，尤其是竞争对手支付薪酬情况的管理过程。这一管理过程能够较为客观和全面地了解到劳动力市场薪酬状况、关键人才的供需情况和薪酬情况以及竞争对手的薪酬结构和水平。基于内部一致性和外部薪酬调查，企业能够有针对性地确定和调整自己的薪酬结构和水平，既使得薪酬成本可控又能够吸引和保留人才。

1. 薪酬调查的目的

薪酬调查有如下几个目的：首先，确定或调整本企业的薪酬水平。经营业绩好的公司很重视员工管理，它们在薪酬管理上也与时俱进，会定期调整企业的薪酬水平及结构。这一般会依据地区物价水平和生活成本的变动、客户满意度情况、员工效率提升情况、企业经营情况和成本控制等因素。更重要的是，企业可以通过阶段性复盘和盘点企业核心人才的流动情况来验证本企业薪酬水平的竞争力，避免关键人才流失。

其次，调整和优化薪酬结构。在企业发展不同阶段，战略对薪酬结构影响较大。战略是面向外部和未来的。薪酬调查能够通过市场对人才的预判、和企业变革节奏的匹配等，同步调整企业总体薪酬结构。随着宽带薪酬结构在互联网企业和高新技术企业得到应用，企业也逐渐从传统的基于职位的薪酬管理模式转向基于绩效的薪酬管理模式。这种“转向”更需要企业通过薪酬调查来促进企业薪酬结构和水平的优化，保证战略落地和保持竞争优势。

最后，了解外部劳动力市场的新发展。近年来，全面薪酬管理、员工认可和激励、新生代员工认同管理、薪酬支付方式变化等新实践为企业提供了契机和信息，帮助促进企业内部相关人力资源管理制度的升级和优化。薪酬调查在这一过程中起到收集信息的功能，能够帮助决策者作好相关决策，进一步提升企业的集体战斗力。

2. 薪酬调查的内容和关键举措

企业进行薪酬调查时需要关注的内容有：薪酬构成、其他企业的基本薪酬情况、经济性薪酬、非经济性薪酬、特别类型员工的薪酬水平等。

薪酬调查的关键举措有调查前的准备、精细化数据收集方法和形成调查报告。调查前的准备包括明确调查目的、选取职位和找到分类标准、分析企业已有薪酬结构和水平、了解竞争对手和劳动力市场的情况并确定具体对象和需要收集的数据类型等。除此以外，还需要确定数据收集方法，如电话访谈、调查问卷、购买数据等。最重要的是，进行数据分析并形成调查报告，以用于企业薪酬决策。

3. 确定薪酬水平

前文介绍了四种薪酬水平策略。这里加以补充。

薪酬水平反映的是企业薪酬的外部吸引力。薪酬水平策略对打造企业形象、建立雇主品牌和吸引保留人才有直接影响。

以市场定薪酬水平，就是通过市场薪酬调查，获得市场上参照职位的薪酬数据，并得到市场薪酬水平的平均值。以此作为基准，得到 50 分位的市场工资率曲线（market rate line，MRL）。基于基准的 MRL，能够确定本企业的薪酬政策曲线（pay policy line，PPL）。基于此，可以确认企业适用的薪酬水平策略：PPL 在 MRL 上方时，适用领先型薪酬水平策略；PPL 在 MRL 下方时，适用滞后型薪酬水平策略；PPL 与 MRL 重合时，适用跟随型薪酬水平策略；PPL 与 MRL 交叉时，适用混合型薪酬水平策略，见图 7-6。

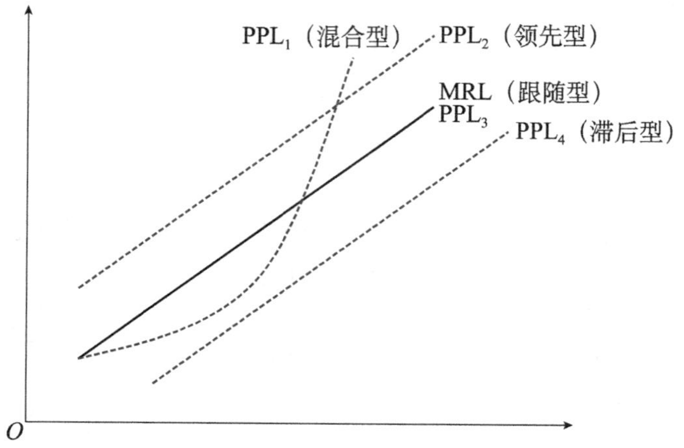

图 7-6　薪酬水平策略示意图

7.2.4　薪酬管理体系的运营

通过上述步骤，企业能够通过相对科学和系统开放的方法，建立健全薪酬管理体系。保证薪酬制度落地并用“制度理性来应对市场的不确定性和人的非理性”是企业获得集体力量的重要保障，也是锻造企业成为减缓不确定性“装置”的重要举措。在薪酬管理过程中，薪酬管理体系的运营属于制度理性的组成部分。

首先，要明确运营和维护薪酬管理体系的主体。在企业中，其主体是人力资源管理部门，重要任务有薪酬制度维护、薪酬发放、薪酬调整通知和薪酬沟通等。薪酬制度维护包括传播薪酬理念、宣贯薪酬战略、明确薪酬预算、报备薪酬控制、进行薪酬沟通以及维护薪酬管理机构等一系列任务和执行相关制度的流程要求。薪酬发放则是落实具体的薪酬支付形式（现金/非现金）、支付周期（短期/长期、预发/后发）和留存支付依据等事务。薪酬调整通知包括对薪酬结构调整、薪酬水平调整、发放形式调整等的通知。薪酬沟通则涉及沟通内容、沟通对象、沟通频次和沟通效果反馈等。

其次，要注意做好薪酬监督。为确保薪酬制度的有效性，公司监督管理部门会将薪酬管理纳入公司治理监督，每年一次对企业薪酬管理机制的健全性和有效性作出评估，动态跟踪监测薪酬管理制度的实施情况，并根据实际情况检查绩效与薪酬挂钩的执行情况。在这个过程中，还需要密切关注企业薪酬和国家相关政策之间的关系，严格遵守法律。

最后，战略导向的薪酬管理体系运营还需要密切关注市场的变化情况、关键职位薪酬水平和结构的变化等，以保证制度成为企业获得竞争力的来源而不是桎梏。

7.3　付酬因素与职位评估

7.3.1　概述和操作步骤

乔治·米尔科维奇（George Milkovich）认为，职位评估是以工作内容、所需技能、职位对企业的价值、企业文化以及外部市场为基础为企业制定职位结构，系统地确定各职位相对价值的过程。通过这一过程，找出各种职位共同的付酬因素，再根据既定的评估方法，按照职位对企业贡献价值的大小确定其价值。除此以外，职位评估还是企业和员工之间的沟通媒介。它能够清晰地给员工传递信息，使其明确企业的工作结构、了解自身职位的职责和价值、知晓职位的绩效标准和目标等。通过这一沟通工具，员工和企业之间得以建立稳定的交换和共创关系，并形成企业诱因和员工贡献的动态均衡，推动企业的可持续发展。

职位评估的目的有：衡量企业所有职位的相对价值并为薪酬管理体系的设计提供基础；建立职位体系，为职业发展与晋升提供基础；有利于企业进行人岗匹配度分析。职位评估的关键步骤有：

（1）建立职位评估委员会。在我国企业中，职位评估委员会成员构成较广，既强调专业性，又强调代表性。评估成员确定以后，需要进行培训，避免评估过程中的误差。此外，还需要进行模拟练习，确保评估人员能够掌握目的、工具和流程，保证评估过程的正式性和统一性。

（2）确定职位评估的方法。企业结合自身发展情况，选择合适的评估方法。

（3）挑选基准职位。企业中职位数量较多的时候，对所有职位展开评估成本巨大，没有必要。企业需要挑选基准职位作为评估对象。企业从不同类型的职位，如生产类职位、销售类职位和研发类职位等中选择代表性职位。评估基准职位后，其他职位的价值可以通过比较得出。总之，基准职位需要有代表性并达到一定的数量要求。

（4）选取付酬因素。企业通过职位间比较，能够提炼出对公司有贡献的付酬因素。付酬因素主要涵盖以下方面：技能水平、智力水平、体力能力、责任大小以及工作环境等。例如，典型销售类职位的付酬因素有销售任务、工作完成情况、销售业绩等；研发类职位的付酬因素和技能水平的高低等有关；生产类职位的付酬因素和产量等有关。

（5）对职位进行评估。职位评估委员会利用确定的职位评估方法对基准职位进行评估，然后根据其他职位和基准职位的关系确定职位等级，再根据总体评估结果建立职位等级表，确定每一个职位的相对重要性或相对价值顺序。

（6）和员工沟通并让其知情。这是职位评估过程中正式且重要的环节。因为薪酬涉及每个员工的切身利益，所以企业应该建立渠道且定期与员工沟通，保证员工理解和接受评估结果和制度安排。除此以外，企业还应该建立员工申诉的流程和机制，积极获取反馈和建议，持续优化基于职位评估结果建立的薪酬管理体系。

7.3.2 常用方法

职位评估方法分为定性和定量两类。定性方法包括排序法和分类法，主要是针对职位间价值的比较，而不考虑具体的职位特征；定量方法包括计点法和因素比较法等，主要侧重于对职位特征的分析，详尽阐明职位评估要素及其等级定义，比较每个职位的评估得分。

（1）排序法。这是最简单的评估方法之一。职位评估委员会依据总体上规定的职位相对价值，或者经商讨后确定的付酬因素，将职位从高到低排序。一般有三种类型：直接排序法、交替排序法和配对比较法。直接排序法是根据职位价值大小，从高到低或者从低到高对职位进行总体排序。交替排序法是从待评估的职位中找到价值最高的职位，再找出价值最低的职位，依此类推进行最高和最低职位间的排序，直到所有职位都被排列好。配对比较法也称相互比较法或两两比较法。此方法就是将所有要进行评价的职位列在一起，两两配对比较，价值较高者可得 1 分，价值较低者失 1 分，价值相同者双方均计 0 分。最后将各职位所得分数相加，按分数高低将职位进行排列，即可划定职位等级。

排序法的优点在于快速、简单、省时省力，和员工沟通也较为容易，但缺点也很明显。首先，在排序标准方面不容易达成共识，评估结果依赖于评估者的专业度和对职位的了解程度，受主观因素影响较大。其次，排序法依据相对重要程度进行评估，不能提供职位间价值的量化尺度。最后，职位数量较多的时候，这一方法的操作难度大。一般情况下，排序法在职位数量 15 个左右且专业力量不足的情况下使用。

（2）分类法。该方法的依据是事先建立的等级系列和为各个等级设定的明确标准。标准中会明确本等级职位的难易程度和责任要求。以此为基础，将每个职位和上述标准进行比较，并将其归入符合的等级。

这一方法简单易行，和员工沟通容易，成本也较低。缺点是划分职位类型和编写职位说明书的时候比较费时费力。分类法与排序法一样，仅说明了不同职位等级间价值有差距，但无法准确衡量差距有多大，也就不太适用于确定薪酬。

（3）计点法。又称评分法，是职位评估的定量方法。首先寻找和确定职位中的付酬因素。这些付酬因素和职责有关。其次是根据在整个职位评估体系中的相对重要性赋予付酬因素权重。因素越重要，权重越大。再次是量化付酬因素的衡量尺度。之后，依据评估标准，对所有职位进行评估并汇总得出每一职位的总点数。最后，将职位评估点数转化为货币金额，形成职位薪酬或薪酬标准。

这一方法的优点是评估相对科学和系统，容易保持内部一致性，提升员工感知到的公平感；借助点数，有利于不同职位之间的比较；从选定的付酬因素中，可以看到企业强调的价值观和文化导向等。这一方法的缺点是设计和使用成本较高；付酬因素的确立、等级的定义以及点数权重的确定有时候不尽客观，存在一定程度的主观性。

(4) 因素比较法。这种定量方法是对排序法的改良。排序法是将职位作为一个整体进行比较，而因素比较法是根据不同的付酬因素对职位进行多次排序。还要通过事先的职位调查来了解每一基准职位的总薪酬水平，并将其分解到不同付酬因素上，最终得出被评估职位的市场价值即货币薪酬水平。

这一方法的优点有：比较精确、系统、易于量化并较容易向员工解释和说明；较易于和被评估职位的市场价值比较，具有开放性。它比较适用于所处劳动力市场稳定且规模较大的企业。缺点在于评估过程较复杂，开发和使用成本较高。因此，这种方法并不常用。

(5) 海氏评分法。此方法又称“指导图表-形状构成法”或“三要素评估法”。由薪酬设计专家爱德华·海伊（Edward Hay）在 20 世纪 50 年代研究发明。这一方法适用于管理类和专业类职位评估。海伊从上万个职位中归纳抽象出三类付酬因素，包括职能知识、解决问题的能力以及职位责任（即对企业盈亏负责任的程度）。海伊据此设计了三套评价量表，最后综合所得分值计算出各个职位的相对价值。

上述三类付酬因素是投入-过程-产出的关系：投入职能知识来解决问题，并履行应付的责任。在此基础上，该方法还将投入因素和过程因素与产出因素进行比较，提出职位具有一定的形状。他将企业中的职位形状分成三类（见图 7-7)：第一类是上山型职位，对于此类职位，职位责任比职能知识和解决问题的能力更为重要，如总裁、副总裁、销售经理、负责生产的管理人员等；第二类是平路型职位，在此类职位中，职位责任和职能知识以及解决问题的能力同样重要，如财务类、法务类和人事类职位的管理人员；第三类为下山型职位，在此类职位中，职位责任没有职能知识和解决问题的能力重要，如科研开发类、市场分析类管理人员等。

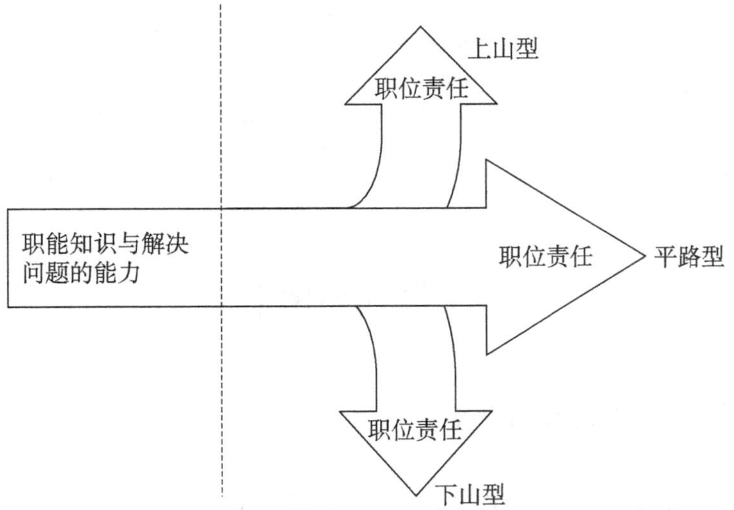

图 7-7　职位形状类型

海氏评分法的优点很明显：首先是有效衡量了不同职能部门不同职位之间的相对价值，使得不同职位之间具有可比性，并为干部晋升等人事决策提供决策依据。其次是容易理解且易于和员工沟通。最后是有助于员工职业发展等。这一方法的缺点是开发成本和使用成本较高。

表7－3对上述五种常用的职位评估方法进行了比较。

表7－3　职位评估方法比较

职位评估方法	定义	优点	缺点	适用场景
排序法	根据各种职位的相对价值或它们对企业的相对贡献进行排序	简单方便，易理解、操作，节约成本	评估标准宽泛，很难避免主观因素；要求评估人员对每个职位的细节都非常熟悉；只能对各职位的相对价值排序，无法回答职位之间的价值差距	职位设置比较稳定、规模小的企业
分类法	将各职位与事先确定的标准加以比较来确定职位的相对价值	简单明了，易理解、接受，避免出现明显的判断失误	划分类型是关键；编写职位说明书较难；成本相对过高	各职位差别比较明显、按照职能进行分层分类的企业
计点法	选择关键付酬因素和权重，对各因素划分等级，并分别赋予权重，然后计算每个职位的总点数	能够直接得到各职位的薪酬水平	应用不普遍；成本相对较高	易于找到职位付酬因素且能量化的企业
因素比较法	确定基准职位在劳动力市场的薪酬水平，将其他职位与之相比来确定薪酬水平	能够量化；可以避免主观因素的影响；可以经常调整	设计比较复杂；对管理水平要求较高；成本相对较高	职位不雷同，职位设置不稳定，对精确度要求较高的企业
海氏评分法	实质上是一种计点法，根据三类主要付酬因素对职位进行评估	有效解决了不同职能和不同职位之间的相对价值，形成内部一致性	评价过程非常复杂，需请专家帮助进行	各职位差别较大；适用于企业管理类职位

7.4　绩效薪酬制度

7.4.1　绩效薪酬制度的含义

绩效薪酬是经济性薪酬的重要组成部分，是浮动或变动的。绩效薪酬制度是员工薪酬随着个人、团队或企业绩效的变化而变化的薪酬制度。

绩效薪酬制度的优点有：首先，目标明确，员工能够通过个人努力实现绩效目标，企业能够敏捷地调整企业行为重心，引导员工行为的方向和强度。其次，对于企业来说，绩效薪酬属于可变薪酬，能够在一定程度上减轻资金压力。章末的讨论案例就体现了这种制度在可控成本和员工共创共担共享方面的价值。最后，对企业中绩效水平高的员工奖励力度大，能和绩效水平低的员工区分开，有助于提升企业内部效率。

绩效薪酬制度也存在缺点。首先，比较容易引发员工之间、团队之间攀比。如果绩效目标和标准不合理，会对企业长期发展和整体利益造成负面影响。其次，在落地的时候容易引发员工和管理层之间的矛盾。员工为了获得绩效薪酬，倾向于对上级报喜不报忧，或者隐瞒基层业务发展的真实情况。再次，绩效薪酬的目的是奖励差异，将资源向少数员工倾斜。如果管理层不能有效区分绩效产出的主要贡献在于人、环境、配套管理措施还是几方综合，就容易破坏员工对企业的心理契约，降低士气，不利于企业整体目标的实现。最后，如果绩效标准不明确、考核方法不合适、管理过程不透明，绩效薪酬制度很容易在员工中引发不公平感，影响员工积极性。

为了体现绩效薪酬制度应该具备的激励效果，同时克服其存在的弊端，绩效薪酬制度的设计和落地就变得非常重要。绩效薪酬制度落地时应该关注：

(1) 企业薪酬制度设计者和执行者需要认识到奖金或绩效薪酬只是全面薪酬管理体系的一个组成部分。只有从整体上把握好企业和员工之间的关系，才能用好绩效薪酬制度。

(2) 绩效薪酬制度设计需要做到纵向一体化，即服务于企业当期的战略和重点任务，尤其要和企业倡导的价值观相一致。比如，华为很关注员工的薪酬支付，尤其是绩效薪酬必须要和公司的价值创造、价值评估挂钩，同时需要和企业文化配套。如果和战略脱节或者和其他管理制度不配套，单独的绩效薪酬制度是很难发挥功能的。

(3) 绩效薪酬制度设计必须做到横向一体化。首先，它是企业全面薪酬管理体系的一个部分。其次，绩效薪酬制度尤其要和绩效管理紧密联结，在标准选择、过程管理、沟通知情、管理者胜任等方面都要做好配套工作。稳定性、透明性、公平性和及时性是绩效薪酬制度实施过程中的关键。

(4) 绩效薪酬制度具有一定的动态性。要根据企业面临的经营形势、社会变化、法律法规要求，进行动态调节和及时更新。

7.4.2　绩效薪酬制度的常用模式

绩效薪酬制度有几种模式，从奖励的时间范围看，有短期激励和长期激励；从激励对象看，有个人激励和团队激励。

1. 短期激励

绩效薪酬制度的短期激励模式主要有绩效加薪制、一次性奖金制和特殊绩效认可制。

(1) 绩效加薪制，是根据员工绩效评估结果和评估等级决定其基本薪酬增长幅度的绩效激励模式。绩效加薪制有三个关键点，即加薪幅度、加薪时间及实施方式。加薪幅度和企业支付能力有关。加薪幅度太大，企业可能难以承受付酬成本；反之对员工又起不到激励作用。公司会通过员工分类的方式来确定绩效加薪的人员比例，在保成本和有激励之间找到平衡。加薪时间一般是年度性的。实施方式则需要透明、简要和有效。

（2）一次性奖金制，就是一次性支付绩效薪酬。它和绩效加薪制可以配合使用。企业要注意平衡一次性奖金和基本薪酬之间的矛盾，避免使员工产生不公平和不稳定的感觉。

（3）特殊绩效认可制，这一模式有一定的灵活性，一般用于企业对开拓新市场、研发新产品或者销售额达到超常水平的员工给予激励。特殊绩效认可制和企业战略重点也有密切的联动，表现为总裁特别奖或战略性奖金。

2. 长期激励

短期激励相对灵活，有利于激励员工快速高效地完成即时目标；长期激励相对稳定，有利于实现企业的长远目标。

长期激励模式是指为打造员工、公司和股东间的利益共同体，基于事先确定的服务期限或绩效条件，为员工提供基于公司业绩而积累财富的长期愿景。长期激励通常用于对企业核心人员（如高管、技术专家等）的激励，以企业重要战略目标实现为导向，在3～5年甚至更长的绩效评估周期内，激励员工留在公司和实现公司的长期利益，因此长期激励还被称为“金手铐”。长期激励通常表现为现金或权益类工具，包括股权激励、限制性股票、股票期权、虚拟股票、管理层收购等。

（1）股权激励，即通过附加条件给予员工部分股权，使员工能够以股东的身份参与企业决策、分享利润、承担风险，从而勤勉尽责地为公司的长期发展服务的一种激励方法。

（2）限制性股票，是指事先授予激励对象一定数量的公司股票，但对股票的来源、抛售等有一些特殊限制，一般激励对象只有完成特定目标（如扭亏为盈），才可抛售限制性股票并从中获益。

（3）股票期权，是指给予激励对象在指定时间内（通常是授予日之后10年内）以预先设定的价格（即行权价格）购买本公司一定数量股票的权利。激励对象可以行使权利购买对应的股票，也可放弃这种权利。实施股票期权时的基本预期是未来公司股票价格会上涨，激励对象到期会行使购买权利。

（4）虚拟股票，是指公司授予激励对象一种虚拟的股票，激励对象可以据此享受一定数量的分红权和股价升值收益，但没有所有权，没有表决权，不能转让和出售，在离开企业时自动失效。

（5）管理层收购，是指公司管理层或全体员工利用杠杆融资购买本公司的股份，成为公司股东，与其他股东风险共担、利益共享，从而改变公司的股权结构、控制权结构和资产结构，实现持股经营。

对于非上市公司来讲，权益类长期激励薪酬有利于缓解公司面临的薪酬压力。由于绝大多数非上市公司都属于中小型企业，它们普遍面临资金短缺的问题。因此，通过长期激励，公司能够适当地降低经营成本，减少现金流出。同时，也可以提高公司经营业绩，留住绩效高、能力强的核心人才。

对于原有股东来讲，实行长期激励有利于降低职业经理人的道德风险，从而实现所有权与经营权的分离。非上市公司往往存在“一股独大”的现象，公司的所有权与经营权高度集中，导致公司的“三会”制度等在很多情况下形同虚设。随着企业的发展壮大，公司的经营权逐渐向职业经理人转移。由于股东和经理人追求的目标是不一致的，股东和经理人之间存在“道德风险”，需要通过激励和约束机制来引导和约束经理人行为。

对于公司员工来讲，实行长期激励有利于激发员工的积极性，实现自身价值。中小型企业面临的最大问题之一就是人才流动的问题。由于待遇差距，很多中小型企业很难吸引和留住高素质管理和科研人才。实践证明，实施长期激励后，由于员工的长期价值能够得到体现，员工的工作积极性会大幅提高，同时，由于长期激励的约束作用，员工对公司的忠诚度也会提高。

不容忽视的是，长期激励既是薪酬激励问题，又是法律问题，其中涉及的授予时机、授予对象、授予数量、行权价格和时间、交税时间、处理琐事时间等内容需要有专业的机制设计和安排。

3. 个人激励

针对员工个人的绩效薪酬制度模式主要有计件工资制、标准工时制、差别计件工资制、管理激励计划和行为鼓励计划等。

(1) 计件工资制，是指按照员工生产的合格产品数量或完成的作业量，依据一定的计件单价来计算劳动报酬的薪酬支付形式。这是一种早期狭义的薪酬激励方式，最初只关注数量，在不断发展中引入了对质量的考量。在管理水平较高的企业中，计件标准和价格由员工和管理层共同商定，目的在于提升效率和技术熟练程度，通常是在制造企业内使用。现在要求在保障产品质量的前提下，根据员工个人每小时产量和生产标准相比较的结果或产出来决定绩效薪酬。

(2) 标准工时制，是对所有以指定时间完成的工作量为激励工资率设定基础的激励计划的统称。首先确定标准技术水平的员工完成某项工作任务所需要的时间，再确定完成这项工作任务的标准工资率，二者相乘得到应支付的工资。员工用更短的时间完成规定任务以后，企业对一定的超额工作量予以奖励。

(3) 差别计件工资制，最初由“科学管理之父”泰勒在 1895 年提出，是对同一种工作设有两个不同的工资率。对那些用时短、质量高的工人，按一个较高的工资率计算；对那些用时长、质量差的工人，则按一个较低的工资率计算。实行这种薪酬制度需要制定科学的定额、设立制定定额的机构，并改进生产管理以保证生产条件的规范化和正常化，帮助工人每天都达到最高产量，并使每个工人都能够得到一致的、公正的和平等的机会。

上述三种模式提出时间较早，最初含义较为狭隘。但现在结合了更多的科学理念，有了新的发展，仍有应用价值。

(4) 管理激励计划，是在员工达到或超过部门有关销售、利润、生产或其他方面的目标时对员工进行奖励。目标管理就是最常见的管理激励计划。

(5) 行为鼓励计划，是奖励员工具体的行为成就，例如，公司给出勤率最高的员工发全勤奖。

个人激励的目的是拉开绩优者与绩劣者间的收入差距。优势在于“重赏之下必有勇夫”，能够极大调动员工积极性。缺点在于企业过分强调个人激励，易滋生不良竞争的氛围。

此外，个人激励适用于企业经营及技术环境相对稳定、员工个人完全能够掌控工作结果、员工绩效标准可以通过客观方法考核的场景。

4. 团队激励

首先，企业整体层面的激励计划是根据对企业业绩的贡献差异来分配奖金。业绩贡献的衡量指标有利润、收入、市场占有率等可直接量化的关键绩效指标。这种绩效薪酬模式一般适用于其职位直接影响企业整体业绩的员工，如中高层管理人员、核心技术人员、专业人员和业务人员。

常用的方法有利润分享计划，是将企业或某个利润中心获得的利润或超额利润的一部分在员工中分享的一种计划。其关键是确定利润分享额度和分配方式。

利润分享额度的确定有三种方式：一是总体利润的一定比例（比如 5%）；二是超额利润的一定比例（比如超过目标利润 3 000 万元部分的 20%）；三是阶梯累进分享，设置若干利润段，不同的利润段采用不同的分享比例。

利润分配方式一般用贡献占比的形式体现，而贡献占比常用职位评估点数占比、基础工资占比、职位等级来确定，如某员工从利润分享计划中获得的奖金数额的计算可以有以下三种公式：

$$\begin{aligned}\text{某员工的奖金数额} &= \text{奖金总额} \times \frac{\text{该员工所在职位的}}{\text{职位评价点数}} \div \frac{\text{所有参与人员的}}{\text{职位评估点数总和}} \\ &= \text{奖金总额} \times \text{该员工基础工资} \div \text{所有参与人员的基础工资总和} \\ &= \text{奖金总额} \div \text{总分配人数} \times \text{该员工职位等级的分配比例}\end{aligned}$$

利润分享计划着重于对企业利润实现的引导，可能导致员工过度追求短期利润，而忽视长期利润来源。因此，不少企业会在利润分享计划的基础上，结合其他关键指标的实现情况来最终确定分享的奖金数额。

其次，还有团队层面的激励计划，即根据企业、团队或者部门业绩来进行奖金分配。当然，上述利润分享计划也可用于能独立核算利润的团队。此外常用的还有收益分享计划。收益分享计划是指将生产率提高、成本节省和质量改进带来的收益在企业和员工间进行分享的绩效薪酬模式，旨在鼓励员工参与公司决策，自动自发地改善公司经营效率，并将所得收益与员工分享，进而形成不断提高企业和团队绩效的良性循环。它主要适用于生产团队。

收益分享计划主要包括斯坎伦计划、拉克计划和分享生产率计划。

(1) 斯坎伦计划。这是在 20 世纪 30 年代中期，美国曼斯菲尔德钢铁厂的工会主席约瑟夫·斯坎伦（Joseph Scanlon）提出的一种以工资总额与销售总额之比衡量工资绩效的方法。该计划着眼于使员工奖金与为提升公司工作效率而付出的基本贡献成比例，鼓励基层员工承担更多责任和与部门共同享有治理的职权。

该方法通常用劳动成本的节约来表示生产率的提高，以次品率降低来表示质量的提高和生产材料等成本的节约，将这些收益来源的收益增加额加总就可以得到增益总额，提留和弥补上期亏空后，确定员工可以分配的增益总额，再乘以员工工资占参与这一计划员工当期工资总额的比例，即可得到每一员工分享的增益数量。

斯坎伦计划既可以用于企业，也适用于生产部门和销售部门。对于实施成本领先战略的企业，采用斯坎伦计划可以鼓励公司所有员工都参与探索节约成本、改进生产和管理的方法，提高员工参与决策程度，提升对企业的忠诚度和满意度。

（2）拉克计划。这是基于总成本节省的收益分享计划，由经济学家艾伦·拉克（Allen Rucker）于1933年提出。拉克计划采用价值增值方式来计算企业的劳动生产率。企业的价值增值等于企业的销售额减去其购买原材料和其他各种供给、服务的成本。企业价值增值与雇佣成本的比例可用来衡量企业的劳动生产率，这一比率称为拉克比率。如果当期拉克比率高于基期或者预期拉克比率，则代表企业的劳动生产率获得了提高，将生产率提高部分带来的收益在企业和生产团队之间进行分享。公式如下：

$$拉克比率=(销售额-原材料购买成本-供给成本-服务成本)/雇佣成本$$

$$收益分享总额=\left(\begin{matrix}当期\\拉克比率\end{matrix}-\begin{matrix}基期拉克比率\\或者预期拉克比率\end{matrix}\right)\times 当期的雇佣成本$$

（3）分享生产率计划。这是鼓励在更短时间内生产出更多产品，将任何低于基期或目标劳动时间比率带来的收益在企业和生产团队间进行分享的方法。这一方法的关键是计算生产单位产品的耗时，即劳动时间比率。

团队层面和企业层面的绩效薪酬模式在一定程度上避免了恶意竞争，鼓励齐心协力实现共同目标，分享收益。但它们的弊端是有时候很难有效区分绩优者和绩劣者，容易滋生“搭便车”和“浑水摸鱼”的行为。

在新发展阶段，经营形势对企业的敏捷性和适应性要求较高。这就对企业内部的团队协作提出了更高要求。越来越多的企业结合使用多种绩效薪酬模式，如选择个人激励和团队激励相结合的模式，并针对不同职位、职级建立差异性的激励模式，力争通过绩效薪酬制度调动所有员工的积极性。

7.5 员工福利

7.5.1 员工福利的内涵和作用

员工福利，是指企业向员工提供的除工资、奖金之外的各种保障计划、补贴、服务以及实物报酬。在现代企业中，员工福利在整个薪酬包中的比重越来越大，对企业的人力成本产生了十分重要的影响。

员工福利是企业为吸引或保留核心员工而支付的一种补充性薪酬，是总体薪酬中非货币性收入的重要组成部分，对员工满意度有十分重要的影响。根据是否受政府法律法规约束来划分，福利一般包括国家法定福利和企业自定福利两种。国家法定福利如社会保险金、住房公积金、法定节假日及休假等，企业自定福利如补充医疗保险、企业年金、补充带薪休假、旅游、工作餐、节假日礼品、折扣购物等。

由于员工福利常以非货币形式体现，理解福利的组合价值比基本薪酬和奖金这类直接以货币表示的薪酬要复杂得多。越来越多的企业意识到福利在传递员工关怀、塑造企业文化和价值观、吸引和保留人才中发挥着不可或缺的作用。此外，员工福利还有助于税收减免，帮助员工减免个人所得税。

但需要注意的是，员工福利也存在许多消极影响。比如：福利通常面向公司中所有或大多数员工，具有普惠性质，与员工对企业的贡献和工作绩效并不挂钩，因而它往往是员工薪酬中的保健因素，难以发挥激励员工改善绩效或行为的作用。因此，企业在设计员工福利计划时，越来越倾向于将一些福利也作为对核心人才和优秀员工的一种激励，要求员工通过努力工作来挣得福利。

7.5.2 员工福利管理

我国的国家法定福利主要是指企业必须为员工缴纳的各种社会保险金和住房公积金、非工作时间薪酬支付等。社会保险金包括养老保险、医疗保险、失业保险、工伤保险、生育保险；非工作时间薪酬支付包括带薪年休假、法定节假日、病假、产假、育儿假、婚丧假等。

企业自定福利是企业根据自身管理特色和员工内在需求而向员工提供的各种补充保障计划以及各种服务、实物、带薪休假等。企业自定福利的形式多种多样，比如：

- 额外金钱收入：比如，在年末、法定节假日等特殊节日的加薪、过节费、购物补贴、购物券等。
- 超时酬金：超时加班费、节假日值班费或加班优待的饮料、膳食等。
- 住房性福利：免费单身宿舍、夜班宿舍、廉租房、提供购房低息或无息贷款、发放购房补贴等。
- 交通性福利：企业接送员工上下班的班车服务、市内公交费补贴或报销、个人购买交通工具（自行车、摩托车或汽车）的低息（或无息）贷款及补贴、交通工具的保养费及燃料补助等、交通部门向员工提供的折价票购买权或者内部签票权等。
- 饮食性福利：免费或低价的工作餐、工间休息的免费饮料、餐费报销、免费发放食品、集体折扣购买食品等。
- 教育培训性福利：企业内部的在职或短期的脱产培训、企业外公费进修（业余、部分脱产或脱产）、报刊订阅补贴、专业书刊购买补贴、为本企业员工学习向大学进行捐助等。
- 医疗保健福利：免费定期体检、免费防疫注射、药费或滋补营养品报销或补贴、职业病免费防护、免费或优惠疗养等。
- 意外补偿金：意外工伤补偿费、伤残生活补助、死亡抚恤金等。
- 离退休福利：退休金、公积金及长期服务奖金（工龄达规定年限时发给）等。
- 带薪休假：除周末及法定节假日和病假、产假外，每月或每年向员工提供若干带薪休假日，其长短取决于年资工龄。

- 文体旅游性福利：企业的集体文体活动（晚会、舞会、郊游、野餐、体育竞赛等），企业自建文体设施（运动场、游泳池、健身房、阅览室、书法等活动室），免费或折扣电影、戏曲、表演、球赛票券，旅游津贴，免费提供的车、船、机票的订票服务等。
- 金融性福利：信用储金、存款户头特惠利率、低息贷款、预支薪金、额外困难补助金等。
- 其他生活性福利：洗澡、理发津贴，降温、供暖津贴，优惠价购买本企业产品或服务等。

近年来，在我国企业人力资源管理过程中，随着员工需求改变，员工福利管理也出现了新的模式。一些企业对福利内容、发放形式和时间加以精心设计，使得员工能够体验“高光时刻”，并激发他们对企业的认同。当员工能够持续感受到来自企业的用心和关心的时候，他们会产生对企业的归属感。新形势下，企业员工福利呈现出多样化和弹性化等趋势。

随着人们生活水平的提高，企业员工福利的物质意义弱化。企业的员工福利管理需要更关注福利背后的精神价值。为满足变化的福利需求，企业在福利形式上开始体现潮流化和趣味化，并在发放形式上创新，提升员工的自主性。

此外，越来越多的企业将福利发放与数字化采购模式结合，利用热度较高的商城平台，让员工在限额范围内自己选择福利项目，凸显灵活化和人性化。

本章小结

薪酬管理的价值在于促进企业文化的落地、将员工意愿转换为企业期望的行为、吸引留住人才以及做到合法合规等。在设计薪酬管理制度和体系的过程中，既需要注意内部公平性，又需要关注外部竞争性，还需要对员工贡献予以认可。企业需要采用全面薪酬管理的理念和方法，更好地激励员工。

薪酬管理要做到有效和公平，需聚焦企业战略和价值观。同时，还要通过职位评估等方法识别关键付酬因素，提升内部一致性。在管理过程中，员工参与和知情也很重要。薪酬管理需要与其他人力资源管理职能配套。

员工福利管理是全面薪酬管理的组成部分，在员工吸引和保留方面起着重要作用。福利管理需要和企业战略、企业文化、法律法规要求以及员工需求进行有机结合。

关键术语

薪酬	全面薪酬管理	薪酬管理体系	薪酬结构
薪酬水平	职位评估	绩效薪酬	员工福利

思考题

1. 什么是薪酬？薪酬有什么功能？影响薪酬的因素有哪些？

2. 什么是全面薪酬管理？
3. 什么是薪酬水平？什么是薪酬结构？
4. 薪酬管理体系设计包括哪些步骤？有哪些主要内容？
5. 绩效薪酬制度有哪些模式？
6. 什么是员工福利？
7. 通过阅读本章引导案例中企业的薪酬管理实践，你获得了哪些启发？

讨论案例

小米的弹性薪酬制度

创立至今，小米始终能够快速响应市场需求，做好生态建设，在激烈的市场竞争中获得一席之地。公司亮眼的业绩离不开其管理制度，尤其是人力资源管理制度。小米的弹性薪酬和激励制度对吸引人才、留住人才和维持可持续的创业文化起到很大的作用。这一制度和其他人力资源管理制度配套使用，能够良好地服务公司战略，促进不同阶段战略的落地和执行，并提升效率。事实上，小米的弹性薪酬制度将员工利益和公司利益高度融合，既维持了公司的运营效率和快速成长，又持续激发了员工的工作动力和创新能力。员工和企业双向奔赴，小米得以可持续发展。

小米的弹性薪酬制度表现为“现金＋股权”的薪酬模式。此模式倡导共创共担共享，同时将短、中、长期激励方法配套使用。该模式和系列支付方法一方面使公司现金流压力得以缓解，另一方面能够帮助公司精准识别人才，尤其是吸引真正有创业梦想和能耐的人加入公司。

小米的弹性薪酬制度设计在不同发展阶段的重点和内容均有所不同。

1. 初创期（2010—2013 年）：事业合伙人制度

2010 年 4 月，小米在北京中关村创立。“做全球最好的手机，让每个人都能买得起”，这就是小米梦想的原点。小米实现梦想的方式是利用互联网做手机，将软件、硬件和互联网融为一体，使公司具备颠覆行业的强竞争力。靠着社群营销以及高品质低价格，小米手机一上市就受到“米粉”的青睐。在初创期，公司迅速走进大众视野，其亮眼的市场业绩也使其成为同行企业争相学习和模仿的对象。

年轻的小米初战告捷。这在一定程度上得益于其人力资源管理的独到之处。小米的“事业合伙人制度”颇具特色，即通过给能力突出和绩优人才提供“现金＋股权”的激励方案，鼓励员工自己投资自己。实际上，雷军选择合伙人和员工的时候，主要看候选人到底有没有创业心态（主人翁意识），是否愿意接受降薪但持有公司的期权（对公司未来的信任和期许）。雷军知道，只有那些愿意冒险的人才会真心创业，只有相信未来的人才会全力以赴。

在具体落地事业合伙人薪酬制度的过程中，员工能够自主选择固定收入和浮动收入的比例，同时员工必须自己出资购买股权。在小米，15％的员工选择“全额现金工资”模式；15％的员工选择“生活费＋股票”的模式；剩下 70％的员工则选择“工资＋股票”的模式。雷军认为给予员工自主选择薪酬模式的好处是：“拿低工资的人觉得是我心甘情愿的，我自己投入了，我愿意付出，赚了也是我的决策，亏了我谁都不怨。创业公司不是要给员工低的薪酬，而是要给有弹性和有选择的薪酬，这样人才自己也变成了创业者，他们全身心地投入，整个公司才能真正做好。”比如在小米进行B轮融资的时候，就有员工主动提出来要投资公司。当时公司有70多位员工，其中近60位员工积极参与投资，每个人30万元封顶，一共筹集了1 400万元。通过这样的弹性薪酬制度，员工做好工作的动力和热情变得不一样了。

2. 快速成长期（2014—2018年）：普惠式股权激励

2014年第三季度，小米登上了《时代》周刊，估值460亿美元，成为当时全球估值最高的未上市科技公司之一。小米公司在这个阶段开始快速扩张，业务范围不断扩大并变得多元化。其间，公司陆续推出新产品，如电视、手环、空气净化器等，进一步巩固在智能硬件市场的地位。但到了2015年，快速发展带来的矛盾日益凸显，小米手机未能完成当年的销售目标，小米由此进入了两年的低谷期。

随着业务条线增加，产品品种也不断变多。企业需要不断招募新员工：从创立初期的10多人到2014年的1万多人，再到2017年的2万多人。在这种情况下，扁平化组织结构的管理难度增加。核心管理团队的精力和时间无法满足新阶段的新要求。雷军在这个阶段提出小米要去扁平化，并成立各种业务部，推进层级化管理探索。这种事业部组织架构对业务部门进行细分，设立软件开发与设计、软件服务与大内容、技术服务与生态链三个事业部，同时事业部下增设了小米互娱、内容投资与运营、投资部等部门。这些细分在一定程度上缓解了个别部门的工作压力，有利于推进业务专业化，更细化分工。

在该阶段，公司人力资源管理的重点转移到员工培训和发展。公司通过建立健全培训管理体系和职业发展规划，帮助员工认同小米，同时提升技能和能力。此外，公司还推出了普惠式股权激励计划，鼓励员工积极投入工作。与初创期仅对核心员工激励不同，这次激励的范围较广，方法也较多样化，主要有购股权、受限制股份及受限制股份单位三种激励方式（见表7-4）。

表7-4 三种股权激励方式

<table>
<tr><th>激励方式</th><th>期限</th><th>限制</th><th>没收/回购</th><th>撤销限制</th></tr>
<tr><td>购股权</td><td rowspan="3">≤10年</td><td>限制转让给公司规定的竞争人士/实体</td><td rowspan="3">违反协议条件没收，按照回购条件回购</td><td rowspan="3">限制性条款失效时可以撤销</td></tr>
<tr><td>受限制股份</td><td rowspan="2">协议规定的限制条件</td></tr>
<tr><td>受限制股份单位</td></tr>
</table>

购股权与股票期权类似，小米赋予了激励对象在一定期限内以当初共同约定的价格买入小米股票的权利。受限制股份与限制性股票计划类似，小米直接把一定数量的股份给激励对象，方式可以是出售也可以是赠予。但是，这类股份不可以转让或用于抵押。激励对象只有为小米工作达到年限要求或达成业绩目标，这类股份才会解锁。受限制股份单位与虚拟股票类似，小米授予激励对象股份单位。当激励对象按照事先约定完成了特定项目或达到业绩要求的时候，小米就会用现金回购激励对象手中的股份单位，或者直接给予一定数量的股份。

到2018年3月31日，小米14 513名员工中（不含高管），就有5 500名员工拥有小米的股权，占比高达37.9%。普惠式股权激励较好地解决了员工利益与股东利益不一致的问题，让所有持股员工关注公司治理和小米的长远发展，不仅留住了人，还留住了他们的心。

3. 系统成长期（2019年至今）：选择重点人才加以激励

2018年，小米集团在香港联交所主板上市，同年在全国开放小米零售体系，产品呈现更加多元化发展。这一时期，小米的战略导向、品牌形象、产品定位都产生了巨大转变。首先，小米的战略定位转变为把小米打造成为可连接一切终端的大型硬件生态系统，通过前期构建的生态链，公司创立了新的业务增长空间，逐渐形成了电器、互联网、物联网等融合在一起的生态产业系统，并通过持续给生态链企业赋能，营造了一个高效一体化协同的最佳运营模式，创造了更智能更便捷的用户体验，产生了巨大的市场影响力。2016年小米生态链企业达到77家，2020年超过200家，销售额突破300亿元。其中多家已经成为估值超过10亿美元的超级独角兽。其次，小米进行了品牌形象的重塑，从追求产品性能优先转向用户体验优先，并选择新能源汽车作为重要的战略布局，打破了人们对小米的品牌偏见。再次，小米将手机和物联网产品全面高端化，通过品牌升级，提升了产品的感知价值和高端形象，从性价比路线逐步迈向高端路线。最后，为确保产品质量的稳定性和体验优先的目标，小米开始自主研发核心零部件，并加大研发投入，不断提高技术能力和创新能力，持续改进产品细节。同时，小米还建立了自己的工厂，以持续完善生产体系，提高生产效率，确保产品质量。

为适应上市后的业务扩张需求，小米进行了将近10次组织架构调整。合伙人纷纷回到集团总部，将一线“阵地”交给年轻人，同时成立集团企业部和集团参谋部两大职能部门。小米继续强化企业团队建设，持续引进了一批富有经验的高管，着重内部培养提拔了几十位德才兼备的年轻管理者，并对集团组织架构进行了一系列梳理，以适应全新的发展规划要求。成立十周年之际，小米还确立了新十年的合伙人团队，并启动创业者计划，遴选核心年轻干部，激励他们以创业心态投身于小米新十年的建设，给予他们类似创业者的长期回报。

在该阶段，小米公司更加注重员工的多样性和包容性，推动员工队伍的多元化发展。公司还加强了对员工的激励措施，包括提供更具竞争力的薪酬福利、实施员工晋升计划等。此外，小米还加大了对员工培训和发展的投入，以提高员工的专业技能和综合素质。

上市后的小米优化了员工股权激励方法。截至2022年12月，小米在上市后已经累计进行了17次股权激励。在这个过程中，小米的激励对象在逐步变化，从快速成长期以广大员工为激励对象，逐步过渡到以核心员工和高管为股权激励对象。此外，不同人才之间激励的差距也在加大。2021年，公司发布了两次激励计划，激励对象分别是青年工程师和公司的技术专家、中高管、新十年创业者计划入选人员。以其中一次激励计划为例，根据售出股份数量、激励人员数量和当日股份市价计算可得，平均每个激励对象获得股票激励的市值高达2 500万元以上。

种种努力表现为小米各项业务指标的进步。从小米2023年第二季度的财报来看，小米毛利率创新高达到了21%，而在2018年第二季度这一指标仅为12.5%，净利润也从 2018 年的 21 亿元增长到 65 亿元，MIUI 月活用户更是升到了 6 亿多。

数字经济时代企业需要应对快速变化的市场需求和技术创新，这有赖于知识型员工的自主性和创造性来推动业务发展和提高市场竞争力。作为知识型员工密集的企业，小米受益于工程师文化基因带来的强大凝聚力和创新力。雷军认为“投资工程师就是投资公司的未来”，因此在有形的薪酬之外，小米也在持续探索给予工程师更在意的可以有所作为的空间。小米现在花大量的精力在内部举办各种培训和竞赛，鼓励工程师转岗尝试各种新技术领域，每年在预研方面投入数十亿元，就是为了让工程师更好地成长，让他们有足够的空间大展拳脚。甚至，对于工程师们怀着技术造福社会的朴素情怀而志愿开发的各类公益类项目，如视障人群的无障碍应用、地震预警系统等，小米持续投入，并在业内率先树立了相应领域的产品技术和体验标杆。

为了让员工创新和探索的火炬越烧越亮，公司设置了小米技术奖。这是小米内部的最高奖项，奖励作出突破性贡献的技术小组价值 100 万美元的股票。雷军提道：“工程师越成长、越快乐，涌现出的创新才越多，公司的未来才越明亮。”

资料来源：李翠翠为本书撰写。参考宋志平．共享机制．北京：机械工业出版社，2023；雷军，徐洁云．小米创业思考．北京：中信出版社，2022；范海涛．一往无前．北京：中信出版社，2020。

讨论题：

1. 小米的薪酬管理制度和公司战略有什么关系？
2. 使用好弹性薪酬制度，需要具备哪些前提条件？
3. 小米的弹性薪酬制度需要哪些配套的人力资源管理措施？

第8章

员工关系管理

人之过也，各于其党。观过，斯知仁矣。

——《论语·里仁》

引导案例

林肯电气：百年风雨同舟

林肯电气1895年在美国俄亥俄州克利夫兰成立，已有100多年历史。林肯电气是全球领先的焊接产品和设备制造商，其设计及制造的焊接产品和焊接耗材销往世界各地，并在160个国家和地区设有分销商和销售办事处。林肯电气经历了风风雨雨：美国经济大萧条、政府调查、经济危机、海外扩张不利、美国金融风暴等等。在外部形势动荡不安的各种情况下，公司坚守初心，以员工为本，和员工共创共担共享，始终能够为全球客户提供完善可靠的产品和服务。1995年，林肯电气上市，随后连续多年荣获"年度最值得信赖的公司"。在美国制造业不景气的20多年里，林肯电气保持营收增长的良好态势，成为可持续发展的典范。

纵观该公司的发展历史，其聚焦战略而建立健全的人力资源管理制度和员工关系管理有值得借鉴的地方。公司管理层坚信员工潜能是无限的。公司将开发员工潜能和培育员工成长作为公司的管理原则，先后践行了按件计酬制、员工参与管理和利润分享计划等薪酬激励制度。通过经济契约和心理契约双管齐下，统筹员工利益和企业利益，并设计制度来满足人的需求，真正做到充分调动每个员工的积极性和主动性。公司还注重为员工创造发展空间，营造公平公正的环境，让员工有认同感和忠诚度。

1958年以来，公司正式推行"保证持续雇佣计划"，增强了员工与企业间的信任，使得员工关系再上台阶。共融共生的员工关系，使得企业能更敏捷地适应环境并降低成本，从而帮助企业立于不败之地。

1. 创始人的初心：顾客、员工和股东平等

林肯电气的创始人约翰·林肯（John Lincoln）受当时知名社会活动家亨利·乔治（Henry George）的影响，致力于建立一个更加平等的社会。他将该思想贯彻并传递给之后的继任者詹姆斯·林肯（James Lincoln）。这无疑为林肯电气成为百年企业埋下了种子。

约翰·林肯在1895年借款150美元，租用别人的厂房，带着两个人在俄亥俄州克利夫兰建立林肯电气。公司最初生产电动马达和发电机。1911年，林肯电气生产出第一台弧光熔接机，之后公司也是聚焦于该核心产品和相关领域。1914年，经过慎重的考虑，约翰·林肯把公司管理权交给了加入公司多年并在公司管理上得心应手的弟弟詹姆斯·林肯，自己则把大部分精力投入最感兴趣的发明工作。

詹姆斯·林肯1907年离开大学加入林肯电气，是公司首任销售员。其后他的一生就和林肯电气密不可分。在父亲和大哥的影响下，詹姆斯认为，“每个人都应该有机会。每个人都有各自的天赋。每个人都可以发展成为比现在更好的自己。工作的意义在于激励每个人，给每个人自我发展的可能。激励管理的基础是改变对人的看法，他们不是人手、一般人。人有无限的潜能，只要条件适合，必能璀璨绽放。领导的作用是引领而不是控制”。正是基于对人性和管理本质的认识，詹姆斯·林肯开始了他数十年的实践，摸索建立了一套完全不同于其他企业的管理制度和体系。

在詹姆斯·林肯眼中，顾客、员工、股东都是平等的。所以，林肯电气几十年不变的战略就是：以越来越低的价格为顾客提供越来越好的产品。这也使公司带给员工和股东越来越高的回报。他甚至认为，与其他参与方相比，不参与公司管理的股东的作用是最小的，所以股东的回报不应该超过7%（当时林肯电气最大的股东就是林肯兄弟）。

2. 激励：通过工作激发每个员工的潜能

詹姆斯·林肯是林肯电气激励系统的设计者和推动者。他认为，管理层与员工应该是一个团队。提高员工对自己和自己工作自豪感的唯一方式，是明确他们的职位职责。在职位和职责要求的基础上，发挥他们的技能和取得绩效，根据绩效水平确定员工的薪酬。基于这样的管理原则，林肯电气形成了员工参与管理（以咨询委员会的方式运作）、按件计酬制和利润分享计划三位一体的激励体系。

1914年，詹姆斯·林肯接手公司后，从各部门一线员工中直接挑选有能力表达员工心声的代表与他一起组成咨询委员会。咨询委员会每半个月召开一次会议，讨论和解决生产和管理中的具体问题。最开始，詹姆斯·林肯都是自己写会议纪要，并且张贴在工厂门口的布告栏上。咨询委员会不仅解决日常问题，对日后的制度建设，如员工的工作时间从每周55小时减少到50小时、工资提高10%、按件计酬、员工人寿保险、带薪休假、员工持股、年终分红、保证持续雇佣计划等都起到了重要的推动作用。

林肯电气最著名的按件计酬制，也是在这个时期建立起来的。与一般理解不同，林肯电气的按件计酬制，初衷是激励人和调动人的积极性。在詹姆斯·林肯看来，按件计酬制本身是工具和手段，而不是目标。资方（管理层）采取削减计件单价的劳工政策，是没有意识到工厂日常运营中的管理费用通常远大于直接工资。因此，按件计酬的工人能够以更快的速度完成任务，这样公司节约出来的费用也远大于给工人提高的收入。

1934年，林肯电气确定了年终奖政策，实行全员利润分享计划，分享税前利润，以年终奖的方式发放。每年发放的奖金总额由董事会决定，介于工资总额的78%到129%。每个人分享到的奖金数量取决于每半年一次的绩效评级，它根据与部门或工作小组其他成员绩效的比较来度量个人的绩效。所有员工的绩效评级经过归一化，均处于100分的相对尺度内。为了确定员工的绩效等级，需要对可信赖度、质量、产量、建议与合作四个方面分别进行评级。厂长负责工厂所有员工的评级。对于办公室的员工，管理者依据同样的项目对下属进行评级。至少有一位执行总裁负责对所有员工的评级进行复审。如果员工对评级结果不满意或不清楚，公司鼓励他们与所在部门主管进行讨论。

激励并调动每个员工的潜力，林肯电气不仅说到还真正做到。在20世纪三四十年代人工成本和材料成本上升的情况下，通过工人自主的技术提升和管理革新，林肯电气保持了高工资、高就业率、高劳动生产率和低价格的局面，成为当时弧焊设备领域首屈一指的领先制造商，并向行业内其他厂家分享设计和制造技术。

林肯兄弟倡导的原则和坚持的做法被公司之后的继任者保留下来，维持了公司经营和管理原则的一致性和长期性。

3. 不裁员：坚守长期雇佣

1951年，公司推出“保证持续雇佣计划”。1958年，该政策成为公司的正式政策。詹姆斯·林肯认为，持续就业是实现工业效率最大化的关键。工厂员工经常担心，如果他们的生产力过高，有些人就会失去工作；生产力的提高意味着实现同样的产出所需的员工数量减少，因此有些人会被解雇。但如果他们知道自己的工作有保障，他们会更容易接受新方法和新技术。

这一计划的实施并不依赖于魔法。员工要为工作得到保障付出代价。焊接业务时好时坏，在经济低迷时期，公司可以将员工的工作时间减少到每周标准工作时间的75%（30小时）。在经济繁荣时期，员工必须接受加班以满足需求，但他们的工资也会增加。无论哪种情况，员工得到的好处都是工作有保障。

对公司来说，好处是它可以比大多数雇主更容易、更迅速地即时调整产量和劳动力成本，公司能够灵活调整看似固定的成本，并在每日轮班的基础上使其更具灵活性，这为公司带来了巨大的竞争优势：经济低迷时，公司“撬动杠杆”，减少工作时间，并为员工提供数周的无薪自愿休假。与此同时，将业务部门接受过交叉培训的员工调往需求更旺盛的地区。当需求以比预期更快的速度反弹时，所有员工齐心协力，公司交付产品的速度远远快于竞争对手。

资料来源：李翠翠为本书撰写。参考陈明哲．承传行践：全方位管理学者的淬炼．北京：机械工业出版社，2020；黄卫伟．林肯公司如何提升员工参与感．光彩，2022（11）。

8.1　员工关系概述

8.1.1　员工关系

1. 内涵

员工关系（employee relations）指的是企业与员工之间产生的各种关系的总和。其中既有基于利益的合作、妥协、协商、博弈或斗争的权力性关系，表现为经济契约和法律契约；也有较为弹性的基于心理的参与、沟通、认同或分离的情感性关系，表现为心理契约。企业和员工之间签订雇佣合同，并产生法律上的权利义务关系，具有工具性特点。双方基于人际互动、认同习惯等建构的默契关系，具有伦理性特点。

2. 员工关系和劳资关系、劳动关系

（1）员工关系和劳资关系。劳资关系（industrial relations）是资方和劳方的统称。欧美国家的企业更多采用这一概念。它侧重于从政治学角度说明劳资双方雇佣与被雇佣的关系，包含工会和资方的关系，如劳动谈判和集体协商等。和劳资关系相比，员工关系的范畴更广泛一些。它不仅适用于工会成员，还适用于非工会成员，并涵盖了劳务派遣、兼职和临时工等其他雇佣模式的关系管理。

（2）员工关系和劳动关系。劳动关系（labor relations）这一概念在我国和日本使用较多。劳动议题、企业和员工关系问题等属于劳动关系。按照劳动法规定，员工和企业建立劳动关系时必须签订劳动合同。

在我国，劳动关系是员工关系的基础，员工关系是劳动关系的延伸和丰富。在劳动关系的基础上，企业人力资源管理通过文化管理、员工参与管理和管理沟通等实践活动，全方位地做好员工关系管理。

8.1.2　员工关系管理

1. 员工关系管理的含义

员工关系管理是企业人力资源管理的重要环节。从员工加入企业开始一直到员工离开，员工关系管理贯穿始终。它是以企业战略为引领，在遵从国家相关法律法规的基础上，公平对待员工，调节员工和企业关系的理念、制度和做法的总称。

本书认为，员工关系管理是企业建立组织能力和实现竞争优势的管理过程。这里既包含员工和企业之间的经济契约和法律契约，也包含心理契约。在现代组织中，员工关系是多重的、发展的和以人为本的。

2. 员工关系管理的维度

作为人力资源管理的基本职能之一，员工关系管理的主要维度有：

（1）员工参与管理：通过工会、员工代表大会和其他提升员工体验的措施与项目，保证员工拥有参与企业决策的机会，让员工对相关事务知情和做到公平公正。

（2）企业文化和认同管理：通过提炼价值观、推广行为规范、明确企业口号、选出英雄人物等措施，让员工感知到企业文化的价值和意义，同时产生情感共鸣，认同企业文化，提升归属感和认同感。

（3）员工援助计划（employee assistance program，EAP）：又称员工关爱管理或全员心理管理技术。这是企业为员工设置的系统且长期的福利支持项目。

（4）劳动关系管理：根据劳动法要求的权利和义务，规范员工和企业的合同关系，并妥善处理劳动争议。

（5）员工纪律管理：企业制定相关行为规范的目标、准则、流程和措施，引导和培训员工遵守企业各项规章制度，并和企业成为共同体。主要包括纪律管理的程序与技巧、奖惩、申诉管理等。

（6）员工离职管理：包括了解员工离职的影响因素、员工离职的流程管理、离职面谈以及员工离职过程中的其他事项。

3. 员工关系管理的作用

企业员工关系管理的作用包括：有助于员工感知到公平；促进企业人力资源管理目标的实现；有助于企业建立雇主品牌，营造和谐工作氛围并助推企业形成核心竞争力。

企业有结果公平和程序公平。结果公平经常和薪酬管理政策产生的结果有关。程序公平指的是企业在发布员工相关制度和规定时，需要体现出标准的科学性、方法的适用性、过程的透明性和员工的参与性。通过员工关系管理，管理主体的领导能力和员工满意度都能得到提高，而员工感知到公平与否在很大程度上和这两者密切相关。

人力资源管理目标包括实现战略落地、提升企业绩效、正向影响员工行为和情绪等。员工关系管理能够在上述不同目标之间建立路径，比如通过促进知识型员工的自我管理和目标管理、营造企业高度参与的氛围和提供全方位的员工援助项目等，激发员工的协作意愿，从而促进人力资源管理目标的实现。

8.1.3 员工关系管理的发展

纵观员工关系管理发展过程，本书将其划分为三个阶段：传统型、过渡型和现代型。

1. 传统型员工关系管理

从19世纪中期到20世纪初期，企业的员工关系管理属于传统型。在这一阶段，资本主义社会中资本和劳动二元对立明显而且矛盾突出。员工必须通过工会组织才能保护自身的合法权益。

在这一阶段，科学管理创始人泰勒试图通过科学管理来调和资方和劳方的关系。他倡导企业和员工应该是利益共同体，通过科学管理来提高效率和员工技能，双方能够创造更多的价值并共享利益。

同时期，奉行莱茵资本主义模式的德国社会进行新的社会实验。德国提倡企业建立“社会契约”和“共同决策”的机制来调节企业和员工的关系。比如企业通过学徒制和员工共决制等实践，改善劳资关系并提高劳动生产率。除此以外，德国还将职业培训纳入法律规定范畴，在提高员工队伍整体素质的同时，也为员工参与管理奠定基础。德国员工参与管理和决策的主要形式是监事会内的员工代表制和员工委员会。监事会由劳资双方共同派代表组成，负责监督企业权力的行使、预算控制和任免董事会人选；员工委员会由全厂员工选举产生，在有关员工的劳动纪律、录用与解雇、工时、休假、住房分配等问题上与资方享有共同决定权，在其他一些生产管理等问题上也享有咨询权和建议权。

总之，这一阶段的员工关系管理较为传统。在一些社会中，企业中的资方很强势，劳方属于弱势群体。而在另一些社会，如德国社会，在政府倡导下，企业探索员工和企业合作共赢的模式。

2. 过渡型员工关系管理

20世纪中叶，即第二次世界大战以后，世界经济呈现出相对稳定的发展态势。欧洲政府在员工关系管理中扮演积极角色，并促进社会福利的发展。

20世纪七八十年代，日本企业开始在世界经济舞台上强势竞争。美国政府、企业和学界人士纷纷去日本学习。他们发现日本企业对待员工的态度不同于美国社会。日本企业认为员工和企业是共生共荣的。根植于日本社会文化，日本企业利用文化管理、质量圈、合理化建议等管理主张，激发员工对企业的认同和忠诚。此外，日本企业还青睐终身雇佣制，鼓励员工一人多能。管理者或干部的选拔也是以内部提拔为主。实际上，20世纪80年代，美国的学者和企业受到日本企业有关最佳管理实践的启发以后，也开始在企业中倡导以人为本的管理理念，并通过人力资源管理体系淡化企业和员工之间的矛盾。工会在美国企业日渐式微。在这一过渡阶段，企业内部的人力资源管理理念和实践逐步替代过去的集体谈判，工会力量逐步被削弱。员工关系管理逐步变得平等和多元。

3. 现代型员工关系管理

20世纪90年代至今，信息化、数字化、智能化等技术高速发展，消费主权时代来临。环境变化倒逼企业转型。企业需要具有更强的对外适应性和对内协同性才能在市场上立足。外部形势的变化也需要企业变革和员工的关系。正是在这个阶段，战略人力资源管理成为重要力量，帮助企业建立核心能力，并通过系统提升员工能力和激发员工动力来提升企业竞争力。

在这一阶段，企业从过去追求规模、速度、效率逐步转变为青睐质量、过程和服务。在企业内部，知识型员工的比例不断提升。员工和企业之间的关系悄然变化。员工个人尤其是人才类员工有能力“用脚投票”。此外，除了传统的雇佣模式，社会上还涌现出其他用工模式，如灵活用工、零工经济、远程用工等，这些也对企业的员工关系管理有影响。

重要的是，战略人力资源管理理念和方法的发展，能够帮助企业重构员工关系。战略人力资源管理一方面强调企业对环境的适应，另一方面能打造出高绩效工作系统，协同内部人力资源管理活动。这种对外适应和对内协同的原则和方法同样适用于员工关系管理。在这种背景下，员工关系管理变得多样化和现代化，如联盟和其他多样化的合作方式。企业和员工合作共赢成为这一阶段的主题。

表 8－1 从不同方面介绍了员工关系管理。

表 8－1　不同阶段的员工关系管理

	传统型员工关系管理	过渡型员工关系管理	现代型员工关系管理
社会背景	• 资本垄断 • 贫富差距大 • 资方和劳方关系对立	• 日本企业员工关系引发美国企业关注 • 欧洲企业开始重视员工福利	• 信息化、数字化和人工智能高度发展 • 消费主权时代到来 • 人力资本对经济增长贡献大 • 服务产业变得更为重要
政府功能	• 偏向资方 • 不干预劳资纠纷	• 出台劳动法来体现劳动争议处理过程的公正 • 平衡劳方和资方	• 建立健全相关法律 • 在企业和员工之间调停 • 倡导企业承担社会责任
企业特征	• 工厂制 • 对劳动者有剥削和压榨 • 低工资、长工时、不关心员工工作条件	• 公司制 • 企业内部建立人力资源管理部门 • 工会力量被削弱 • 重视企业形象	• 组织形式更为多样化 • 对不同员工队伍的管理综合化 • 战略人力资源管理变得重要 • 用工模式多样化
员工特点	• 受教育程度较低 • 同质化程度高 • 依赖企业 • 为争取工资、休息时间和工作条件的改善不懈努力	• 受教育程度提高 • 企业内部有不同的员工队伍 • 员工力量增强 • 员工权益受到相关法律法规保护	• 个人成长和企业成长同样重要 • 个人和企业的关系多样化 • 合作共赢
员工关系	• 对立 • 正面冲突 • 科学管理理论试图进行改善	• 从集体协商和谈判转变为内部协商 • 人力资源管理重视员工职业发展	• 合作关系 • 共赢式联盟 • 经济契约和心理契约双管齐下

8.2　心理契约

在现代企业的员工关系管理中，员工和企业之间既有看得见的、刚性的经济契约如劳动合同，也有看不见的、柔性的心理契约。心理契约在知识型员工的关系管理中起较大作用。企业在建立柔性员工关系的过程中会采取组合措施，如员工参与管理、企业文化管理和员工援助计划等。

8.2.1　心理契约

1. 心理契约的内涵

心理契约这一概念由埃德加·沙因明确提出来。心理契约能够在一定程度上平衡员工的协作意愿和企业提供的诱因。它一方面体现员工对其工作和目标是否有承诺和热情；另一方面关注企业能否让员工拥有认同感、归属感和成就感。从员工体验的角度看，心理契约以员工与企业的关系为前提，以人的感知为基础，是员工与企业之间形成的责任义务和期望的总和。心理契约包含七个方面的期望：良好的工作环境、任务与自身职业兴趣吻合、安全与归属感、薪酬、文化认同、成长与发展的机会以及晋升。心理契约具有四个特征：双向性、无形性、动态性和主观性。

2. 管理心理契约

在心理契约的管理过程中，企业可以依循建立（establishing）、调整（adjusting）和实现（realization）三个阶段，即心理契约的 EAR 循环（见图 8－1）。

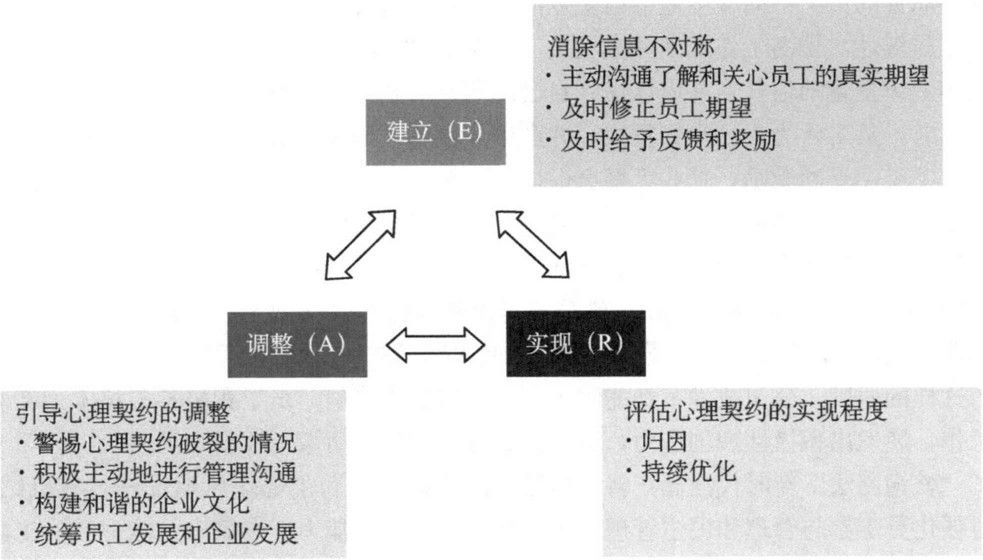

图 8－1　心理契约管理过程

（1）在建立阶段，重点在于消除信息不对称，营造互信共赢氛围。企业积极主动了解和管理员工期望，传播沟通企业为员工提供的回报。管理者需要换位思考，与员工沟通，和员工建立互信关系，了解其在不同发展阶段的真实期望，如对工资、晋升、成长机会、绩效评估标准的期望等。当员工期望不切实际或超出公司能力范围时，管理者需要及时明确告知员工企业的现状，并帮助员工精准掌握和了解自身职位职责、资格要求、成长通道等。当员工行为和绩效达到并超出企业要求的时候，企业要及时予以反馈和奖励。

（2）在调整阶段，要引导心理契约的调整，一方面要巩固建立阶段的成果，另一方面需要关注心理契约破裂的情况。管理者需要根据现实场景和需求，做好定位，主动有效管理沟通，和不同员工群体之间建立共识。同时，还需要构建和谐企业文化和建立任职资格体系，将员工发展和企业发展加以统筹。

企业可以采取以下措施防止心理契约破裂：企业和员工之间需要就心理契约进行协商和再协商，这会贯穿员工关系管理的全过程。企业还要注意互动过程中可能产生的误解或歧义。心理契约具有主观性，企业和员工间会存在认知差异。为避免由于理解歧义而导致心理契约破裂，企业需要定期对不同员工群体心理契约的内涵加以明确和纠偏。除此以外，在人力资源管理专业团队中，需要有心理学教育背景的专家。人力资源管理专业人员和团队需要定期对员工心理预期进行引导和疏导，防止出现企业无力兑现承诺导致契约破裂的状况。

（3）在实现阶段，需要评估心理契约的实现程度，总结模式和推导有效作用因素，形成下一轮心理契约建立过程中的“养分”。同时，还需要根据新阶段、新员工以及员工成长不同阶段的新情况，持续优化企业和员工之间的心理契约，打造出双方关系可持续发展的路径。

企业可以运用员工参与管理等措施来夯实心理契约。员工参与管理指的是企业中没有管理职务的员工不同程度地参与企业经营决策和管理实践的过程和行为，目的在于激发员工积极性，提高工作效率并夯实员工和企业之间的心理契约。通过参与管理，员工感受到上级主管的信任，并因认识到自己的利益与企业发展密切相关而产生强烈的责任感。同时，员工认为自己受到重视，并产生成就感。因为能够参与商讨与自己有关的问题，员工又会受到激励。这些无疑会促进员工对企业的承诺，并因此夯实心理契约。

员工参与管理的形式主要有员工持股计划、质量圈、自我管理团队、合理化建议、工人董事、职工代表大会和员工俱乐部等。

20 世纪 60 年代，我国鞍山钢铁公司提出和践行的“鞍钢宪法”就包含员工参与管理的典型实践。“两参一改三结合”中的“两参”，即“工人参加管理、干部参加劳动”。有了这样的原则，公司技术革新能够迅速被基层员工接纳。员工积极参与技术创新和落地工作，焕发出积极性和创造力，迅速提高效率和改善质量。在新发展阶段，公司又赋予了“鞍钢宪法”新时代内涵：将“两参一改三结合”和干部作风建设进行有机结合，同时强化员工参与管理和民主管理。企业将管理者决策能力、专家专业能力和员工参与融为一体。具体做法如下：通过各级职工代表大会强化员工参与管理，问政于职工、问需于职工和问计于职工；通过网络问企活动，将“两参一改三结合”的原则和现代信息技术有机结合，做到广开言路和广纳良策，充分凝聚员工智慧和提升执行力；精心建设“四支队伍”，将工程技术、技能人才、采购和销售“四支队伍”的建设和升级列入议事日程，积极发挥员工在持续创新中的主体作用。除此以外，还设立以员工和技术专家为主体的创新工作室，企业一线员工开展技术攻关、学习交流、技能培训和技术服务，攻克技术难题，不断提升“鞍钢制造”水平。

此外，在企业和员工终止或解除劳动关系时，双方的法律关系告一段落，但心理契约还会延续。在这个过程中，企业仍要通过友好面谈等方式，赋能“老员工”和企业间形成新形式的心理契约，助力员工新的职业发展。

8.2.2 企业文化和认同管理

1. 企业文化和心理契约

埃德加·沙因明确指出，要达成与维持员工和企业之间的心理契约，就需要塑造以人为本的企业文化。“企业文化是群体在解决外部适应性和内部整合性过程中习得的一系列共享深层假设、价值理念和仪式符号的集合。”文化载体有价值观、口号、颜色、仪式等。借助于文化载体，群体成员形成默契、规范，并传授给企业新成员。在解决类似管理经营问题时，文化能够起到微妙的统领性作用。

文化作为群体现象，能够给员工提供心理层面的功能并满足成员的需求。首先，它能够满足员工的成长需求。比如，强调团队文化的企业鼓励成员之间互相帮助，并设计团队绩效激励制度，这样员工就很愿意参与，学习新技能，通过履职得到发展。其次，企业文化强调规范、秩序和凝聚力，这在一定程度上能够满足成员的安全需求，缓和焦虑感。最后，通过文化濡化，员工倾向于认同企业，对企业忠诚。这些心理需求的满足会强化企业和成员之间的心理契约。

2. 认同管理和心理契约

认同管理，是企业通过有效的策略影响员工看待企业的方式。认同有三种类型：同情认同、对立认同和误同。同情认同，是通过强调在思想、情感、价值、观点等方面的相同或相似引发共鸣而建立的认同，是“以情动人”和“志同道合”。对立认同，是基于员工面临的共同对手，使彼此之间形成连接，在对环境观察、判断和权衡后有意识选择的策略和行动，是“以理服人”和“敌人的敌人就是朋友”。误同，是基于企业的符号，如故事、英雄、仪式、口号等载体，在员工心中不经意产生认同。这是较常见且有感染力的认同，属于“以德化人”和“对场景的策略性应答”。

认同管理的策略有员工沟通管理、员工参与管理和员工援助计划等。此处简要介绍员工沟通管理。

员工沟通管理是指管理者和员工之间就企业信息、任务信息、政策信息等进行互联互通和传递反馈的过程。沟通的目的在于增进认同和统一行动。在建立心理契约的过程中，员工沟通管理要注意以下几点：首先，注意营造和做好阶段性沟通。比如人力资源管理部门在进行绩效管理和考核政策沟通的时候，要注意事前的计划性沟通、事中的辅导性沟通和事后的反馈性沟通。其次，注意沟通的形式，如设置总经理信箱、召开员工座谈会、进行满意度调查等。最后，注意沟通内容要因人而异，要基于不同沟通主体进行意义建构和传递。

8.2.3　员工援助计划

员工援助计划（EAP）是许多企业倡导和推行的帮助员工解决健康、心理、经济问题的举措，具有系统性、长期性和福利性等特点。EAP通过改善员工的职业心理健康状况、帮助员工建立良好的人际关系和获得职业生涯发展、帮助员工在遇到重大变故时渡过难关，进而提高员工对企业的认同感和工作绩效。

EAP的内容有压力管理、职业心理健康、裁员心理危机干预、法律纠纷处理等。日本企业在设计和应用EAP时，创造了一种称为“爱抚管理”的模式。一些企业设置了放松室、发泄室、茶室等来缓解员工的紧张情绪；或者制订员工健康修改计划和增进健康的方案，帮助员工克服身心方面的疾病和提高健康程度；设置一系列课程进行例行健康检查，进行心理卫生的自律训练、性格分析和心理检查等。

在我国，国家和企业都开始重视 EAP 的建设，目的在于保障员工健康，提升员工满意度。EAP 主要包含以下内容：

(1) 管理员工的问题，改进工作环境，提供咨询，帮助员工改进业绩，提供培训和帮助，将反馈信息传递给管理者并对员工及其家属进行有关 EAP 服务的教育。

(2) 对员工隐私保密并提供及时的评估服务，保证员工的个人问题不会影响他们的绩效和工作表现。

(3) 对个人问题影响业绩表现的员工，运用建设性的咨询、激励和短期干涉，帮助其缓解影响。

(4) 为员工提供医学咨询、治疗、帮助、转介和跟踪等服务。

(5) 针对相关现象和行为设计政策。必要时提供医学干预和治疗。

8.3 劳动关系管理

8.3.1 劳动关系

劳动关系是员工关系确立的基础，没有劳动关系就没有员工关系，其核心是劳动者和企业间的法律关系以及体现在劳动合同中的经济关系。我国《劳动法》于 1995 年 1 月 1 日正式施行，于 2009 年和 2018 年进行修正，旨在调整劳动关系、保护劳动者合法权益、建立和维护适应社会主义市场经济的劳动制度。《劳动合同法》于 2008 年正式施行，并于 2012 年作出修正。该法规定，用人单位自用工之日起即与劳动者建立劳动关系。建立劳动关系应当订立书面劳动合同。订立劳动合同，应当遵循合法、公平、平等自愿、协商一致、诚实信用的原则。

劳动关系的主要特征有：

首先，劳动关系主体间既有法律上的平等性，又有客观上的从属性。劳动关系的主体是雇主与雇员。从形式上看，两个主体间结成平等的交换关系：劳动力作为一种商品，是劳动关系双方买卖的对象；劳动者作为劳动力的载体，有依法按照约定为雇主提供劳动的义务和享有获得对等报酬的权利；企业有依法按照约定支付劳动报酬的义务和要求劳动者提供劳动的权利。同时，劳动者作为用人单位的成员，在实现劳动过程中应当遵循用人单位的规章制度，服从用人单位的管理，双方形成领导与被领导的从属关系。

其次，劳动关系具有国家意志和当事人意志相结合的双重属性。劳动关系是依据劳动法律规范规定和劳动合同约定形成的，既体现了国家意志，又体现了双方当事人的共同意志。我国《劳动法》对用人单位和劳动者的权利、义务作了明确的规定，体现了国家对劳动关系的强制性，同时当事人双方对劳动关系的具体事项可以在平等自愿的基础上自由约定，体现了契约自由的本质属性。

再次，劳动关系是社会劳动过程中发生的关系。劳动者提供劳动能力，包括体力劳动能力和智力劳动能力，用人单位提供劳动过程所需的生产条件和工作条件，双方在直接的劳动过程中产生劳动关系。因此，劳动关系的管理也是对劳动过程的管理。

最后，劳动关系以书面劳动合同为载体。劳动合同是企业与员工间关系的重要契约。劳动合同的订立是劳动关系确立的重要标志。书面形式包括：合同书、信件、电报和传真。书面合同最常见的形式是合同书，即当事人双方对合同有关内容进行协商订立的并由双方签字的合同文本。非全日制用工双方当事人可以订立口头协议。随着技术的发展，应用身份认证、电子签名、意愿确认、数据安全防护等技术的电子劳动合同，已经成为一些企业推行的劳动合同载体。

8.3.2　劳动合同管理和劳动争议管理

劳动关系管理覆盖面很广。限于篇幅，本书重点介绍劳动合同管理和劳动争议管理，其他如工作时间和休息休假管理、劳动保护管理等可以查阅《劳动法》《劳动合同法》等。

1. 劳动合同管理

劳动合同是劳动关系的载体，规范管理劳动合同才能保障企业良好地运转，减少劳动纠纷，降低用工风险和用工成本。《劳动合同法》对劳动合同的订立、履行、变更、解除及终止做了明确规定，还特别规定了集体合同、劳务派遣、非全日制用工的内容。

（1）劳动合同订立。第一，审查签订主体适格。主体适格作为合法有效的劳动关系三大要素之一，重要性不言而喻。根据法律规定，签订劳动合同时存在下列情形的，均可能因合同主体不适格导致劳动关系无效或者被解除：与未满 16 周岁的劳动者签订劳动合同；与被刑法判处禁业限制的劳动者签订劳动合同；与先前签订了保密或竞业限制协议的劳动者签订劳动合同；与不具有工作许可的外国人签订劳动合同等。

第二，劳动合同条款必须完备和合法。劳动合同应当具备以下条款：用人单位的名称、住所和法定代表人或者主要负责人；劳动者的姓名、住址和居民身份证或者其他有效身份证件号码；劳动合同期限；工作内容和工作地点；工作时间和休息休假；劳动报酬；社会保险；劳动保护、劳动条件和职业危害防护；法律、法规规定应当纳入劳动合同的其他事项。此外，单位需要谨慎制定合同条款，避免因出现“霸王条款”导致劳动合同无效，在合同中免除用人单位或劳动者法定责任、排除劳动者权利等均属无效劳动合同。

第三，适时签订劳动合同。用人单位应当自用工之日起一个月内订立书面合同，超过一个月不满一年未与劳动者订立书面劳动合同的，应当向劳动者每月支付两倍的工资。

第四，签订方式合法。用人单位以欺诈、胁迫的手段或者乘人之危，使对方在违背真实意思的情况下订立或者变更劳动合同的，或者免除自己的法定责任、排除劳动者权利的，都可能被认定为无效或部分无效。

第五，谨慎确定劳动合同期限。劳动合同分为固定期限、无固定期限和以完成一定工作任务为期限的劳动合同。三者最大的区别是劳动合同终止时间，固定期限劳动合同有明确的终止时间，无固定期限劳动合同只有在法律、行政法规规定的终止情形出现时才能终止，以完成一定工作任务为期限的劳动合同在约定的工作任务完成后终止。我国法律并未对固定期限劳动合同的期限做限制性约定，原则上只要用人单位与劳动者双方协商一致，就可以订立一定期限的劳动合同，并受此约束。但在一些法定情形下，除劳动者提出订立固定期限劳动合同外，用人单位应当订立无固定期限劳动合同。值得注意的是，在签订无固定期限劳动合同的情况下，用人单位单方面解除必须有法定理由，否则会面临支付赔偿金的风险。此外，劳动合同的期限决定了试用期长短，因此需要谨慎确定劳动合同期限。

第六，合理约定试用期。试用期是指包括在劳动合同期限内，用人单位对劳动者是否合格进行考核、劳动者对用人单位是否符合自己要求也进行考核的期限，体现了双方的双向选择。为避免滥用试用期侵犯劳动者权益，《劳动合同法》限定了只有三个月以上的固定期限劳动合同能够约定试用期，并且根据劳动合同期限细化了试用期期限：劳动合同期限三个月以上不满一年的，试用期不得超过一个月；劳动合同期限一年以上不满三年的，试用期不得超过两个月；三年以上固定期限和无固定期限的劳动合同，试用期不得超过六个月。同一用人单位与同一劳动者有且只能约定一次试用期。除了法律限制，用人单位应当根据工作职位性质、职位技术性含量来确定试用期，一般替代性较低、专业技术性较强的职位，试用期宜缩短或在法定期限内约定适用弹性试用期。对于替代性较高、专业技术性较强的工作职位则可以在法律的框架内约定较长的试用期。

第七，劳动合同续签。企业与员工订立固定期限劳动合同的，在劳动合同届满前，企业应当综合评估考虑劳动者的工作年限、已与单位签订劳动合同的次数、劳动者绩效表现等因素，决定是否续签以及按什么条件续签，并以书面方式征求劳动者意见。双方都同意续签劳动合同的，在原劳动合同届满前完成续签手续，任何一方决定不再续签劳动合同的，需在原合同期限届满前办妥劳动合同的终止手续。值得注意的是，如劳动者在用人单位连续工作满十年或已经连续签订两次固定期限劳动合同的，除劳动者提出订立固定期限劳动合同外，应当订立无固定期限劳动合同。

(2) 劳动合同履行。首先，通过民主程序制定和公示劳动规章制度。规章制度是公司的“法律”，是企业赖以调节劳动关系、激励和约束员工的重要手段。企业在修改、制定或决定有关劳动报酬、工作时间、休息休假、劳动安全卫生、保险福利、职工培训、劳动纪律以及劳动定额管理等直接涉及劳动者切身利益的规章制度或重大事项时，不仅要确保内容合法，还必须通过民主程序制定，经过职工代表大会或全体职工讨论，与工会或职工代表平等协商，且向劳动者公示。公示一般采用的方式包括：企业全体劳动者集中学习、培训规章制度，制作学习培训签到单让劳动者签名确认；在单位官网、企业公告栏等公开区域发布规章制度；采取发放资料进行公示的形式让劳动者知晓，如发放手册或发电子邮件。

其次，及时足额缴纳社会保险。社会保险不仅保障了劳动者的基本权益，也增强了企业的抗风险能力，实践中许多用人单位因小失大，拒绝为劳动者购买社会保险，导致在劳动者发生工伤或者工亡时，本应由工伤保险基金承担的一次性伤残补助金、一次性医疗补助金、一次性工亡补助金等均需用人单位自行承担。除此之外，以发放社保补贴替代缴纳社保、要求劳动者签署“放弃缴纳社保承诺书”等变相拒绝缴纳社保的行为也被司法实践所禁止。

再次，及时支付劳动报酬。劳动报酬应当按月支付。试用期的工资也不得低于劳动合同约定工资的 80%或者用人单位相同岗位最低档工资。如未及时足额支付劳动报酬，劳动者有权以此解除劳动合同并要求用人单位支付经济补偿金。

最后，协商变更劳动合同。劳动合同的变更一般包括两种类型：法定变更和协议变更。法定变更是指在法律规定的原因出现时，由当事人一方（企业或员工）提出，说明合同变更的理由、内容、条款和条件，经对方同意后可以变更劳动合同。协议变更是指双方当事人协商一致，达成书面协议，对劳动合同进行变更。如果变更劳动者的工作地点、职位、工资、工作时间、社保待遇等劳动合同内容，双方必须形成合意而且应当采用书面形式。双方未能就变更劳动合同协商一致的，可按照法定程序解除劳动合同。

（3）劳动合同终止。劳动合同终止是指劳动合同期满或用人单位与劳动者约定的劳动合同终止条件出现，双方当事人的权利义务履行完毕，结束劳动关系的行为。当劳动合同期满，有以下情形的，劳动合同应当延续至相应情形消失时终止：从事接触职业病危害作业的劳动者未进行离岗前职业健康检查，或者疑似职业病病人在诊断或者医学观察期间的；在本单位患职业病或者因工负伤并被确认丧失或者部分丧失劳动能力的；患病或者非因工负伤，在规定的医疗期内的；女职工在孕期、产期、哺乳期的；在本单位连续工作满十五年，且距法定退休年龄不足五年的；法律、行政法规规定的其他情形。用人单位希望终止劳动合同的，应在劳动合同届满前将意向送达员工，并及时协助办理完成离职相关手续。

劳动合同解除，是指劳动合同期限未届满，用人单位与劳动者之间提前结束劳动关系的一种方式。劳动者和用人单位均可以提出解除劳动合同，只是在不同的情形下会产生不同的法律后果。在我国，劳动合同的解除分三种情形：用人单位与劳动者协商一致解除；劳动者单方解除；用人单位单方解除。法律对劳动者单方解除劳动合同采取“宽进宽出”的原则，劳动者辞职时，不需要经过单位批准，只需提前三十日（试用期提前三日）向用人单位提交书面辞职信即可。对于用人单位单方解除劳动合同采用“宽进严出”原则，法律对其有严苛的法定理由和法定程序要求，主要分为过失性辞退、无过失性辞退及经济性裁员。过失性辞退时，用人单位无须支付经济补偿；无过失性辞退时，用人单位在出现法定情形后提前三十日以书面形式通知劳动者本人或者额外支付劳动者一个月工资后，可以解除劳动合同；经济性裁员，即单位需要裁减人员二十人以上或裁减不足二十人但占企业职工总数百分之十以上的，需要提前三十日向工会或者全体职工说明情况，听取工会和职工意见后，裁减人员方案经劳动行政部门报告。

此外，用人单位在解除劳动合同时还需注意员工绩效不合格的证据链条、违法证据收集等情况，谨防被认定为违法解除劳动合同的各种情况。

2. 劳动争议管理

劳动争议，是指劳动关系的当事人因执行劳动法律、法规和履行劳动合同而发生的纠纷，即劳动者与所在单位之间因劳动关系中的权利义务而发生的纠纷。劳动纠纷多因对劳动关系认定、薪酬、工作时间、福利、解雇及其他待遇等工作条件的主张不一致而产生。

随着劳动法律法规的逐步完善，尤其是《劳动合同法》、《劳动合同法实施条例》和

《社会保险法》的颁布，国家对企业人力资源管理提出了更精细化的要求。企业内部劳动规章制度不合理、不健全或不依合理程序制定、法治观念淡薄、习惯观念制约等都会引起劳动争议。劳动争议败诉后，企业不仅要承担应诉而发生的人工费、交通费、时间等成本，还会损害企业形象。为防范人力资源管理中的法律风险，降低人力资源成本，企业需要采取有效措施来应对劳动争议。

首先，发生劳动争议后，当事人可以向本单位劳动争议调解委员会申请调解。用人单位设立劳动争议调解委员会，由职工代表、用人单位代表和工会代表组成。劳动争议调解委员会的负责人由工会代表担任。劳动争议经调解达成共识的，当事人必须履行。

其次，调解不成功，当事人一方要求仲裁的，向劳动争议仲裁委员会申请仲裁。当事人一方也可以直接向劳动争议仲裁委员会申请仲裁。劳动争议仲裁委员会由劳动行政部门代表、工会代表、用人单位代表组成。劳动争议仲裁委员会负责人由劳动行政部门代表担任。提出仲裁要求的一方自劳动争议发生之日起六十日内向劳动争议仲裁委员会提出书面申请。仲裁裁决在收到仲裁申请的六十日内作出。对仲裁裁决不服的则从收到裁决书之日起十五日内向人民法院提出诉讼。一方当事人在法定期限内既不起诉又不履行仲裁裁决的，另一方当事人可申请人民法院强制执行。

8.4 离职管理

员工离职是员工和企业之间结束劳动关系并离开原企业的行为。员工离职管理是流动管理的组成部分。合理的流动能够让企业保持活力，但关键人才的离职或者过高的离职率会给企业正常经营带来伤害，比如向客户交付的服务不稳定、生产不连续以及影响士气等。从员工和企业法律关系的角度看，员工离职涉及双方权利义务的澄清。这个过程需要企业遵循法律并合规处理。员工离职分为自愿离职和非自愿离职。

8.4.1 员工自愿离职管理

当员工出于主客观原因主动提出离职时，就进入主动离职程序。人力资源管理部门依据相关制度和流程，做好员工退出企业的工作。主要步骤有：

(1) 辞职申请。企业要事先明文规定员工提前递交辞职报告的时间、辞职报告接收人和辞职报告的基本内容等。

(2) 挽留程序。提出辞职申请员工的直接主管应当与辞职员工进行沟通。直接主管对于工作称职、业绩良好的员工进行挽留，并了解其辞职的原因，寻找解决的方法，减少企业因员工流失而造成的损失。如果直接主管挽留无效，由再上一级主管人员决定是否需要挽留并根据情况进行挽留谈话。企业在批准辞职前，可为员工提供收回辞呈的机会，做到最大限度地挽留人才。

(3) 辞职确认。经挽留无效或没有必要挽留的员工，可以进入辞职确认流程。按照企业相关程序进行确认，并将确认后的有关书面文件交人力资源管理部门。

(4) 工作交接。人力资源管理部门收到书面确认文件后，通知有关部门主管进行辞职员工的工作交接。交接工作完成后，应由有关交接人员和负责人书面确认，方可视为交接完成。

(5) 用品收回。企业要收回工作证、名片，检查办公室桌椅是否完好，收回钥匙和非低值易耗办公用品等。

(6) 财务结算。企业应与离职员工做好借款、贷款等应收款项结算，工资、奖金、福利结算，违约金、承诺合同期未满的补偿费用等结算事宜。

(7) 劳动关系解除。企业应为离职员工出具工作证明，办理退工手续，转调人事关系、档案和保险关系等。

(8) 后续管理。员工与企业解除劳动关系后，从法律角度而言，不再是企业员工，企业对员工的管理可以结束了，但是离职的员工（尤其是主动离职的员工）对企业仍是有价值的。进行离职员工的后续管理不仅可规避风险，还能够建立良好的企业形象。

8.4.2 员工非自愿离职管理

非自愿离职即用人单位提出终止或解除劳动合同，包括合同到期不续签、试用期内不符合录用条件解除、协商一致解除、过失性辞退、无过失性辞退、经济性裁员等。

当企业因员工严重违纪或多次绩效考核不合格且无法改进，或企业效益不好而提出解聘员工时，就进入非自愿离职程序。此种情况下，员工本人往往希望能够继续留在企业中，或希望在协商解除劳动合同时能获得更多经济补偿并体面地离开。

非自愿离职管理需要企业出示明确的证据，包括员工绩效考核记录、弥补员工过失的记录、员工培训记录、书面警告、法律法规规定以及企业的规章制度。非自愿离职管理需要企业专业人员具有较强的策略和技巧。员工通常关注的是企业辞退的理由，具体而言，就是员工个人需要承担什么责任、个人的损失和补偿是什么。在管理过程中员工难免会有情绪，企业专业人员需要倾听、解释和疏导。

8.4.3 离职面谈

离职面谈是指员工在离职之前，由企业专业人员与递交离职申请的人员面谈。从企业的角度讲，离职面谈可以使企业了解员工离职的原因，有利于改进人力资源管理。离职面谈也是企业将离职人员的知识和经验转移给其继任者的一次机会。由于离职人员往往比在职人员更加坦率、客观，他们的意见也更富有建设性。因此，企业甚至可以通过离职面谈，请离职人员就现有团队如何完成当前项目、解决现有问题以及进行合作提供建议。

离职面谈一般经历如下步骤：

(1) 面谈准备。收集离职员工相关信息，包括：第一类是与离职员工有关的个人信息，包括职位信息、心理状态信息、阅历与经验信息、家庭背景信息、生活状况信息；第二类是与员工有关的绩效和薪酬信息，包括获得的荣誉和奖励信息、薪酬福利信息、绩效表现等内容；第三类是员工离职信息，包括离职原因、离职后的目标单位、目标职位。根据离职员工的情况，准备面谈的话题，安排面谈的时间、地点并布置环境，力求让离职员工表达真实的想法。

（2）谈话和其他安排。营造轻松的谈话氛围，并提出尽可能广泛的问题，给对方充分表达的空间。同时在面谈过程中注意对方情绪的变化，换位思考。

（3）面谈记录。面谈前征求对方的意见，如果对方同意，应在面谈过程中及时做好记录，企业人力资源管理部门通常应设计好员工离职面谈记录表。

（4）整理记录。面谈结束后，应及时对面谈记录进行整理并得出结论。同时需要总结出员工离职原因并提交分析报告，经企业相关部门审核后保存。此外，面谈人需要总结此次面谈中的得失，以便今后改进工作。

8.4.4 离职后续管理

对于员工而言，离职是其职业生涯发展中的重要事件。但是，对企业而言，员工离职通常仅是正常流动，因此企业并不大重视离职后续管理。但实际上，企业人力资源管理过程重视离职后续管理，能够提升员工的离职体验，这是有价值的。顺利体面的离职环节可以帮助企业维护在离职员工和在职员工心目中的形象。同时，企业也能收集信息查找自身不足，为留住人才提供信息和反馈，减少关键人才流失。

离职后续管理包括：

（1）举办欢送会。为了避免员工离职时产生“人走茶凉”的失落感，企业可以为离职的优秀员工举办欢送会，营造仪式感，塑造有人情味儿的企业氛围。

（2）建立离职员工信息库，为离职员工保持返聘的通道。有经验的离职员工对企业很了解，有职位空缺机会的时候，可以再次对其提出邀请。这可以缩短双方的磨合过程，节约时间和降低用人成本。

本章小结

员工关系管理是企业运用人力资源管理制度来调节、理顺和优化员工与企业关系的管理过程。企业和员工之间既有基于法律的经济契约，也有基于文化规范的心理契约。

近年来，心理契约日益成为提升员工体验和建立员工关系的管理措施。和经济契约的刚性相比，心理契约常常具有非正式性、互动性和柔性的特点。以人为本的企业文化建设，主要目的之一是促进员工对企业的认同并夯实心理契约。此外，员工沟通管理、员工参与管理和员工援助计划等配套措施，也有利于员工和企业之间建立心理契约。

劳动关系是员工关系确立的基础。按照国家有关法律要求，员工和企业之间建立经济契约关系，签订劳动合同并保护双方的权利和义务。

员工离职管理是员工与企业终止劳动关系的管理行为。根据员工离职意向，分为员工自愿离职管理和员工非自愿离职管理。离职管理得当，有利于企业营造和维持良好的雇主形象。

关键术语

员工关系	员工关系管理	经济契约	心理契约
劳动关系	劳动合同	劳动争议	认同管理
员工沟通管理	员工参与管理	员工援助计划	离职管理

思考题

1. 什么是员工关系？
2. 什么是员工关系管理？
3. 什么是心理契约？
4. 企业建立心理契约的主要方法有哪些？
5. 什么是劳动关系管理？
6. 企业和员工订立、续签、解除劳动合同的依据和条件是什么？
7. 企业如何预防和处理劳动争议？
8. 企业在进行员工离职管理的时候，需要关注哪些方面？
9. 你认为引导案例中的企业的员工关系管理有哪些特点？你得到了哪些启发？

讨论案例

德胜公司的员工关系管理：丑话说透，关爱给够

德胜（苏州）洋楼有限公司（以下简称“德胜”）成立于 1997 年，前身为美国联邦德胜公司在中国设立的上海代表处，主要从事美制现代木结构住宅及公用建筑的研究、设计以及建造，同时兼做教育、企业文化与管理理念创新、公益慈善事业。由于优质的工程质量和高品质的服务，德胜在行业内口碑很好。2014 年被江苏省苏商发展促进会评为“江苏省地标型企业”。2020 年被授予“中国木结构产业领军品牌”。除了公司的主业备受赞誉，德胜独特的企业文化和富有中国特色的管理实践也被外界称道。

德胜秉承“诚实、勤劳、有爱心、不走捷径”的价值观，将管理制度和企业文化有机结合，即丑话说透，关爱给够，与员工构建起双向奔赴和互信共创的良性关系。在其管理体系中，既重视制定制度和执行制度，又秉承员工关怀与人文关爱的理念，让每一位员工都能够有尊严地工作和生活。多年来，公司员工流失率极低。公司制定的《德胜员工守则》也受到外界的好评。

1. 构建人人平等的关系生态

（1）员工永远不是企业的主人。德胜明确表示：公司始终不认为员工是企业的主人。企业主和员工之间永远是一种雇佣和被雇佣的关系，是一种健康文明的劳动关系。这种观点是大多数企业认同的，但是像德胜这样明确提出来的较为少见。公司对此是这样解释的：公司里的员工在人格上是平等的，雇佣关系并不排斥人格上的平等，两者是兼容的。企业主和员工都是企业的零件，企业主是助推器，员工是火花塞，二者共同努力将事情做好。正因为员工不是企业的主人，所以来到企业，就要靠自己本事挣钱。企业绝不纵容不敬业的人。将这一条作为规矩提出来，也为公司的制度化与流程化铺平了

道路。

(2) 坚决反对官僚主义。人人平等的理念不仅体现在企业与个人之间，还体现在员工之间。德胜坚决反对官僚主义，认为这不仅会毁掉人与人之间的真诚，也会使公司效率低下。在德胜，一旦发现某位管理人员对员工吆三喝四，甚至冲员工拍桌子、发脾气，就会有人报告督察官。督察官会对这些管理人员进行批评教育，让其向员工赔礼道歉。此外，管理人员更要严格按程序处理工作、办理事情，如有偏差，处罚将比普通员工严厉得多。诸如此类的规定还有很多。

2. 规矩与教育的力量

(1) 藐视规矩就是德胜的敌人。没有规矩不成方圆。德胜的管理从人性出发，但坚持严格的基调，用制度、程序引导和规范员工行为。德胜在制度化管理方面非常严格，规章制度非常详细，如德胜公告、解聘预警程序、听证会程序、权力制约规则、1855规则、质量与制度监察系统等。程序对德胜来说意味着日常运转的中枢，更是质量与品质的保障。程序相当于准制度，是对工序操作方式的规定，包括作业规则、作业工具设备、约束条件等。如门环有一排十字螺丝，规定凹纹的指向都必须相同，再比如钉木板，要求每隔6寸钉一个钉子，就不能在6寸半或7寸的地方钉……公司几乎将每件事都纳入程序管理，从而保证工作质量。

当然，制度和程序制定得再详细，如果得不到执行就是废纸一堆。在执行方面，德胜要求员工100%执行，无一例外。一旦违背规则，轻则罚款，重则解聘。此外，公司还专门设立了程序运转中心，用来发布程序指令并监督各项制度和程序的执行情况。

(2) 管理的本质就是教育。除了严苛的制度程序规定，德胜更提倡通过教育让员工更好地认同企业的文化和管理，从而更主动、更坚定地遵守规范。

公司制定了每月的1日、15日制度学习的规定，要求员工逐条、逐句解读公司相关制度规定，力求理解、熟记，做到真正地入脑入心，从而转化为日常工作的行动指南。同时，公司认为制度只能对“君子”有效，对于“小人”，任何优良的制度效力都将大打折扣，或者是无效的。因此，公司的重要使命就是培养“君子”型员工。

德胜不仅对员工进行技能教育，还进行品德教育。在严格的教育下，员工能够自然融入公司管理氛围，让公司管理变得简单有效。教育除了言传还有身教。德胜规定一名新员工身边需要有不少于9名老员工相伴，老员工时时处处影响新员工的工作行为和态度。通过价值观灌输、榜样确立、行为心理强化等，公司进行体系化的管理过程引导。

3. 充分尊重，双向奔赴

德胜也坚持以爱感人并坚持人性化管理。公司提倡以人性化作为所有规章制度的基础，遵循以人为本的原则，通过焕发员工内在的自尊心来让员工成为有尊严、有独立人格以及能够遵守公司制度、尊重他人的人。

(1) 对生命与人格的充分尊重。德胜倡导“生命第一”，要求员工在任何时候都要把生命安全放在首位。这一准则体现在员工衣食住行的方方面面。德胜的员工宿舍干净整洁，条件非常好，不仅安装有中央空调，各种日常设施也很齐备。为了保障员工充分休息，公司还制定了“强制休息法”和“因公睡眠法”，保障员工拥有充足的睡眠。在饮食方面，德胜更是用心对待员工。公司食堂标准很高，每年要花掉200万元，这保证了员工的健康。

（2）全方位全周期的福利保障体系。德胜的福利保障体系丰富而全面，如每年员工都可以代表公司招待家属一次；公司每年会组织节日活动，员工自导自演，互赠礼物，在娱乐的同时也获得了情感的慰藉；公司官网首页一直更新着对每一位员工（本月）生日的祝福与问候，让员工感受到温暖等。各方面管理细节都体现着德胜管理制度中的人文关爱。更值得关注的是德胜与众不同的养老保障体系，德胜规定，凡连续工龄在 10 年以上的员工，60 岁退休后可以额外享受公司提供的辅助退休金保障体系，让员工得到实实在在的养老保障。此外，公司还筹划建立养老公寓等。

（3）忠诚是双向奔赴的。基于人性化的管理，公司对离职员工给予了足够的宽容。如果员工觉得不适应公司的工作环境和要求，可以辞职或请 1～3 年长假出去闯荡，公司为其保留职位和工龄。如果 3 年内该员工想重新回德胜，公司还可以提供相应职位。当然重返的员工必须接受公司价值观的检验，还要作出复职后自己更加努力工作的承诺。如果员工确因自己的身体状况或家庭原因请长假，公司将根据情况在允许的范围内给予特殊关照。

在这种制度刚性与人文柔性的深度融合下，德胜以心为本盘活人，以人为本解决事，员工得到了实实在在的尊重和好处，也认同制度、规矩的重要性，他们凝聚成了推动德胜发展的坚定力量。

资料来源：高琳为本书撰写。参考德胜公司官网；付守永，赵雷．德胜规矩：解密中国价值型企业的自然成长之道．北京：清华大学出版社，2015。

讨论题：

1. 根据本章所学，结合案例中的内容，阐述德胜员工关系管理的特点。这与传统员工关系管理有什么不同？

2. 德胜公司在建立心理契约方面做了哪些工作？这些做法对其他企业有何借鉴意义？

第9章

人力资源管理转型与未来发展

非其鬼而祭之，谄也。见义不为，无勇也。

——《论语·为政》

引导案例

海尔公司的人力资源管理变革

海尔集团创立于1984年，成立以来，坚持以用户体验为中心和“人的价值第一”的理念，从濒临倒闭的集体小厂发展成为引领物联网时代的生态型企业，并成为Brandz全球百强品牌中的物联网生态品牌。

在数字化技术的推动下，海尔集团进行系统化数字化转型工程并全面推进生态构造。在2023年举办的第三届中国企业数字化转型管理峰会上，海尔集团董事局主席、首席执行官周云杰做了“海尔数字化转型的实践与探索”主题演讲。周云杰指出，在数字化转型过程中，海尔全面围绕模式重构、管理重构、企业重构、机制重构进行整体战略推进，以达到产品数字化、组织能力数字化和产业数字化的目标。在组织能力建设过程中，海尔不再采用科层制，而是全面推行和实施平台化，并设计配套的人力资源管理战略。企业内部采用“小微”创业模式和“人单合一”的自主经营体方式，进行新产品开发与生产。公司创业平台目前已经孵化了数千家小微公司。数据显示，海尔场景生态收入一直持续增长，2022年同比增长16.3%。

1. “人单合一”的管理模式

“人”即员工。这里不仅包含企业雇用的员工，也包括认同海尔经营管理理念的创客。“单”即用户需求，不仅包括市场订单，也涵盖对顾客的超值服务体验。海尔将“人的价值”视为企业转型发展的必要因素，在以人为本的基础上，通过“人单合一”

的管理模式和一整套方法，让员工拥有用人权、分配权和决策权，并设计规则来保障团队的自驱性和自主性。通过上述管理模式和方法，海尔将员工个人价值与提升顾客服务体验的企业目标有机结合起来，实现员工、企业和客户的三赢。

2. “人单酬”的薪酬管理体系

在薪酬管理理念方面，公司重视员工贡献，秉持公平公正原则。海尔采用宽带薪酬制度，通过提升员工的积极性和主动性，促进企业更敏捷地适应市场变化。除此以外，公司在“人单合一”的管理模式下，采取“人单酬”的薪酬管理体系以便员工能够做到“超额利润共享”。其中还有“贯通三环，四阶联动”的对赌激励系统，最大限度地激励员工发挥企业家精神。

在操作过程中，“人单酬”通过用户付酬的方式来实现。这一薪酬管理体系促使员工主动了解和解决用户需求，并想方设法实现用户价值。根据用户需求，确定“单”的价值；根据“单”的完成情况来确定员工的薪酬，实现价值创造、价值评估和价值分配的闭环链条。这一薪酬管理体系将价值创造和价值分配的关系拉通，极大地调动了员工积极性和主人翁意识，进而提升效率，为企业创造绩效。

3. 对赌激励系统

对赌激励系统是在“人单酬”基础上建立的分享激励机制。员工和海尔平台签订对赌协议，明确“单”需实现的价值和利益分享空间，在对赌目标实现后，按照之前的协议分享利益。对赌协议同样以“单”为核心，强调价值共创共担和共享。“单”的市场变现价值越高，员工的薪酬就越高。在实行平台化战略转型后，员工与海尔公司的关系不再是传统的劳动雇佣关系，而是变成风险共担、利益共享的共同体。员工和企业的新关系能够突破传统付酬局限。借助人力资源管理这一新模式，企业打开了边界，整合了员工价值、用户价值、企业价值和市场价值。

4. 以人为本的培训开发体系

公司除了出台措施激发员工动力，还配套了能力提升的人力资源管理措施，多管齐下执行新战略。近年来，公司倡导“诚信生态，共赢进化”的文化理念，并搭建众创汇、海创汇、Hope 平台，赋能员工。公司通过这些平台为员工提供各类专业化培训，如岗前培训、职位培训、转岗培训、即时培训等。公司通过专业化的运作和管理为各类员工提供专项化培训，帮助员工提升能力、拓展思维，与平台企业共同发展。

资料来源：崔琦为本书撰写。参考王易，邱国栋．新工业革命背景下多元智能组织研究：以 GE 和海尔为案例．经济管理，2020，42（2）。

9.1　人力资源管理体系优化

9.1.1　常规人力资源管理体系

从人力资源管理发展历史看，企业常规人力资源管理体系主要是基于内部视角，围绕六大模块展开，包括人力资源规划、招募与甄选、培训与开发、绩效管理、薪酬管理和员工关系管理。图 9-1 呈现了以人力资源模块为主线的常规人力资源管理体系。

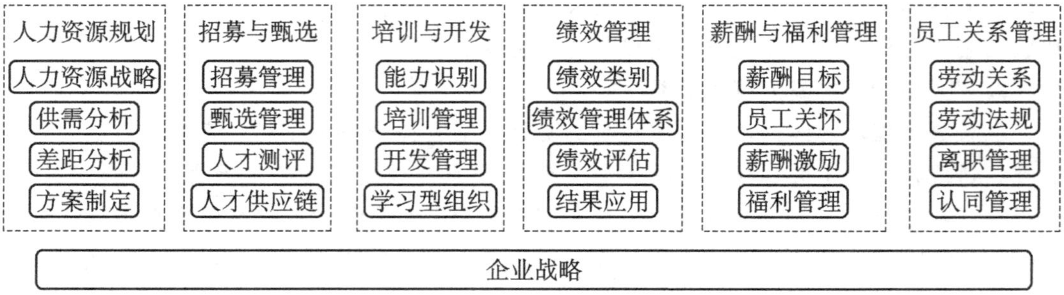

图 9-1　常规人力资源管理体系

常规人力资源管理体系基于企业战略，以职位分析和胜任力分析为基础对企业员工进行“选用育留流汰”的管理。这适用于经营环境相对稳定的情况，人力资源部门也是基于模块来细分的，如招聘部门、培训部门、考核部门和薪酬部门等。总体来说，职能驱动的人力资源管理体系偏重内部导向和行政导向。

随着企业面临的环境越来越不确定以及消费主权时代的来临，企业战略需要适应环境要求，上述常规的人力资源管理体系难以满足企业战略的需求。戴维·尤里奇（Dave Ulrich）观察到“内向型”人力资源管理模式需要向“外向型”人力资源管理模式转型，才能更好地为企业创造价值和产出成果。基于形势的变化和战略的要求，人力资源管理职能也需要优化和升级。

9.1.2　人力资源管理体系的优化

1. 人力资源管理活动的再分类

常规人力资源管理体系下，人力资源管理活动是根据“选用育留流汰”的模块进行分类的。尤里奇提出了新视角下人力资源管理活动的再分类（见图 9-2），包括战略人力资源管理、事务流程管理、员工贡献管理和转型与变革管理。

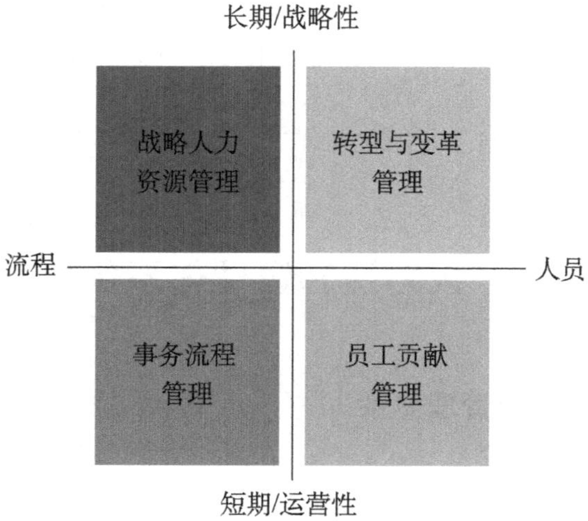

图 9-2　人力资源管理活动的再分类

(1) 战略人力资源管理。战略人力资源管理包含如下内容：第一，人力资源管理需要理解认同战略，并成为战略落地的主力军。在战略落地过程中，人力资源管理需要能够设计从愿景到机会、从机会到目标、从目标到流程的路径，赋能员工有效执行战略和履行岗位职责。第二，需要基于战略要求，设计绩效管理和薪酬管理制度提升员工动力水平和协作意愿，激发和维持员工执行的强度和耐力。第三，通过招募、甄选和配置等持续优化员工队伍，赋能员工和提升员工战斗力。除此以外，还需要洞察和界定哪些关键任务能够促进战略落地并确定关键任务和活动的优先顺序，在企业内部共享。比如在华为公司，其人力资源管理体系在战略定位明确的基础上，通过业务领先模型（BLM）和业务执行力模型（BEM）进行战略解码，之后将关键任务、组织结构、人力资源管理制度和企业文化等加以配套，在企业内部拉齐认知、统一流程，保证全员行为“力出一孔”，促进战略落地和实现企业绩效。

(2) 事务流程管理。这一活动属于常规人力资源管理范畴。主要包括：第一，设计并实施人力资源活动流程，如招募与甄选、培训与开发、绩效评估等，目的是维持员工合理流动，提升企业效率。第二，对重复且标准化的活动进行流程化、数字化和智能化。比如在作者调研的某集团企业中，其培训实践原来由不同部门负责，显得杂乱无序和效率低下。企业利用新人力资源管理体系干预和优化后，建立了统一的培训平台并把常规培训标准化和数字化，从而大大提升了培训效果和效率。第三，越来越多的企业将这一活动归置到人力资源共享服务中心（HRSSC）。通过这种新的组织形式，人力资源事务性服务能够为同一公司的不同部门共享。HRSSC还能够帮助一线经理、高管和员工获得标准化、快捷的人力资源管理服务，优化体验。

(3) 员工贡献管理。这一活动践行以人为本的理念。包含：第一，通过动态人岗匹配，在员工和企业之间建立经济契约，并以此为基础建立员工和企业之间的心理契约。通过多元化的员工关系管理，人力资源管理体系能持续关注员工需求和自我发展目标，并将其和企业目标统筹管理。这样的制度性做法能够稳定员工预期并增强员工对企业的信任。第二，需要和直线经理以及员工共创，进一步促进员工对管理者的信任。第三，主动关注新员工融入企业的社会化过程，梳理和管理融入的关键节点。近年来，我国企业人力资源管理体系通过创新、赋能、教练和共创来凝聚人心，提升员工动力水平，拓展员工在企业的发展空间。

(4) 转型与变革管理。这一活动对企业创新和迎接环境挑战尤为重要。企业转型与变革是复杂的系统工程，涉及多方利益和员工态度的调整。第一，注意企业文化建设和优化。在转型与变革过程中，企业需要保留原有文化中的积极面，还需要建立新文化来支持新的经营模式和组织模式。第二，物色、任用和配置好管理者，让他们成为企业转型与变革过程中的“火车头”。第三，注意识别、界定和设计变革的流程和时间表，推动员工理解、支持变革流程，确保实现预期目的。

总之，新时代的企业人力资源管理更需要以企业战略为方向，明确人力资源管理的原则，理解新活动的区别、联系和不同场景下的变化。在实际人力资源管理的过程中，管理主体还需要充分理解把握不同活动的关键任务，同时结合本企业所处发展阶段面临的主要任务，理清人力资源管理活动应指向的成果和责任，形成本企业人力资源管理的职责和任务清单。

2. 人力资源三支柱管理体系

在企业发展过程中，随着公司战略的升级、员工结构改变和数量的增多、组织结构的扁平化敏捷化，企业对人力资源管理的要求越来越高。同时，高管、直线经理和员工也对人力资源管理提出了不同要求，并希望人力资源管理能够为业务需求提供相关解决方案。在企业内部"客户"多样化的需求拉动下，人力资源管理体系需要做到"出乎其外"，更多地从客户视角和业务视角再审视管理活动和结构化方式，见图9-3。

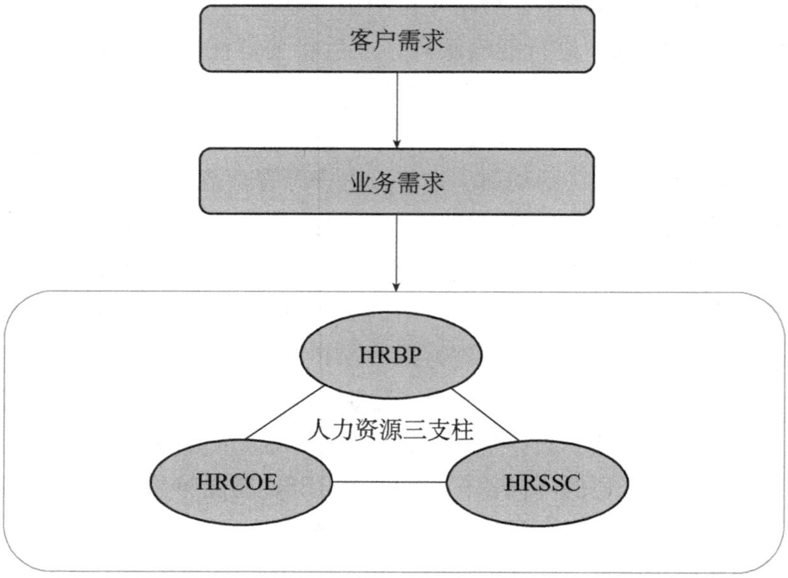

图9-3 人力资源三支柱管理体系

人力资源三支柱管理体系建设过程中，最重要的就是要明确原则和目的，即促进企业组织能力的建设和成长、提升人力资源管理效能和为企业创造价值。人力资源三支柱中的人力资源专家中心（HRCOE）的重点职责在于成为企业变革的推动者、战略部署专家以及布局未来的预测者。同时，还要为人力资源业务伙伴（HRBP）和人力资源共享服务中心（HRSSC）提供指导。HRBP需要服务一线和业务，并能够提供人力资源解决方案，为企业文化的落地和相关政策的实施提供支持。HRSSC的工作重点是将事务性活动流程化、标准化和数字化，提升人力资源管理运营效率，为全体员工提供服务。HRSSC的建立，能够使人力资源专业管理者将时间精力投入高价值和创新类的任务。除此以外，人力资源三支柱管理体系要注意三者之间的协同效应。

（1）HRCOE。HRCOE是企业内部的人力资源管理智库。企业基于客户需求和业务需求明确战略重点。以此为依据，HRCOE进行组织诊断，根据需求来创建人力资源服务项目，确保项目和战略落地所要求的组织能力是一致的。此外，还需要和HRBP共创，选择并实施合适的人力资源服务项目。在管理过程中，需要定期总结发起和驱动的服务项目并形成案例。

在具体管理场景中，HRCOE的服务项目和企业业务多元化程度有关。如果企业业务较为单一或者多元化业务是相关的，则服务项目相对较少；如果企业业务多元化且是非相关的，则服务项目相对较多。HRCOE需要基于需求来界定哪些人力资源服务项目对战略落地和业务实现是有帮助、可接受和被允许的。

从企业长远发展角度看，HRCOE还负责组织学习的推进、学习型组织的建立等。开放的、学习能力强的和适应性强的企业会呼唤人力资源管理的新理念、新知识和新工具，并将其和新战略、新业务、新技术进行结合，从而进行转型升级。

（2）HRBP。HRBP需要既熟悉专业人力资源职能活动，又贴近和了解企业业务需求。更重要的是，它还能够协同业务管理者维护员工关系，处理业务单元日常出现的人力资源管理问题。

在管理和推进人力资源服务项目的过程中，HRBP还需要整理归纳问题，向HRCOE反馈，探索是否有更好和更系统的人力资源解决方案。在战略部署和落地过程中，HRBP通过培养战略思维和设计思维，协助业务负责人开发战略过程管理框架，梳理执行流程，关注落地节点和阶段性成果。

在关注员工贡献的过程中，HRBP需要基于业务目标选择团队成员。与此同时，还要盘点人才、预估员工需求和做好转型培养。数字经济下，特别是对于科技型企业，HRBP需要提供赋能和教练服务，邀请知识型员工参与关键事务的讨论，并主动在不同群体间寻求共识，获得集体行动，以便高质量完成任务。

HRBP还需要衡量并追踪团队和员工绩效，及时了解业务部门在人力资源职能工作方面的投入是否达到了预期目的，做好日常人力资源管理的运营工作。

（3）HRSSC。HRSSC是将企业各业务单元中所有与人力资源管理相关的基础性行政工作按照统一标准和流程来进行处理。比如把员工招募、薪酬福利核算与发放、社会保险管理、人事档案管理、人事信息服务管理、劳动合同管理、新员工培训、员工投诉与建议处理、异地管理、咨询服务等集中起来，建立一个服务中心来统一处理。HRSSC的主要目的在于提升效率，并为“客户”提供高效、高质量和成本优惠的人力资源共享服务。

对于企业来说，HRSSC通常安排在运营成本较低的地区。HRSSC将人力资源工作流程标准化，同时提供7×24小时的服务。数字化技术帮助员工随时发起自助式人力资源管理服务工作，且可以在方便的时间进行操作。例如，员工可以借助于信息系统自行处理假勤需求、商业保险报销、电子化劳动合同签署、个人资质上传等工作。

在我国，随着人力资源管理服务日渐成熟，也有企业通过第三方供应商来实现HRSSC的职能，这样做具有成本优势。怡安翰威特、埃森哲和万宝盛华等国际公司和中智、科锐等本土公司都能为企业提供HRSSC服务。

（4）人力资源三支柱管理体系建立的前提条件。人力资源三支柱管理体系一般适用于规模较大、经营地点分散、各业务单元有共同点也有差异点的企业。企业达到一定规模后，拥有大量员工和众多的下属子公司，建立人力资源三支柱管理体系能够避免各业务单元重复设立人力资源部门。企业可以将事务性和行政性的人力资源活动集中到HRSSC，提升企业整体效率。除此以外，这一体系要求对人力资源管理专业人员进行内部分工，选择合适的专家加入人力资源三支柱管理体系。这样也能拓展人力资源专业管理人员的职业发展空间。

3. 人力资源管理职能优化

人力资源管理职能优化可以借助人力资源外包。人力资源外包指的是企业通过和外部专业供应商签订合同，让其为企业提供某些人力资源产品和服务。

第一，基于战略和企业变革需要，人力资源管理专业人员需要将更多的时间和精力用于战略落地、队伍建设和文化优化等。将事务性人力资源管理活动外包以后，内部专业人员能够将时间精力更多地用于建设价值创造型的人力资源管理体系。

第二，识别、甄选和采购质量好的供应商，也有助于企业人力资源管理解决方案的优化和提升。

第三，能够将更多精力用于打造员工和企业的关系，并对员工需求管理、体验管理和职业发展管理方案进行持续优化和创新，引导员工认同企业和提升员工满意度、敬业度。

第四，节约成本。外部专业供应商有规模优势，能够为企业提供性价比较高的专业性人力资源管理服务。

第五，外部供应商有服务质量优势。这些人力资源管理专业机构深耕专业领域多年，提供的服务和产品专业可靠，能够帮助企业进一步改善人力资源管理职能。

第六，对于我国众多中小型企业来说，人力资源管理外包更有价值。这些企业规模小，经常是一人多能，不会聘用专业人员来做人力资源管理工作，借助外包服务，它们能够获得价廉物美的服务。

综上所述，企业人力资源管理体系的优化对企业战略落地、推动变革、促进员工发展以及拥抱技术变化很有价值。人力资源三支柱管理体系通过对人力资源角色活动再分工，以 HRCOE、HRBP 和 HRSSC 组成了“三驾马车”，使得企业人力资源管理更好地服务于组织能力建设。

9.1.3 建立高效的人力资源部门

C-S-R 模型为我国企业人力资源部门的设计和运营提供了方向和路径。为建立高效的人力资源部门，需要做到以下几点：

（1）明确场景和企业根植的“土壤”。我国进入高质量发展阶段，企业人力资源部门需要统筹社会、企业和员工的权责利，并设计平衡机制来调节各方关系。

（2）制定部门目标和执行目标。首先，需要管理主体定义环境、识别相关方的期望并设计出人力资源战略。以此为基础明确部门愿景。其次，需要将交付成果流程化和项目化。再次，需要对部门成员进行培养，配置好部门的人员结构，拓展部门专业人员的发展空间，激发部门员工的积极性。这些活动都需要权责体系和架构的配套支持。最后，需要设计好行动计划，使上述步骤形成闭环并建立问责机制，保证目标实现。

（3）设计人力资源部门的组织架构。需要明确以下几点：首先，人力资源部门的组织架构和业务类型必须匹配。其次，组织架构需要有利于人力资源知识在企业内分享传播并转化为工作绩效。最后，组织架构能够促动人力资源部门整体协同并有利于促进专业人员的成长和发展。

（4）培养人力资源管理者的胜任力。企业需要通过投资、培养和培训，才能形成一支能够打胜仗的人力资源队伍。下一节将详细讨论这一点。

（5）充分用好外部资源，构建高质量人力资源管理生态圈。在数字时代，企业要善于利用数字化技术来提升企业人力资源管理效率和员工体验。只有主动求变、创新和持续学习，在内容和形式上坚持战略导向，人力资源部门才能切实创造价值和发挥影响力。

9.2　人力资源管理者的胜任力

如前所述，人力资源管理体系在技术进步、组织变革、员工成长方面有很大价值。这些需要人力资源管理者来部署和执行，推动达成目标。因此，人力资源管理者的认知水平、落地能力和主人翁意识成为企业需要关注的内容。人力资源管理者只有焕发出主体性、创造性和适应性，才能积极洞察场景、主动解码战略和选择合适的人力资源管理技术，从而建立企业生态和有效解决问题。企业只有拥有高胜任力的人力资源管理者队伍，才能稳步推进业务外包、流程优化、员工体验提升和价值实现等人力资源管理专项工作达成效果。

9.2.1　人力资源管理者面临的矛盾

人力资源三支柱管理体系要求人力资源管理职能在面向客户、业务、员工和未来的过程中，保持有效平衡。平衡的达成需要靠人力资源管理者来实现。这就意味着人力资源管理者的胜任力需要具有以下特点：理解场景、业务和战略需求；掌握常规人力资源管理专业能力；保持开放心态以洞察未来趋势和变化。具备这样的胜任力有助于他们处理面临的如下矛盾：

（1）外部和内部的矛盾。关注外部管理意味着人力资源管理者需要洞察和捕捉客户、投资者等相关方的需求并以经营思维提供解决方案。但同时，企业内部管理又需要其能够维持秩序和规范。在平衡这一矛盾时，HRCOE 需要主动担责和设计方案。

（2）业务和人的矛盾。这是 HRBP 日常面临的矛盾。他们一方面必须把握业务和流程的运营逻辑，另一方面需要具备激发员工动力的领导艺术。HRBP 在业务的科学性和引导人的艺术性之间必须具有整合思维。在决策和提供服务的过程中，人力资源管理者要做到把握分寸、控制节奏。

（3）整体和局部的矛盾。常规人力资源管理职能较注重内部秩序和专业效率，往往看山就是山，看水就是水，有一定的局限性，使得人力资源管理者较难从企业战略的整体视角捕捉主要矛盾。人力资源三支柱管理体系有助于人力资源管理者平衡整体和局部。

（4）过去、现在和未来的矛盾。企业是持续演化的有机体，从创立到成长再到系统性成长和二次创业，每个阶段面临的矛盾不同，解决方案也不同。对于不同发展阶段之间的“跃迁”，人力资源管理者需要在过去的“惯性”和现在的改变之间搞好平衡。这就需要他们区分存量、增量和创新业务之间的关联和差异，秉承历史思维和动态视角，一方面维持存量业务的规模，另一方面做好新业务的孵化，同时还需要培育新能力以应对未来的不确定性。

(5) 战略性活动与行政性活动的矛盾。战略性活动需要创新思维，行政性活动需要执行思维。协调这两类活动对人力资源管理者的素质要求较高。人力资源部门内部可以通过对活动进行分类形成职位职责，再根据职位职责招募合适的人来实现人岗匹配。这样做有助于消解这一对矛盾。

9.2.2 人力资源管理者的胜任力

了解了上述矛盾以后，我们介绍人力资源管理者胜任力的内容。尤里奇在这一领域进行了研究。此研究始于 1987 年，每五年更新一次，最新的研究成果于 2022 年发布。这项研究追踪人力资源发展领域的最新趋势，挖掘人力资源管理者应具备的胜任力，促进人力资源管理者和人力资源管理体系的升级。

这项研究的调研对象既有人力资源管理者，也有业务部门管理者。前三次调研于 1987 年、1992 年和 1997 年进行，调研对象主要来自北美地区。2002 年开始，调研对象范围扩大到印度和欧洲、拉丁美洲等地区。2012 年以后，尤里奇又将研究范围拓展到中国、澳大利亚、土耳其和中东、南非等地区。

1987 年，尤里奇提出人力资源管理者的胜任力由三部分组成：业务知识、人力资源实践交付和变革管理。研究结论表明被调查企业的人力资源管理在这一阶段已经从传统的行政事务转向职能专业。人力资源管理者开始参与到公司业务中，并通过人力资源管理方法协助业务部门应对动荡的商业环境。

1992 年，尤里奇将人力资源管理者的个人信誉增加到胜任力中，并强调人力资源管理者和高层管理者要有良好的合作、出色的沟通以及令人满意的成果交付。

1997 年，尤里奇补充了文化管理。他的研究发现高绩效企业中，人力资源管理者在识别和贯彻企业文化方面起到重要作用。在这类高绩效企业中，企业文化能够帮助企业赢得市场地位和成功实施经营战略。这一时期，循证式人力资源管理开始兴起，基于实证数据和证据改进管理变得重要，并为企业文化的优化提供了实质内容和方向指引，同时也成为人力资源发展的风向标。图 9-4 展示了人力资源管理者胜任力模型的三次演进。

图 9-4 人力资源管理者胜任力模型的演进

2002 年，尤里奇用战略性贡献和人力资源技术这两个胜任力代替了变革管理和文化管理（见图 9－5）。战略性贡献由三大要素构成，即快速变革、战略性决策制定和市场导向的信息连通。另外，尤里奇强调业务知识应该围绕经营性职能，并需要聚焦于企业的价值主张和价值链。

图 9－5　2002 年的人力资源管理者胜任力模型

2007 年，人力资源管理者胜任力的内容变动较大。它首次为人力资源管理者的角色和能力提供了一个全面的视图，将人力资源管理者的胜任力分为三个层次，每个层次都包含了若干关键角色定位（见图 9－6）。组织能力层次由三个角色构成：人才经理/组织设计师，负责识别、吸引、发展和保留人才，设计有效的组织结构；文化与变革管理家，引导组织文化和领导变革过程，确保组织适应性和创新能力；战略架构师，参与制定和实施组织战略。系统和流程层次由两个角色构成：运营执行人，确保日常人力资源管理体系运营的效率和效果；业务盟友，与业务部门合作，提供定制化的人力资源解决方案。关系层次包括可信任的活动家，负责建立信任，建立和维护内外部关系，促进合作和沟通，积极推动组织目标和价值观的实现。

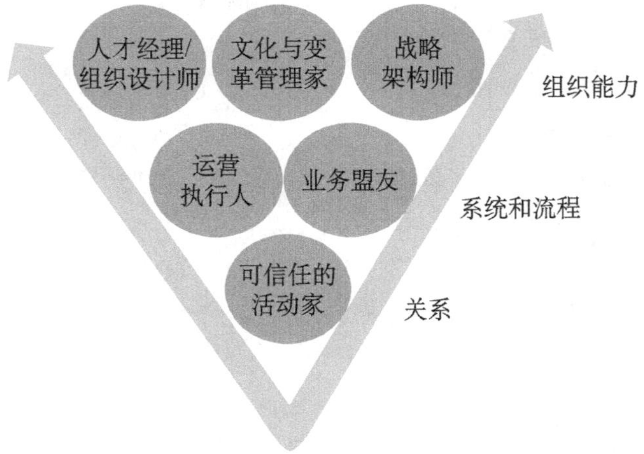

图 9－6　2007 年的人力资源管理者胜任力模型

经过进一步研究，2012 年尤里奇团队又提出了人力资源管理者的六项胜任力。由内而外的三层同心圆，第一层为个人层，即可信任的活动家；第二层为企业层，即组织能力的构建者、成功变革的助推者、信息技术的支持者以及人力资源创新与整合者；第三层为外部环境层，即战略定位的参与者。2017 年的研究进一步发展出九项胜任力，即矛盾疏导者、人力资本管理者、文化与变革引导者、薪酬福利管家、战略定位者、可信任的活动家、合规管理者、数据分析与解读者以及技术与媒体整合者。这两次模型的演变见图 9－7。

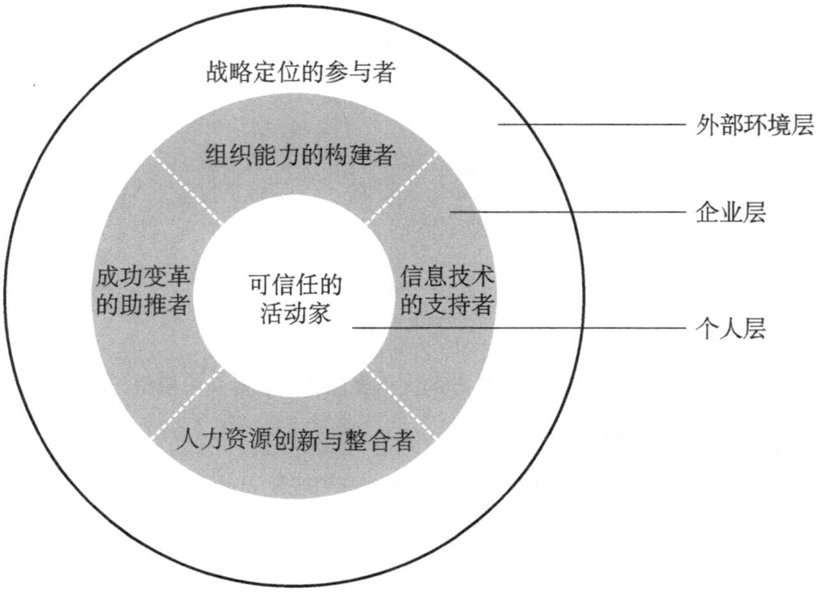

2012年的人力资源管理者胜任力模型

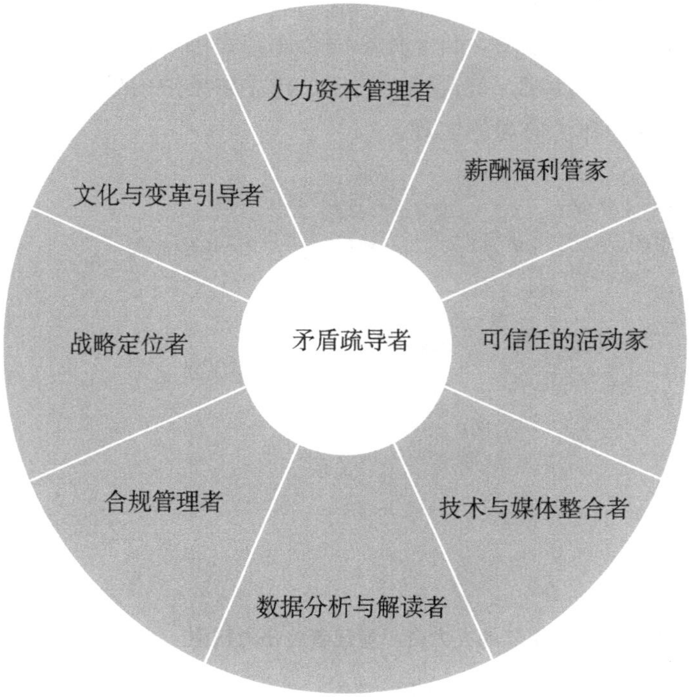

2017年的人力资源管理者胜任力模型

图 9－7　人力资源管理者胜任力模型的再优化

尤里奇在持续研究的基础上，于 2022 年又提出了新版人力资源管理者胜任力模型（见图 9-8）。这次的优化在于视角的改变，即从承担角色转变为完成任务和达成成果，并进一步强调了人力资源管理和业务的同频共振。

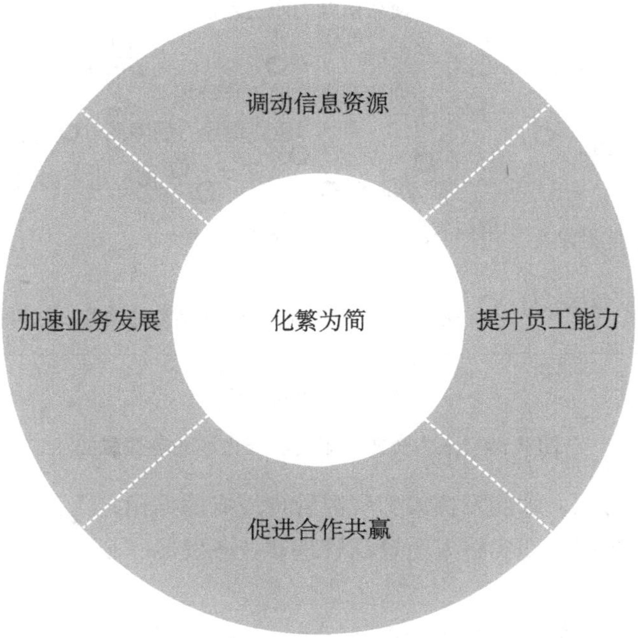

图 9-8　2022 年的人力资源管理者胜任力模型

尤里奇长达 30 多年的研究表明，时代在变，形势在变，技术在变，企业组织经营模式在变，业务在变，这些都在驱动企业人力资源管理的方式和人力资源管理者的胜任力标准同步变化。根据企业不同发展阶段的战略要求、业务要求和转型要求，人力资源管理者的胜任力需要升级和优化，并促进自身主体性、创新性和适应性的提升。

9.2.3　人力资源管理者胜任力对业务的影响

人力资源管理者胜任力对业务部门价值创造和成果达成有影响。不同的人力资源管理者在执行任务、设计制度、交付服务的过程中，胜任力的表现是不同的。企业需要将影响业务成功的人力资源管理者的胜任力列入议事日程，并投入资源来进行培训、开发和升级（见图 9-9）。比如，通过信息技术连接各方，即当人力资源管理者作为信息连接器将人力资源管理实践和战略文化对齐的时候，企业业务能够得到整合。

在实践中，企业组织需要定期基于业务的变化，对人力资源管理者胜任力的重要性进行排序，使其持续聚焦于业务成功这一目标。

9.2.4　其他人员的人力资源管理胜任力

在企业中，不仅要由人力资源管理者承担人力资源管理工作，还需要高层管理者、

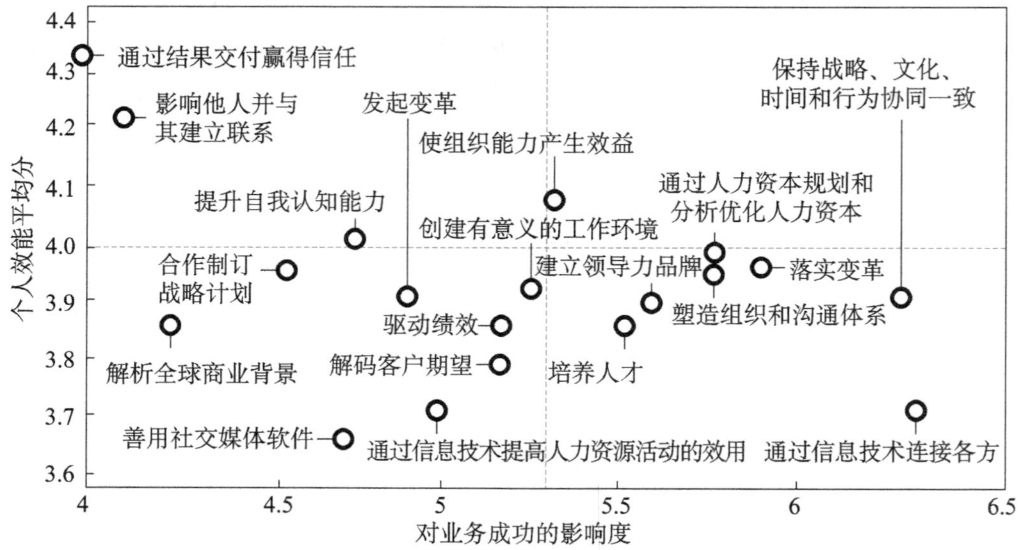

图 9-9　人力资源管理者胜任力和业务关联图

直线经理和员工的协同，才能发挥人力资源管理应有的作用。人力资源部门必须和其他相关人员做好分工协同，切实将人力资源管理和业务发展、企业转型加以融合，从而实现目标。

首先是高层管理者的人力资源管理胜任力。他们需要从战略上把握好人力资源管理发展方向；重视直线管理者和其他职能管理者关心的人力资源议题；做好人力资源战略的倡导者和政策的审核者等。此外，还要要求人力资源部门建立企业核心人才的开发体系、整合社会资源以及推动文化的建设和变革。

其次是直线经理的人力资源管理胜任力。他们是企业人力资源管理制度和企业文化的直接践行者，需要和人力资源部门共创共担，做好各项人力资源政策和制度的落地；和业务伙伴共创共担，做好目标设定、绩效考核和员工沟通等日常人力资源相关工作。

最后是员工的人力资源管理胜任力。现在企业中的员工，尤其是知识型员工，对自己的职业发展空间、公司发展前景和员工关系管理等较为关注。通过目标管理、任职资格管理、绩效管理、薪酬管理等，员工能够获得成长，具备公司持续发展所需要的胜任力。

9.3　人力资源管理效能

人力资源管理体系的主要目的在于建设企业的整体组织能力和集体战斗力，尤其是通过高绩效工作系统和人力资源三支柱管理体系，助力企业获得竞争优势，并更好地履行社会责任。有助于提升组织能力的人力资源管理效能体现为：

1. 员工队伍建设

人力资源管理效能首先必须为企业招募甄选和组建认同组织、善带团队和能打胜仗的干部队伍。通过“选用育留流汰”的流动管理体系，以及绩效管理和评估等方法，将员工配置在关键职位上。与此同时，还要做好人才梯队建设等。在提升自身效能的时候，人力资源管理者需要思考以下问题并提供解决方案：对企业战略实施最重要的干部在哪里？其职位职责分别是什么？储备人才的数量和结构如何？员工的绩效评估标准、方法、频率、反馈和结果应用是否恰当？当前的人才存量对企业战略落地和转型是否充足？

2. 以客户为中心和持续创新

德鲁克认为管理的两项任务就是创新和营销。以客户为中心的宗旨引领企业将注意力和资源配置到最合适的地方。人力资源管理在这一过程中能提供解决方案并保证价值创造和成果达成。

首先，帮助企业建立和加强客户关系管理。根据“二八定律”，20%的客户提供了80%的业绩，这说明 20%的客户就是关键客户。企业对于他们需求的挖掘和满足至关重要。服务关键客户的职位就是关键职位。谁来承担关键职位？职位分析和设计是否比竞争对手更合理和有前瞻性？在服务客户的过程中需要哪些其他职位协同？需要调动多少资源才能有效、及时、高质量满足客户需要？服务客户过程中遇到的难题能够被及时地识别、沟通和解决吗？上述问题的提出和解决都有助于提升人力资源管理效能，从而增强组织能力。

其次，持续创新，即通过洞察、预判、分析等方法，在面向未来的过程中捕捉机遇和创建新的商业模式。比如在产品研发、客户管理和经营渠道拓展等方面，能够有效协同直线经理，与之共创和不同利益相关方之间新的交易结构。事实上，只有寻找二次曲线和持续创新，企业才能立于不败之地。

再次，在变革的速度和变革风险管控方面有所作为。企业面临竞争压力需要进行变革的时候，员工往往会出现抵制、不解和拖延，人力资源管理可以通过绩效管理和评估牵引、营造舆论和文化氛围，物色合适的“操盘手”来加快变革。

最后，人力资源管理能够在协同业务部门进行变革的时候，通过洞察关键职位供需情况、绩效评估、激励设计以及外部危机管理等措施，来调整队伍、优化流程和控制变革风险。

3. 促进战略落地

在促进战略落地的过程中，人力资源管理能够通过确保战略一致性、倡导和落实高绩效文化、提升企业效率和开展组织学习来提高效能。

首先，人力资源管理通过四个维度即认知、行为、流程和评估来确保战略一致性。通过培训管理，能够帮助员工提升“企业战略将我们和竞争对手区分开，帮助我们赢得客户”方面的认知。企业也能循证追踪不同参与方在认知上的一致性程度。借助于调研“在战略执行工作上所花时间的比例”“企业是否听取并执行了你们提出的改进意见”等问题，了解行为一致性的程度。通过衡量业务流程在多大程度上对战略提供了支持，追踪流程的战略一致性。绩效管理和评估能够在长期规划目标、年度商业目标和日常评估指标之间进行拉齐、对照和反馈，协调不同部门和员工做到力出一孔，保障战略有效落地和达成目标。人力资源管理能够通过信息系统、专家经验判断等方法，了解绩效获得情况。这些信息在整个企业范围内分享以后，能提供方向和行动指南。

其次，在倡导和落实高绩效文化的过程中，人力资源管理借助于一系列环环相扣的绩效管理和评估动作提升效能。企业战略解码为部门绩效标准，部门绩效标准分解落实到员工职位并和目标管理进行结合；绩效评估的结果及时应用于奖惩员工以帮助其改善绩效和提升能力。上述管理动作明确化、日常化以后，企业就能够产生高绩效文化。同时，员工对战略解码过程知情、履行任务有培训、明确规则目标，就能够对企业产生稳定预期，并因此认同企业文化，员工和企业之间的信任机制就建立起来。在这个过程中，下列问题有助于人力资源管理效能提升：绩效目标清晰吗？员工参与绩效目标设定了吗？业务管理者是否具备评估的能力？多大比例的员工认为他们的薪酬是和绩效挂钩的？绩效评估方法能够保证员工产生公平感吗？

再次，在提升企业效率方面，效率指的是控制成本以有效提升企业在高回报项目中的效能。人力资源管理能够通过拉通流程、合理配置员工、进行有效的项目管理来降本增效。人力资源管理者通过提出并解决下列问题来提升效能：项目中产品的成本和库存情况是怎样的？直接和间接人力成本是多少？资金占用情况如何？每个单项活动占用多长时间？单位成本降低了吗？工作活动中冗余或不必要的步骤是否持续被优化？

最后，在开展组织学习方面，通过了解企业产生了多少新知识，积累了多少案例，是否有知识管理体系来推广知识和案例，是否有惠及员工和部门的工作实践，来了解组织学习情况。人力资源管理在企业、部门和员工三个层面追踪和管理组织学习。在员工层面，主要体现为员工的适应性，是否愿意遗忘过去不相干的经验，放弃旧做法，采纳新做法；在团队层面，体现为是否有持续改善的机制；在企业层面，体现为在市场、客户满意度、创新、客户服务、生产效率和员工成就感方面是否做得更好。

4. 履行社会责任

近年来，我国强调企业需要转型和重视高质量发展。在新要求下，越来越多的企业发布社会责任报告。企业发布社会责任报告，既和党中央对企业组织的要求有关，也和企业发展阶段有关，更和企业各个利益相关方的要求有关。不少企业有自己的社会责任部门，这一部门需要和人力资源部门联动，设计企业社会责任的运行机制、人员安排、对外呈现等。还有企业将社会责任发布和雇主品牌活动进行有机整合。这些新做法对企业改善员工关系、获得员工认同都有很积极的意义。

总之，企业人力资源部门和管理者需要考量的是如何帮助企业在不确定性下获得可持续发展，对社会和员工有价值。企业组织的可持续性既体现在财务方面，如提高市场份额、开发新产品与服务、降低成本等；也体现在社会意义方面，如获得企业声誉、建立雇主品牌等。人力资源部门和管理者通过更有效地激发人的价值，打造组织战斗力和学习能力，更好地发挥人力资源管理效能，成为企业价值创造和目标达成不可或缺的力量。

9.4 人力资源管理的未来发展

9.4.1 数字化企业对人力资源管理的要求

根据2024年《中国数字经济发展白皮书》的报告，中国数字经济规模已经从2005

年的 2.6 万亿元发展为 2023 年的 53.9 万亿元。数字经济在我国企业高质量发展过程中变得越来越重要。通过在线化、智能化和数字化，企业能够实时服务海量用户并降低成本；能够根据搜索痕迹和记录，打造专门搜索引擎为用户定制服务，做到千人千面和实时更新；能够满足用户个性化需求来提升用户体验。更重要的是，通过人工智能，企业能够深度学习以提升服务质量和获得持续创新的能力。

数字化企业的战略和领导力具有明显的敏捷性和适应性等特点。企业的重点议题有：以客户价值为中心、坚持持续创新和营销以及提升知识型员工的适应力。以客户价值为中心需要秉持由外到内的开放视角，这样才能结合不同场景和客户同行共创，更好地预测需求和满足客户价值。坚持持续创新和营销要求人力资源管理能够提供和配置优秀人才，并结合大数据、算法等手段，寻求商业模式的创新。同时，要求人力资源管理帮助营造能够容错的、包容多样性的和快速迭代的企业氛围。

此外，提升员工适应力、加强队伍建设和建立新型员工关系等都需要通过战略人力资源管理才能实现。人力资源三支柱管理体系在赋能员工、激励员工和营造员工创新氛围上大有可为。比如，人力资源管理者和业务部门管理者共创，能够将客户问题和员工专长兴趣有机统合；培训员工的跨界能力和有效解决问题的能力，来满足客户要求；同时，通过营造氛围，促进员工认同企业文化，再借助薪酬激励制度推动员工和企业共创和共享价值。

9.4.2　数字化人力资源管理实践

现在，数字化已经应用于企业人力资源管理的很多方面。

在招募环节，大数据分析和人工智能能够帮助人力资源管理者绘制出人才画像和知识地图。通过对照企业人才数据库的标准，对招募平台中申请人信息作出匹配度评估。智能系统往往能够推荐出匹配度更高的候选人。比如在某地区猎头公司的一次竞赛中，AI 机器人只用了 3.2 秒就从 5 500 份申请简历中筛选出若干候选人，并对初步符合条件的候选人予以了评分和评级。此外，使用 AI 机器人面试还能对候选人的体型、动作姿势、面部表情、情绪变化等进行实时捕捉。借助大数据分析、比对和评估候选人，企业人力资源面试能够提出更有针对性的问题，提高人岗匹配度。

在绩效管理和评估环节，数字化系统能够跟踪员工工作完成和项目推进情况，收集分析员工出勤、工作态度、情绪等动态数据，能分析员工各绩效指标的完成情况。同时还能发现缺陷，制定切实可行的绩效改进方案。除此以外，数字化系统还可分析员工绩效差异背后的原因。以此为基础，结合员工的职业兴趣、能力和素质，提出人员调岗建议，实现动态精准的人岗匹配。比如在拜耳公司，数字化人力资源管理系统能够创建更为敏捷的绩效管理方法，通过数字化平台分享员工的“闪耀时刻”，平台设立“喝彩”“点赞”“感谢”等积分制度，鼓励员工对伙伴表示感谢和支持伙伴。员工还能随时在平台上的关爱无忧健康商城使用积分兑换商品或购买保险项目。

在薪酬管理和福利管理环节，公司根据员工偏好，让其自主选择个性化薪酬组合和福利。还可以通过人工智能技术充分获取外部市场薪酬数据，结合员工所在职位、工作时间、业绩表现、潜力等信息，建立基于价值的付酬模型，分析员工薪酬支付的合理性、公平性和激励性。谷歌公司引入一套薪酬预算法，能够以预测性和个性化的方式调整员工的薪酬水平，避免人才流失。

9.4.3 数字化人力资源管理的发展

在了解到数字化技术对企业的深刻影响以及数字化技术、人工智能在人力资源管理不同模块中的运用后，我们认为企业在进行数字化人力资源管理过程中，需要关注以下几个方面：

（1）企业需要确立数字经济条件下的战略，并据此制定数字化人力资源管理的方针原则。公司高层、业务团队和人力资源部门负责人必须具备数字化思维。决策者需要密切关注企业和环境之间的动态关系，才能定义、预测和洞察机会与风险，为创建新的商业模式和企业转型提供条件。

（2）企业必须充满活力，持续创新。通过合适的组织诊断工具，能够研判企业的关键职位以及所需的人才。以此为依据，创建适合持续创新的企业文化和配套的考核激励制度。在数字化转型的过程中，成立专门的项目团队来探索有效的管理模式。

（3）数字化人力资源管理离不开数字化技术的应用。人力资源信息系统、电子人力资源管理模式、虚拟人力资源管理系统以及各大 SaaS 服务商推出的定制化和标准化人力资源管理线上服务，都能够促进企业人力资源管理数字化发展。借助数字化技术，人力资源管理专家需要掌握相关人力资源管理分析技术和方法，为企业敏捷适应环境贡献力量。

（4）在企业高质量发展过程中，数字化人力资源管理正在建设中，企业需要在数字化思维和数字化管理理念的指导下，通过构建支撑数字化运营的战略文化体系以及制度保障体系，利用数字化技术来获取、分析、应用与人力资源管理相关的各项数据，以支撑、改善人力资源管理职能，促进企业达成战略目标、打造高效团队以及建立支持员工成长发展的管理模式。

本章小结

人力资源管理体系从常规模式发展到人力资源三支柱管理体系，意味着人力资源管理必须是开放的和面向企业经营的真实场景。这对员工的学习能力、适应力提出了更高的要求。人力资源管理职能也必须进行升级和转型，才能符合新的要求。

与此相适应，人力资源管理者的胜任力也需要丰富和升级，才能有效履行人力资源管理职能和推动企业持续创新。他们既要理解战略，又要掌握战略解码的方法论，还需要熟悉组织诊断的方法以及结合应用新技术等。

我国进入新发展阶段，企业人力资源管理要满足高质量发展要求，和企业战略密切结合，并结合不同发展阶段的重点，优化人力资源管理体系并寻求转型。唯有坚持创新、捕捉机遇和以人为本，企业才能全面调动员工的贡献意愿，有效达成组织目标，实现可持续发展。

关键术语

人力资源管理职能　　人力资源专家中心　　人力资源业务伙伴
人力资源共享服务中心　　人力资源管理者的胜任力　　人力资源管理效能
数字化人力资源管理

思考题

1. 常规人力资源管理体系有哪些内容？有哪些特点？
2. 人力资源三支柱管理体系包含哪些内容？和常规人力资源管理体系有什么异同？
3. 人力资源管理者的胜任力有哪些？
4. 什么是数字化人力资源管理？
5. 通过哪几个维度可以体现企业人力资源管理效能？
6. 人力资源管理如何帮助企业转型？
7. 未来企业人力资源管理发展的趋势有哪些？
8. 你能从本章引导案例中得到哪些启发？

讨论案例

用友数字化人力资源管理实践

1. 企业背景

用友网络科技股份有限公司（简称“用友”）创立于1988年。公司创立初期，董事长王文京就提出了“用户之友”的价值主张。公司主打产品是财务软件和相关服务。因为产品丰富、服务质量好，公司很快得到用户的认可，用户口碑因此建立起来。1994年，基于成长阶段的战略要求，公司打造出覆盖全国的服务网络，并且很快成为财务软件行业的领先企业。

1998年，公司敏锐捕捉到用户深层需求，决定战略转型：从财务软件转向管理软件。公司成功研发首款ERP软件，并成功投入商用。2001年，公司成功在上海证券交易所上市。上市成功为用友快速发展插上了翅膀。2007年，用友软件园开园。2011年用友发布NC6产品，开启了集团型企业的信息化管理新时代。至此，通过十几年的艰苦努力，用友成为能够为用户提供个性化配置、集成、实施、运维以及管理一体化的企业管理与电子商务平台。

2016年，用友宣布进入3.0发展阶段：为企业提供互联网服务。全新的用友云平台以及包括生态伙伴产品在内的用友云市场逐步发布并上线。公司产品开发和服务呈现生态局面。2019年，用友又上新台阶：公司抓住企业组织和公共企业数智化、国产化和全球化的机遇，加速推动云服务产品的发展，构建和运营全球领先的企业云服务平台，服务企业的数智化升级以及商业创新，云服务业务以130%以上的速度快速发展。2020年，用友发布战略级新品——YonBIP商业创新平台，宣布3.0发展战略进入第二阶段，云服务从产品服务模式升维到平台服务模式，其中云平台iUAP致力于塑造企业间的互联互通和协同并作为全新一代商业创新平台的支撑底座，助力YonBIP在技术、架构、功能服务上实现全面领先。2022 年，公司继续坚定落实向云服务转型的战略，继续聚焦强产品、占市场、扩生态、提能力等年度关键任务，抢抓数智化与国产化市场的战略机遇，实现了一定成长和突破。用友 2022 年年度报告显示，公司 2022 年实现营收 926 174 万元，同比增长 3.7%。

用友持续关注产品、服务、创新、研发，随着不断积累和迭代升级，已经形成基于用友 BIP3 的“一个数智平台＋十大领域的场景服务＋大规模生态”为基本产品形态的融合服务群。用友已经成为全球 ERP SaaS 市场 TOP10 中唯一的亚太厂商，全球应用平台软件市场 TOP10 中唯一的中国厂商，同时，位居全球财务市场、全球资产管理市场 10 强，亚太区市场占有率第一。IDC、赛迪顾问研究显示，用友持续领跑中国企业云服务市场，是中国企业数智化服务和软件国产化自主创新的大国品牌。

2. 人力资源管理体系的建设与发展

一路走来，用友一直在主动探索数字化时代的组织和管理特点，对这种新兴的和动态的复杂性保持开放和好奇的心态。公司对新组织、新人事、新做法的探索也从未停止。用友集团数字人力业务的负责人认为云计算、大数据、物联网、移动化、智能化等技术的持续发展和深入应用，是推动企业人力资源管理进入新阶段的关键力量。企业必须进化到数字化和智能化人力资源管理。管理者必须学习应用新技术，赋能和激励员工，建立跨界团队，才能提升企业效率和效能。实际上，用友一直在企业管理以及人力资源管理的数字化变革中持续发力，既为千万家企业用户做好云服务产品，又持续用数字化技术进行自我迭代和敏捷共创。

伴随业务多元化和企业规模的扩大，用友集团的人力资源管理体系同步升级，在不同的发展阶段承担着不同的角色和功能。用友集团人力资源管理发展可分为以下几个阶段：

第一阶段：管控提效。在用友成长初期，公司业务较为单一，提供以财务软件和 ERP 软件为主的产品与服务。当时企业规模较小，人力资源管理重点关注编制预算、绩效考核、薪酬福利、员工能力等，强调公司对员工的管控和人员效率的提升。除此以外，在这个阶段，公司开始关注 HRBP，并意识到人力资源管理职能必须是为业务服务的。这一阶段人力资源管理突出的价值和贡献包括：形成了行业领先的职位绩效管理的“五个一工程”体系；建立并夯实了员工的任职资格管理体系和有效的员工激励体系。

第二阶段：价值服务。随着公司业务规模逐渐扩大，从 2012 年开始，用友在巩固管理软件市场的领先地位、做强产品、做大产业链的同时，加快培育互联网云服务业务，实现战略领先。公司因此成立了多家互联网子公司。在这个阶段，子公司大多为创业性质。在人力资源管理方面，传统模式已经无法继续为业务提供有效支持。集团人力资源管理体系的管控属性逐渐淡化，转为以服务、引导和支持为主。在这个阶段，公司搭建了完整的人力资源三支柱管理体系，强化 HRSSC 的数字化和服务支持能力，强调 HRBP 对业务的理解和高价值服务，HRCOE 则聚焦于干部的选拔与培养、企业文化建设、薪酬体系建设和核心人才激励等。通过这些配套的人力资源管理举措，公司能力极大提升，各个经营单元的活力和战斗力被激发。

第三阶段：激活赋能。2016 年以来，用友加速构建全球领先的商业创新平台，运用数字化、智能化技术支撑全球企业的商业创新。在新发展阶段和新战略要求下，人力资源管理一方面要为公司发展提供支持和服务，另一方面更要成为驱动力量，引领企业发展，为员工赋能。在这一阶段，用友开始强化 HRBP 在业务中的重要作用，同时强调 HRCOE 对企业发展建设、战略与目标解码、干部队伍和文化建设、员工成长与发展建设的重要功能。公司集团层面明确提出人力资源管理的战略性价值，是和技术一样驱动企业变革的重要抓手，要能够赋能员工、激活企业。

3. 数字化技术和用友人力资源管理运营

（1）启航：数据统计为始，从信息化产品到信息化管理。早在 2002 年，用友就开始关注管理数据的信息化。在这个阶段，用友研发信息化产品，重点是将企业运营过程中的数据管理，如对企业机构、人员信息和薪酬福利的管理等实现线上操作。

2004 年，用友发现用户信息化数据管理存在两个亟须解决的问题：一是由于对数据应用的忽视，初期实现管理数据线上操作后，并未进一步深入分析，无法充分挖掘信息背后的价值，对数字化管理的原则和指导思想并不清晰，很多保存的数据成为“垃圾”，不能真正为管理所用。二是由于数据统计口径的差异问题，造成了数据库中的数据体系碎片化，没有统一标准和路径。更严重的是，很多关键数据信息没有记录和上传，这导致在管理和应用时为企业决策带来很大的隐患。

（2）成长：打通业务与数据的关联，助力人力资源管理职能的落地。2005 年，用友管理层意识到企业数字化管理并不是仅仅对数据进行线上操作，还要真正将数据与业务系统打通，让数据支撑决策，这样才能助力人力资源管理职能在企业的培育和落地。如何做呢？首先，数据的输入口径要统一。在这一阶段，用友将人力资源系统作为数据的主要入口，并设计权限管理和控制数据输入，从而保证了数据库的可信度和一致性。其次，用实际问题倒逼公司管理的优化。2006 年，用友开始对干部和骨干人员进行股权激励，让绩优员工共享企业成长的成果。但是，在实施这一激励方案的时候遇到了很多的问题。当时，公司的员工人数已多达万人，却没有和薪酬激励配套的绩效评估标准、流程和制度，员工股权方案兑现难度大，而且不及时。这样一来，员工股权激励方案很难做到公平、透明和有效。基于此，公司开始进行绩效管理和评估方面的制度建设。2008 年，用友建立起全公司统一的绩效管理制度，并开发出线上系统。这样，能够保证员工股权激励方案的有效落地，激发员工的活力和动力，推动公司业务发展。

（3）成熟：数字化技术广泛应用，公司建立数字化平台。2010 年以后，用友面临的内外部环境发生了很大变化。一方面，我国数字化技术日渐成熟，政府也大力倡导数字经济。另一方面，用友开始进行战略性并购，公司成立了很多行业子公司和分公司。企业规模大了，管理也要相应升级。这个时候，集团提出战略人力资源管理的主张，并将其列入战略议题。如何让数据和信息在整个用友系统内的企业间进行共享共用被列入议事日程。在公司实际运营管理过程中，用友着力开发数字化人力资源管理体系，并在用友集团公司、分公司和子公司范围进行推广。与此同时，公司人力资源部门和信息部门通力合作，对人力资源业务持续进行数字化和系统化的完善，并建立起数字化人力资源管理平台，为整个用友集团提供人力资源数字化分析和服务。公司的职位任职资格体系、招募管理乃至员工全职业生命周期管理等人力资源管理模块逐步线上化。

(4) 创新：线上办公、产品搭建、服务共享、创新共赢。2012 年以后，用友开始加速推进云服务业务，人力资源战略也随之聚焦人才效能，并对新业务加强资源投入与部署。提升人才效能的实际压力倒逼大量重复性、日常性、维护性的人力资源管理工作的线上化。经过几年的建设、使用和优化，从 2015 年开始，公司搭建的数字化平台产品涵盖了从员工录用通知发送、入职、考试、培训、离职等的线上操作，目前用友数字化人力资源管理体系已经涵盖员工全职业生命周期的各个环节，实现了真正意义上的服务和赋能。

用友数字化人力资源管理的内容和方法包括以下几个方面：

首先是数字化工作场所的建设。用友的产品就是帮助用户打造统一的数字化工作场所，提升团队工作的协同效率。通过这一系列产品，团队能够提升沟通效率，提高员工的敬业度和使命感，提高团队整体生产效率。移动通信工具能够帮助构建透明度高、协同性好的数字化工作环境。网络会议、视频直播、工作群组等技术手段有助于建立跨部门协同，提高沟通效率，并提升员工参与度，使员工体验较好。

用友在人力资源共享事务处理中，搭建了多个数字化工作场所和应用场景，可以就不同的事务主题充分进行自由讨论。如在弹性考勤制度的优化过程中，员工通过线上沟通，对弹性考勤制度的细则进行充分讨论。这种参与和实时互动，使得制度落地变得更有效。“友问必答”公众号中建设了员工的互动空间，员工能够实时互动，大大提升了透明度和参与感。更重要的是，线上系统将 HRBP 从事务性工作中解放出来，更好地服务于业务和战略人力资源管理工作。此外，对于人力资源事务中的常规性问题，为了方便人力资源人员及时找到相关参考，用友也总结了常见问题并给出了参考标准。总之，各种线上沟通工具的使用既能够快速高效处理很多常规性问题，还能够将工作有趣化，提升员工的参与度和体验感。

其次是人力资源管理运营的数字化和实时化。在信息部门的支持下，用友人力资源管理活动实现了端到端流程的在线化，比如员工服务智能化、员工全职业生命周期的线上化，提高了效率和员工满意度。除此以外，为了帮助公司进行战略落地，数字化人力资源管理能够更好地进行人才盘点和管理，建立满足企业战略发展需要的人才供应链。通过有序推进，公司人力资源管理做到了“制度流程化、流程表单化、表单信息化”，将人力资源运营和数字化系统平台进行有机嵌入。举例而言，人力资源部门在梳理“工作居住证申请”业务时，将制度进行流程化设计，并自主设计表单，在表单中涵盖工作居住证申请的基本信息。

最后是人事决策数字化，提升决策质量。用友有一个数智人力（DHR）系统。管理者基于 DHR 系统提供的内部与外部数据，能够找到人才管理的方向、原则和策略。通过对数据的洞察，公司能够进行更好的人力资源规划，使人才管理和业务推动同频共振。在此基础上，建设人力资源大数据仓库，并以此为分析资料，建立全面的、开放的、快速探索数据价值的分析体系。

4. 未来发展

未来，用友的人力资源管理数字化进程还会面临挑战。在外部环境更为动态和复杂、存在潜在信息泄露风险的情况下，人力资源管理的数字化需要更为稳健。此外，用友集团的数字化产品开发既要关注对企业客户市场需求的敏锐洞察，也有赖于内部各个部门之间的有效协作。尽管目前在人力资源三支柱管理体系下，人力资源部门和业务部门、技术部门之间已经有较好的协调合作机制，但在具体实践过程中仍然会遇到各种问题，数字化产品的开发与应用需要多个部门的协调配合，这也是公司未来数字化建设可能遇到的问题。

如何借用数字化技术推动公司管理水平提升、促进企业目标实现、提升员工活力，这对于用友集团来说仍是一个值得持续探索的话题。在为企业用户提供数字化云服务产品的同时，用友集团也不断反思自身的数字化进程。

资料来源：冯云霞、武守强根据采访材料撰写。

讨论题：

1. 什么是数字化人力资源管理？请结合用友的数字化人力资源管理实践加以说明。

2. 请结合案例内容，描述用友数字化人力资源管理的发展阶段。数字化技术是如何促进人力资源管理职能优化的？

3. 在用友新阶段的战略布局和实施中，数字化人力资源管理会面临哪些挑战？人力资源管理职能又会发生哪些变化？

参考文献

[1] Armstrong M. A handbook of human resource management practice. London: Kogan Page, 2014.

[2] Bai Y, Feng Z Y, Pinto J, et al. A novel bias in managers' allocation of bonuses to teams: emphasis on team size instead of team contribution. Journal of Behavioral Decision Making, 2023, 36 (4).

[3] Barney J B, Wright P M. On becoming a strategic partner: the role of human resources in gaining competitive advantage. Human Resource Management, 1998, 37 (1).

[4] Barney J B. Firm resource and sustained competitive advantage. Journal of Management, 1991, 17 (1).

[5] Boyatzis R E. The competent manager: a model for effective performance. Hoboken: John Wiley & Sons, 1991.

[6] McClelland D C. Testing for competence rather than for "intelligence". American Psychologist, 1973, 28 (1).

[7] Delery J E, Doty D H. Modes of theorizing in strategic human resource management: tests of universalistic, contingency, and configurational performance predictions. Academy of Management Journal, 1996, 39 (4).

[8] Feng Z Y, Liu Y K, Wang Z, et al. Let's choose one of each: using the partition dependence effect to increase diversity in organizations. Organizational Behavior and Human Decision Processes, 2020, 158.

[9] Feng Z Y, Liu Y K, Wang Z, et al. Research: a method for overcoming implicit bias when considering job candidates. Harvard Business Review, 2020.

[10] Goyal N. The impact of human resource management on organizational performance: progress and prospects. Academy of Management Journal, 1996, 39 (4).

[11] Huselid M A. The impact of human resource management practices on turnover, productivity, and corporate financial performance. Academy of Management Journal, 1995, 38 (3).

[12] Becker B E, Huselid M A. High performance work system and firm performance: a synthesis of research and managerial implication. Research in Personnel and Human Resources Management, 1998, 16.

[13] Laursen K, Foss N J. New human resource management practices, complementarities and the impact on innovation performance. Cambridge Journal of Economics, 2003, 27 (2).

[14] Longshore J M, Bass B M. Leadership and performance beyond expectations. The Academy of Management Review, 1987, 12 (4).

[15] Spencer L M, Spencer S M. Competence at work: models for superior performance. Hoboken: Wiley, 1993.

[16] Trost A. Human resources strategies: balancing stability and agility in times of digitization. Berlin: Springer, 2020.

[17] 埃德加·沙因．谦逊领导力：关系、开放与信任的力量．徐中，胡金枫，译．北京：机械工业出版社，2020.

[18] 埃德加·沙因，彼得·沙因．组织文化与领导力：第5版．陈劲，贾筱，译．北京：中国人民大学出版社，2020.

[19] 埃德加·沙因．沙因组织心理学．马红宇，等译．北京：中国人民大学出版社，2008.

[20] 埃德加·沙因，约翰·万·曼伦．职业锚：变革时代的职业定位与发展：第4版．陈德金，冯展，译．北京：电子工业出版社，2016.

[21] 爱德华·劳勒三世．重塑人才管理．何缨，等译．北京：机械工业出版社，2019.

[22] 威廉·爱德华兹·戴明，乔伊斯·尼尔森·奥尔西尼．戴明管理思想精要：质量管理之父的领导力法则．裴咏铭，译．北京：金城出版社，2019.

[23] 彼得·德鲁克．创新与企业家精神：中英文双语版．魏江，陈侠飞，译．北京：机械工业出版社，2021.

[24] 彼得·德鲁克．卓有成效的管理者：55周年新译本．辛弘，译．北京：机械工业出版社，2022.

[25] 彼得·圣吉．第五项修炼：学习型组织的艺术与实践：第2版．张成林，译．北京：中信出版社，2018.

[26] 曹仰峰．海尔转型：人人都是CEO. 北京：中信出版社，2017.

[27] 曾仕强．中国式领导．北京：北京大学出版社，2005.

[28] 查尔斯·汉迪．第二曲线：跨越“S型曲线”的二次增长．苗青，译．北京：机械工业出版社，2017.

[29] 陈伟．阿里巴巴人力资源管理．苏州：古吴轩出版社，2017.

[30] 成中英．C理论：中国管理哲学．上海：学林出版社，1999.

[31] 戴维·尤里奇，等．变革的HR：从外到内的HR新模式：珍藏版．陈丽芳，译．北京：中国电力出版社，2016.

[32] 戴维·尤里奇．人力资源转型：为组织创造价值和达成成果．李祖滨，孙晓平，译．北京：电子工业出版社，2015.

[33] 戴维·尤里奇，等．高绩效的HR：未来的HR转型．朱翔，吴齐元，游金，

等译．北京：机械工业出版社，2020.

［34］戴维·尤里奇，等．赢在组织：从人才争夺到组织发展．孙冰，范海鸿，译．北京：机械工业出版社，2019.

［35］黛安娜·马尔卡希．零工经济．陈桂芳，译．北京：中信出版社，2017.

［36］稻盛和夫．阿米巴经营．曹岫云，译．北京：中国大百科全书出版社，2021.

［37］董克用．人力资源管理概论．5 版．北京：中国人民大学出版社，2019.

［38］杜维明．青年王阳明：1472—1509：行动中的儒家思想．北京：生活·读书·新知三联书店，2017.

［39］范厚华．华为铁三角工作法．北京：中信出版社，2021.

［40］方振邦，杨畅．战略性绩效管理．6 版．北京：中国人民大学出版社，2022.

［41］冯云霞，武守强．高效学习密码：知信行三维管理学习．北京：清华大学出版社，2022.

［42］弗雷德里克·摩格森，迈克尔·布兰尼克，爱德华·莱文．职位与工作分析：第 3 版．赵晨，译．北京：机械工业出版社，2022.

［43］弗雷德里克·泰勒．科学管理原理．马风才，译．北京：机械工业出版社，2021.

［44］韩保江，李志斌．中国式现代化：特征、挑战与路径．管理世界，2022，38（11).

［45］赫伯特·西蒙．管理行为．詹正茂，译．北京：机械工业出版社，2021.

［46］赫尔曼·阿吉斯．绩效管理：第 4 版．刘昕，朱冰研，严会，译．北京：中国人民大学出版社，2021.

［47］洪银兴．论中国式现代化的经济学维度．管理世界，2022，38（4).

［48］黄卫伟，等．以奋斗者为本．北京：中信出版社，2014.

［49］加里·德斯勒．人力资源管理：第 14 版．刘昕，译．北京：中国人民大学出版社，2017.

［50］贾旭东，衡量．基于“扎根精神”的中国本土管理理论构建范式初探．管理学报，2016，13（3).

［51］蒋春燕，赵曙明．知识型员工流动的特点、原因与对策．中国软科学，2001（2).

［52］巴尼．战略管理：获取持续竞争优势．周建，等译．北京：机械工业出版社，2013.

［53］格林豪斯，卡拉南，戈德谢克．职业生涯管理：第 4 版．王伟，译．北京：清华大学出版社，2014.

［54］马克思．资本论．郭大力，王亚南，译．上海：上海三联书店，2009.

［55］卡罗尔·德韦克．终身成长．楚祎楠，译．南昌：江西人民出版社，2017.

［56］赵永乐，康丽．岗位管理与人岗匹配．北京：中国电力出版社，2019.

［57］赖美詹，赵欣艳．基于 BEI 的大学生创新创业胜任力模型构建//第八届全国创新创业教育研讨会论文集．南京审计大学，2019.

[58] 克雷曼．人力资源管理：获取竞争优势的工具：第4版．吴培冠，译．北京：机械工业出版社，2009.

[59] 雷蒙德·诺伊，等．人力资源管理：赢得竞争优势：第9版．刘昕，等译．北京：中国人民大学出版社，2018.

[60] 李强．工作分析：理论、方法与应用．北京：科学出版社，2014.

[61] 李燕萍，李乐，胡翔．数字化人力资源管理：整合框架与研究展望．科技进步与对策，2021，38 (23).

[62] 理查德·达夫特．组织理论与设计：第13版．王凤彬，等译．北京：清华大学出版社，2022.

[63] 梁觉，李福荔．中国本土管理研究的进路．管理学报，2010，7 (5).

[64] 廖建桥．中国式绩效管理：特点、问题及发展方向．管理学报，2013，10 (6).

[65] 刘善仕，等．人力资源管理．2版．北京：机械工业出版社，2021.

[66] 刘伟，范欣．以高质量发展实现中国式现代化 推进中华民族伟大复兴不可逆转的历史进程．管理世界，2023，39 (4).

[67] 刘昕．人力资源管理．北京：中国人民大学出版社，2020.

[68] 刘昕．薪酬管理．6版．北京：中国人民大学出版社，2021.

[69] 伯纳德·马尔．人力资源数据分析：人工智能时代的人力资源管理．胡明，黄小璇，周桂芳，译．北京：机械工业出版社，2019.

[70] 马海刚，彭剑锋，西楠．HR＋三支柱．北京：中国人民大学出版社，2017.

[71] 玛丽·福列特．福列特论管理．吴晓波，等译．北京：机械工业出版社，2022.

[72] 迈克尔·比尔，等．更高追求：卓越领导者如何创造社会和经济双重价值．王茜，译．北京：机械工业出版社，2012.

[73] 迈克尔·比尔，等．管理人力资本．程化，潘洁夫，译．北京：华夏出版社，1998.

[74] 米歇尔·阿尔贝尔．资本主义反对资本主义．杨祖功，杨齐，海鹰，译．北京：社会科学文献出版社，1999.

[75] 宁吉喆．中国式现代化的方向路径和重点任务．管理世界，2023，39 (3).

[76] 彭贺．从管理与文化的关系看中国式管理．管理学报，2007 (3).

[77] 彭贺，苏宗伟．东方管理学的创建与发展：渊源、精髓与框架．管理学报，2006 (1).

[78] 彭剑锋．战略人力资源管理．北京：中国人民大学出版社，2022.

[79] 陈来．有无之境：王阳明哲学的精神．北京：北京大学出版社，2006.

[80] 乔治·米尔科维奇，等．薪酬管理：第11版．成得礼，译．北京：中国人民大学出版社，2014.

[81] 切斯特·巴纳德．经理人员的职能．王永贵，译．北京：机械工业出版社，2013.

[82] 蒙克．维特根斯坦传：天才之为责任．王宇光，译．杭州：浙江大学出版社，2011.

[83] 沈湘平．中国式现代化道路的传统文化根基．中国社会科学，2022 (8).

[84] 盛运华，赵宏中．绩效管理作用及绩效考核体系研究．武汉理工大学学报，2002 (2).

[85] 石明明，张小军．中国式现代化视域中的经济改革与制度建构．中国社会科学，2023 (9).

[86] 时勘，王继承，李超平．企业高层管理者胜任特征模型评价的研究．心理学报，2002 (3).

[87] 斯蒂芬·罗宾斯，玛丽·库尔特．管理学：第 15 版．刘刚，等译．北京：中国人民大学出版社，2022.

[88] 松本厚治．企业主义：日本经济发展力量的源泉．程玲珠，等译．北京：企业管理出版社，1997.

[89] 苏珊娜·达格．职业规划心理咨询全案．谢晶，译．北京：中国人民大学出版社，2020.

[90] 唐秋勇，等．HR 的未来简史．北京：电子工业出版社，2017.

[91] 王茹．人与自然和谐共生的现代化：历史成就、矛盾挑战与实现路径．管理世界，2023，39 (3).

[92] 王瀛，赵洱岽．数字人力资源管理．北京：清华大学出版社，2023.

[93] 吴春波．华为没有秘密．北京：中信出版社，2016.

[94] 伍晓奕．新生代员工的特点与管理对策．中国人力资源开发，2007 (2).

[95] 西奥多·舒尔茨．论人力资本投资．吴珠华，等译．北京：北京经济学院出版社，1990.

[96] 习近平．习近平谈治国理政：第三卷．北京：外文出版社，2020.

[97] 习近平．习近平谈治国理政：第四卷．北京：外文出版社，2022.

[98] 谢克海．谁上谁下：清晰区分企业人才的“361 体系”：基于实践层面的人力资源战略管理决策．管理世界，2019，35 (4).

[99] 谢佩洪．基于中国传统文化与智慧的本土管理研究探析．管理学报，2016，13 (8).

[100] 谢小云，左玉涵，胡琼晶．数字化时代的人力资源管理：基于人与技术交互的视角．管理世界，2021，37 (1).

[101] 邢艳平．组织的演进．北京：中国经济出版社，2023.

[102] 徐淑英，张志学．管理问题与理论建立：开展中国本土管理研究的策略．重庆大学学报（社会科学版），2011，17 (4).

[103] 徐希燕．C 理论：中国管理哲学研究．哲学动态，1999 (11).

[104] 心静．晕轮效应．北京：中国水利水电出版社，2021.

[105] 杨国安，戴维·尤里奇．组织革新：构建市场化生态组织的路线图．袁品涵，译．北京：中信出版社，2019.

[106] 杨国安，李晓红．变革的基因：移动互联时代的组织能力创新．北京：中信出版社，2016.

[107] 约翰·布得罗，彼得·拉姆斯特德．超越人力资源管理：作为人力资本新科学的人才学．于慈江，译．北京：商务印书馆，2012.

[108] 约翰·杜尔．这就是OKR让谷歌、亚马逊实现爆炸性增长的工作法．曹仰峰，王永贵，译．北京：中信出版社，2018.

[109] 张亚光，毕悦．中国式现代化的百年探索与实践经验．管理世界，2023，39(1).

[110] 张一弛，李书玲．高绩效人力资源管理与企业绩效：战略实施能力的中介作用．管理世界，2008(4).

[111] 张正堂．人力资源管理活动与企业绩效的关系：人力资源管理效能中介效应的实证研究．经济科学，2006(2).

[112] 赵曙明，赵宜萱．人才测评：理论、方法、工具、实务．北京：人民邮电出版社，2018.

[113] 赵曙明，赵宜宣．人力资源管理：理论、方法、工具、实务：微课版．2版．北京：人民邮电出版社，2019.

[114] 赵曙明．人力资源管理理论研究新进展评析与未来展望．外国经济与管理，2011，33(1).

[115] 赵曙明．人力资源管理研究．北京：中国人民大学出版社，2001.

[116] 赵欣艳，马爱民，王宏原．电信人力资源基本理论与实务．北京：北京邮电大学出版社，2006.

[117] 仲理峰，时勘．胜任特征研究的新进展．南开管理评论，2003(2).

[118] 周文，韩文龙．数字财富的创造、分配与共同富裕．中国社会科学，2023(10).

[119] 朱小丰．老子与中国文化．社会科学研究，1990(4).

图书在版编目（CIP）数据

中国企业人力资源管理 / 冯云霞主编 ；赵欣艳等副主编. -- 北京 : 中国人民大学出版社，2025. 4.
(中国人民大学中国管理学系列教材 / 易靖韬总主编).
ISBN 978-7-300-33910-8
Ⅰ. F279.23
中国国家版本馆 CIP 数据核字第 2025YR9309 号

中国人民大学中国管理学系列教材
总主编　易靖韬
中国企业人力资源管理
主　编　冯云霞
副主编　赵欣艳　邢艳平　武守强　冯志玉
Zhongguo Qiye Renli Ziyuan Guanli

出版发行	中国人民大学出版社		
社　　址	北京中关村大街 31 号	**邮政编码**	100080
电　　话	010－62511242（总编室）		010－62511770（质管部）
	010－82501766（自营网店）		010－62514148（明德书店）
	010－62511173（销售部）		010－62515275（盗版举报）
网　　址	http://www.crup.com.cn		
经　　销	新华书店		
印　　刷	固安县铭成印刷有限公司		
开　　本	787 mm×1092 mm　1/16	**版　　次**	2025 年 4 月第 1 版
印　　张	15.5 插页 1	**印　　次**	2025 年 11 月第 3 次印刷
字　　数	349 000	**定　　价**	59.00 元

中国人民大学出版社　管理分社

教师教学服务说明

中国人民大学出版社管理分社以出版工商管理和公共管理类精品图书为宗旨。为更好地服务一线教师，我们着力建设了一批数字化、立体化的网络教学资源。教师可以通过以下方式获得免费下载教学资源的权限：

★ 在中国人民大学出版社网站 www.crup.com.cn 进行注册，注册后进入“会员中心”，在左侧点击“我的教师认证”，填写相关信息，提交后等待审核。我们将在一个工作日内为您开通相关资源的下载权限。

★ 如您急需教学资源或需要其他帮助，请加入教师 QQ 群或在工作时间与我们联络。

中国人民大学出版社　管理分社

教师 QQ 群： 648333426（工商管理）　114970332（财会）　648117133（公共管理）
教师群仅限教师加入，入群请备注（学校＋姓名）

联系电话： 010-62515782，82501868，82501048，62514760

电子邮箱： glcbfs@crup.com.cn

通讯地址： 北京市海淀区中关村大街甲 59 号文化大厦 1501 室（100872）

管理书社　　人大社财会　　公共管理与政治学悦读坊